한신대학교 유라시아연구소 HEI 총서 **04**

유라시아 엘리트 정치의 변동:
중국·러시아·카자흐스탄

한신대학교 유라시아연구소 **엮음**

주장환 · 유은하 · 임진희 · 연담린 · 김선래 · 김소연 · 제성훈 · 김시헌 · 박상운 · 정선미 지음

한신대학교 유라시아연구소 HEI 총서 04
유라시아 엘리트 정치의 변동: 중국·러시아·카자흐스탄

| 초판1쇄 | 2023년 12월 31일
| 엮 은 이 | 한신대학교 유라시아연구소
| 저   자 | 주장환·유은하·임진희·연담린·김선래·김소연·제성훈·김시헌·박상운·정선미
| 주   소 | 경기도 오산시 한신대길 137 임마누엘관 5001
| 전   화 | 031) 379-0871
| 이 메 일 | hei@hei.re.kr
| 홈페이지 | http://hei.re.kr/
| 펴 낸 곳 | 다해 (02-2266-9247)
| 등록번호 | 301-2011-069

ISBN 979-11-5556-268-0 (93300)
값 23,800원

저작권자 ⓒ 2023. 주장환·유은하·임진희·연담린·김선래·김소연·제성훈·김시헌·박상운·정선미
이 책의 내용은 저작권법의 보호를 받는 저작물이므로 무단 전재와 복제를 금합니다.

이 책은 2021년 대한민국 교육부와 한국연구재단의 지원을 받아 수행된 연구임
(NRF-2021S1A5C2A01090085)

한신대학교 유라시아연구소 HEI 총서 **04**

유라시아 엘리트 정치의 변동:
중국·러시아·카자흐스탄

한신대학교 유라시아연구소 **엮음**

주장환 · 유은하 · 임진희 · 연담린 · 김선래 · 김소연 · 제성훈 · 김시헌 · 박상운 · 정선미 지음

dh 다해

/
목
차
/

책을 펴내며   13

서장. 새로운 정치 엘리트 유형학의 모색: "2차원에서 4차원으로"

Ⅰ. 들어가며   23
Ⅱ. 2차원적 정치 엘리트 분류법   27
Ⅲ. 정치 엘리트 유형에 대한 4차원적 분류법   34
Ⅳ. 나오며   44

제 1 부. 중국

제2장. 4차원적 분류법을 적용한 최신 중국 정치 엘리트 유형 변화 연구: 제20기 중국공산당 중앙위원회를 사례로

Ⅰ. 들어가며	55
Ⅱ. 주요 개념과 분석틀	58
Ⅲ. 중국 정치 엘리트 유형 변화	64
1. 통합	66
2. 분화	68
3. 순환의 범위	73
4. 순환의 방식	75
Ⅳ. 나오며	76

제3장. 시진핑 시기 엘리트 정치와 중앙-지방 관계: 후진타오 집권기와의 비교를 중심으로

Ⅰ. 들어가며	85
Ⅱ. 후진타오 시기 정치국의 지방 부문 구성과 중앙-지방 관계	90
Ⅲ. 시진핑 시기 정치국의 지방 부문 구성과 중앙-지방 관계	96
Ⅳ. 나오며	105

제4장. 시진핑 시기 중국공산당 중앙정치국 집체학습(集体学习) 분석

Ⅰ. 들어가며	117
Ⅱ. 중국공산당 중앙정치국 집체학습	121
1. 이론적 근거	121
2. 역사적 발전	123
Ⅲ. 제18기 중앙정치국 집체학습	126
Ⅳ. 제19기 중앙정치국 집체학습	133
Ⅴ. 나오며	138

제 2 부. 러시아

제5장. 8대 국가두마 선거가 러시아 엘리트 정치 동학에 미치는 영향

Ⅰ. 들어가며	147
Ⅱ. 주요 개념과 연구방법	154
Ⅲ. 8대 국가두마 선거와 러시아 정치 엘리트 구조의 변화 및 지속 요인	162
1. 8대 국가두마 선거와 러시아 정치 엘리트 구조의 변화 요인	162
2. 8대 국가두마 선거와 러시아 정치 엘리트 구조의 지속 요인	173
Ⅳ. 나오며	185

제6장. 러시아의 '확장된 유라시아 파트너십' 개념과 중러 협력

Ⅰ. 들어가며	209
Ⅱ. 고전적 유라시아주의와 신유라시아주의	212
1. 고전적 유라시아주의	212
2. 신유라시아주의	215
Ⅲ. 확장된 유라시아 파트너십(Greater Eurasian Partnership)	219
1. 유라시아 통합 의제로서의 GEP	219
2. 유라시아통합의 8가지 원칙	224
3. EAEU와 일대일로의 연결	226
Ⅳ. 중러 경제협력과 동북아	229
1. 중러 경제협력	229
2. 중러 전략적 협력과 동북아시아	232
Ⅴ. 나오며	235

제 3 부. 카자흐스탄

제7장. 엘리트 집단 교체와 권력구조 개편을 중심으로 본 2022년 카자흐스탄 정치변동

Ⅰ. 들어가며	249
Ⅱ. 엘리트 집단 교체	253
Ⅲ. 권력구조 개편	266
Ⅳ. 나오며	276

제8장. 카자흐스탄 엘리트 정치 구조의 변화: 나자르바예프와 토카예프 체제의 과두제 비교

Ⅰ. 들어가며	293
Ⅱ. 윈터스의 과두제 유형에 대한 논의	297
Ⅲ. 나자르바예프 체제의 과두제 특징	302
1. 통치의 본질: 국가 권력의 사유화	302
2. 강제력 행사에 있어 과두들의 역할: 국가 경제력과 물리력의 1인 독점	307
Ⅳ. 토카예프 체제의 과두제 특징	311
1. 통치의 본질: 대통령 권력의 일부 분산	311
2. 강제력 행사에 있어 과두들의 역할: 국가 경제력과 물리력의 일부 분산	315
Ⅴ. 나오며	320

제9장. 2022년 카자흐스탄 헌법개정의 주요 내용과 특징

Ⅰ. 들어가며	333
Ⅱ. 카자흐스탄 헌법개정 연혁 및 특징	336
1. 1993년 헌법개정	338
2. 1995년 신헌법	340
3. 1998년·2007년 헌법개정과 초대 대통령법	343
Ⅲ. 2022년 카자흐스탄 헌법개정 배경과 경과	344
1. 2017년 헌법개정	344
2. 이중권력제도 구축	346
3. 카자흐스탄 소요사태와 2022년 헌법개정	349
Ⅳ. 2022년 헌법개정의 주요 내용과 특징	351
1. 2022년 6월 헌법개정	351
2. 2022년 9월 헌법개정과 조기대선	354
Ⅴ. 나오며	355

/ 책을 펴내며 /

한신대 유라시아연구소에서 HEI 총서 4권을 발간한다. 책 제목은 "유라시아 엘리트 정치의 변동: 중국, 러시아, 카자흐스탄"이다. 이 책은 세 가지의 특징이 있다. 첫째, 유라시아 주요 국가들을 그 분석 대상으로 삼고 있다. 지정학적으로 유럽과 아시아를 아우르는 개념인 유라시아는 언제나 세계사적인 변동의 중심에 있었다. 작금의 세상은 농업과 산업 그리고 정보통신으로 명명되는 1~3차 혁명을 넘어서 인공 지능(AI), 사물 인터넷(IoT), 빅데이터(Big Data), 클라우딩 컴퓨터 그리고 모바일 등 지능통신기술이 기존의 정치, 경제, 사회전반에 융합되어 미증유(未曾有)의 변화가 발생하는 디지털 트랜스포메이션의 제4차 혁명 시대이다. 고대와 근현대의 전지구적인 혁명적 변화가 이 지역에서 발생했듯이, 작금의 제4차 혁명도 유라시아를 중심으로 발생하고 있다. 한편 미-중 갈등, 러시아-우크라이나 전쟁 등

제4차 혁명 시대 새로운 국제정치경제 질서의 특징을 가늠할 수 있는 사건들이 현재 시점에서 이 지역에서 진행 중이기도 하다. 이는 유라시아에 대한 세간의 관심과 함께 학술 차원에서 주목의 세계사적 필요성이다. 바로 이 책은 이 지역에 대한 학술 차원 주목의 일환으로 중국, 러시아, 카자흐스탄 등 국가를 구체적인 분석 사례로 설정하고 있다.

둘째, 엘리트 정치라는 주제에 천착하고 있다. 디지털 트랜스포메이션 시대 유라시아 주요 국가들은 어떤 의도를 가지고, 대응을 하고 있는가? 엘리트 정치는 각국의 주요 공공 정책결정과정에 속해있거나 그 가능성이 있는 행위자, 이 행위 산출의 구조 그리고 행위자와 구조의 상호작용의 결과인 정책 등으로 이뤄진다. 각국의 엘리트 정치에 개별적인 분석은 이 질문에 대한 실마리를 일정하게 제공해줄 것이다. 필경 구조의 변화에 적응하고 또 대응하는 1차적인 주체는 행위자이고 국가 차원에서는 엘리트이기 때문이다.

셋째, 이 책은 '사전 기획과 자율적 연구 그리고 협업'이라는 원칙에 따른 공동 연구 결과이다. 이 책은 주요 국가들의 최신 엘리트 정치 변동에 대한 분석을 통해 유라시아의 변화를 가늠해보자라는 사전 기획을 짰다. 개별적인 주제의 선정과 연구는 참여하는 연구자들에 의해 자율적으로 진행되었다. 이런 자율적인 개별 연구의 과정에서 문제의식은 물론이고 내용과 방법적 차원에서 최대한 협업을 우선 원칙과 기조로 상정하고 진행했다. 이런 측면에서 현재 시기 공동연구의 하나의 전범(典範)을 만들어냈다고 볼 수 있다.

이 책은 모두로 서장과 3부로 구성되어 있다. 총 9편의 논문이 실려 있다. 서장에서 주장환은 새로운 정치 엘리트 유형법(Typology)를 제시하고 있다. 엘리트 정치의 행위자에 대한 기존 2차원적 유형법의 논리 및 현실적인 한계를 지적하고, 그 대안으로 4차원적 유형법을 제안하며 그 적실성을 주장하고 있다. 이 4차원적 유형법은 '통합', '분화', '순환의 범위', '순환의 방식' 등 4차원의 범주를 활용해서 전 세계 각 국가의 정치 엘리트를 분류하고 있다. 이에 따르면, 16가지 세부 유형으로 전 세계 각 국가의 정치 엘리트 분류가 가능하다. 또 통시와 공시적인 14개 국가의 사례를 이 유형들에 대응시키는 시도를 통해 이 유형법의 이념형(ideal type)뿐만 아니라 실재형(real type)으로서의 효용성을 입증하려 했다.

제1부는 '중국'의 엘리트 정치 변동을 다루고 있다. 주장환은 2장에서, 상술한 4차원적 유형법을 활용하여, 최신 시기 중국 정치 엘리트 유형 변화를 분석하고 있다. 이 글에 따르면, 2022년 구성된 제20기 중국공산당 중앙위원회는 이전 시기에 비해 보다 높은 수준의 통합 정도와 넓어진 분화 정도 그리고 좁은 순환의 범위와 급진적 순환의 방식을 그 특징으로 하는 정치 엘리트 유형인 것으로 밝혀졌다.

3장에서 유은하는 시진핑 집권기 중국 엘리트 정치의 주요 영역 중 하나인 중앙과 지방 관계의 특징을 후진타오 집권기와 비교 분석하고 있다. 이 글에서 필자는 중국공산당 내 차상위 권력 기구인 중앙위원회 정치국의 지방 부문(위원) 구성을 고찰하였다. 그리고 이에 근거, 중국공산당 중앙이 공식화된 규범

같은 '형식' 변경이 아닌 인사통제권 강화 같은 인적 '내용' 변경을 통해 중앙에 대한 지방의 순응도를 높이고 지방에 대한 중앙의 통제 수준을 제고하고 있다고 주장한다. 시진핑 집권 이후 중앙-지방관계에서 집권화(集權化)의 구체적인 사례를 보여주는 흥미로운 연구이다.

임진희는 4장에서 최신 시기 중국 정치 엘리트의 집단적 인식 특징을 공산당 중앙위원회 정치국의 집체학습(集體學習) 제도를 통해 고찰했다. 이 글에서 시진핑 집권 1~2기인 2012년에서 2022년까지 진행된 집체학습의 형식과 내용에 대한 평가를 통해, 한편으로는 이 사례가 중국 정치 엘리트의 정책적 선호를 파악하기에 매우 유력한 것이라는 점을 입증했다. 다른 한편으로는 시진핑 집권 이후 경제와 민생 분야보다 정치와 전략 분야에 대한 관심이 경향적으로 증대되었다는 것을 실증적으로 밝혀냈다. 행위의 요인으로써 인식의 중요성을 재삼 확인시키는 매우 의미 있는 연구이다.

제2부는 러시아의 엘리트 정치 변동에 대한 연구들을 모았다. 5장에서 연담린은 2021년 치러진 러시아 제8대 국가두마 선거 결과를 토대로 엘리트 정치 구조의 변화를 분석했다. 연구 결과, 윈터스(Jeffery A. Winters)의 과두제 모델에 따르면 '지배하는 과두제'에서 '술탄제적 과두제'로의 변동이 확인되었다. 동일 모델의 공시 및 통시적 적용의 효용성을 잘 보여주는 매우 짜임새 있는 연구이다.

김선래는 6장에서 신유라시아주의(Neo-Eurasianism)에 기초한 정책적 개념인 '확장된 유라시아 파트너십' 그리고 그 결과의 한 사례로써 중국과의 협력 관계에 대해 논하고 있다. 엘리트 행위의 인식 차원 준거인 가치와 사상에서부터 정책적 개념의 변화 그리고 그 사례까지 적시하고 있다. 특히 내재적으로 엘리트 행위의 준거틀을 분석했다는 점에서 학술 뿐만 아니라 정책적으로 러시아의 행보를 이해 및 설명하는데 매우 깊은 시사점을 준다고 평가된다.

제3부는 유라시아의 주요국 중 하나인 카자흐스탄 엘리트 정치에 대한 연구들을 묶었다. 7장에서 김소연과 제성훈은 최신 권력 구조 개편을 통해 카자흐스탄의 정치 변동을 분석했다. 2022년 헌법의 개정 결과에 대한 분석을 통해, 이 글은 카자흐스탄 엘리트 정치는 구조와 행위자 측면에서 상대적으로 전자는 지속에, 후자는 변화의 측면이 강해졌다고 주장한다. 엘리트 정치의 변화와 지속의 측면에 대한 세밀한 분석과 짜임새가 돋보이는 연구이다.

박상운과 김시헌은 8장에서 카자흐스탄 엘리트 정치 구조의 변화를 분석하고 있다. 윈터스의 과두제 모델을 활용한 이들의 분석에 따르면, 현 토카예프 체제는 기존의 '술탄제적 과두제'와는 다른 '지배하는 과두제'로의 변화를 나타냈다. 4장 연담린의 연구와 더불어 동일 분석 모형의 통시 및 공시적 적용의 사례로써 매우 유의미한 연구이다.

9장은 정선미가 카자흐스탄 엘리트 정치의 변동의 공식 제도적 측면에 대한 분석을 2022년 헌법 개정을 사례로 진행했다. 현대 국가의 엘리트 정치의 제도적 구조 중에서도 가장 중요한 부분인 헌법의 변화를 분석함으로써 카자흐스탄 엘리트 정치 변동의 큰 방향을 파악하는데 매우 큰 효용성을 가지는 연구이다.

이 책은 2021년 한국연구재단의 인문사회연구소 지원사업(과제명: 디지털 트랜스포메이션 시대 한반도 정세 예측모형 개발을 위한 신북방지역 엘리트 연구,NRF-2021S1A5C2A01090085) 성과물 중 하나이다. 이 사업을 진행하면서 여러 성과가 있었지만 이 책이 더욱 소중한 것은 무심한 듯 잔잔한 호수에 돌을 던졌고, 동심원 모양의 물결이 생기기 시작했기 때문이다. 대부분 그 필요성과 중요성에는 공감했지만, 여러 제약으로 본격적인 연구가 진행되지 못했던 유라시아 지역 엘리트 정치에 대한 연구라는 돌을 2021년 한신대 유라시아 연구소가 던졌다. 그 작은 돌이 파동(波動)을 만들어 호수의 많은 구성원들에게 전달되었다. 그동안 많은 연구자를 포함한 각계각층의 인사들이 관심을 보여줬다. 이 책은 한신대 유라시아 연구소가 계속 호수에 던지고 또 던질 작지만 소중한 돌 중의 하나이다. 더 많은 사람들이 엘리트 정치라는 시각에서 유라시아의 변화를 제대로 파악할 수 있기를 바라며 돌팔매질은 계속 될 것이다. 많은 관심과 자극 그리고 격려를 바란다.

이 책은 한신대 유라시아연구소라는 공간을 매개로 만들어졌다. 우선 상기한 한국연구재단의 인문사회연구소지원사업을 중심으로 모인 김선래, 유은하, 제성훈 등의 공동연구원들이 있다. 유라시아 지역 연구의 과학화와 활성화라는 소명 의식으로 희생과 헌신을 마다 않는 분들이다. 지면을 빌어 깊은 감사와 신뢰의 인사를 드린다. 다음으로 연구를 전담하고 있는 임진희,

연담린, 박상운 연구교수들이 있다. 녹록하지 않은 상황에서도 묵묵히 또 열심히 집단연구를 진행하고 있다는 점에서 머리 숙여 감사를 표한다. 또 필진으로 참여해준 김소연, 김시헌 등 학문후속세대 연구자들과 한때 몸담았던 연구소를 위해 기꺼이 함께 해준 정선미 연구교수께 동학(同學)의 예를 담은 인사를 전한다. 특히 임진희 연구교수는 이번에도 HEI 총서 작업을 총괄하여 양서(良書)를 출판하게 되었다. 재삼 심심한 사의를 전한다. 마지막으로 연구소 각종 사업의 진행을 위해 묵묵히 소임을 다해주고 있는 선임 연구원 도민지를 비롯한 이소은, 송주희, 최사랑 등 연구조교들께도 감사의 말을 올린다.

이 책의 기획, 내용 그리고 형식 등과 관련된 총체적인 책임은 연구책임자에게 있다. 지도편달(指導鞭撻)은 학자의 숙명이라 생각한다. 언제나 환영하고, 기꺼이 받겠다. 혹한에다가 눈보라가 몰아쳐서 한 치 앞길도 안 보이는 상황이 현재라고 여길 수 있다. 시선을 내리깔고 호흡을 가다듬으며, 가까이 있는 이들의 안위를 살피면서 함께 한 걸음 한 걸음 나아가겠다.

2023년 12월 양산동에서
HEI 총서 4권의 필진을 대신하여, 주장환.

서장

새로운 정치 엘리트 유형학의 모색:
"2차원에서 4차원으로"

주 장 환
(한신대학교 중국학과·유라시아연구소)

Ⅰ. 들어가며
Ⅱ. 2차원적 정치 엘리트 분류법의 한계
Ⅲ. 정치 엘리트 유형에 대한 4차원적 분류법
Ⅳ. 나오며

서장

새로운 정치 엘리트 유형학의 모색: "2차원에서 4차원으로"*

주 장 환

한신대학교 중국학과·유라시아연구소

I. 들어가며

이 글은 정치 엘리트 유형 연구 분야에 '새로운' 분류법을 제안하기 위해 기획되었다. 보다 구체적으로 기존의 대표적인 분류법에 대한 비판적인 고찰을 통해, 현존하는 세계 각국의 정치 엘리트 유형의 특징과 그 변화를 실체적으로 파악할 수 있는 유형학(typology)을 제시한다. 동시에 이 새로운 유형학의 검증 차원에서 각 유형의 대표적인 사례들을 대응시킴으로써 그 논리 및 실재적 차원에서의 적실성을 주장한다.

---

* 이 글은 대한정치학회보 제31집 3호(2023)에 게재된 논문을 수정 및 보완한 것임. 동시에 2023년 대한민국 교육부와 한국연구재단의 지원을 받아 수행된 연구임 (NRF-2023S1A5A2A01080833).

정치 엘리트는 정치 및 정책 영역에서 각 조직 및 조직간 행동에 영향을 미칠 수 있는 불균형적인 역량을 소유한 소규모의 상대적으로 응집력과 안정성을 갖춘 그룹 혹은 개인, 혹은 국가 공공 정책 결정 과정에 접근할 수 있는 가능성을 부여받은 인사 내지 특정 정책의 추진을 제어할 수 있는 능력을 보유한 인사로 정의된다.[1] 유형학을 활용한 정치 엘리트 연구는 그 자체를 독립변수로 간주하고 있다. 즉 정치경제 혹은 사회적 변화에 상관관계 혹은 인과관계를 가지며 영향을 주는 요인으로서 엘리트를 상정하고 분석한다.[2] 일반적으로 '유형'은 여러 다양한 관찰의 결과인 현상들을 그보다 작은 수의 이념형(ideal type)에 대응시키기 위해 사용되어지는 개념적 도구라고 할 수 있다.[3] 이런 측면에서 이 방법은 사회과학 현상의 '발견'을 위해서 사용될 때 더욱 유용한 것이라 할 수 있다.

그동안 정치 엘리트와 관련된 유형학은 크게 두 가지 경향으로 구분될 수 있다. 첫째는 바로 엘리트의 특성을 중심으로 몇 개의 개념을 정립하고, 이에 따라 구분하는 것이다. 이른바 개념 중심적 접근이다. 그러나 이 개념은 특정 국가나 사회에 국한되는 경우가 많아서 일반성보다는 특수성을 강조하는 편향을 노정했다. 예를 들어 그동안 중국 정치 엘리트 연구에서 고안된 혁명간부(revolutionary cadre)와 기술관료

---

1) Burton M. and Higley J., "Elite Settlement," American Sociological Review52-3 (1987), p. 296; Best. H. and Higley J., "Introduction," in Best. H. and Higley, J. (eds.), The Palgrave Handbook of Political Elites(London: Macmillan Publisher Ltd, 2018), p. 2.
2) Mawdsley E. and White S., The Soviet Elite from Lenin to Gorbachev(Oxford: Oxford University Press, 2000); Blinder A., After the Music Stopped. The Financial Crisis, the Response, and the Work Ahead(New York: Penguin, 2013); Best H. and Higley J. (eds.), Political Elites in the Transatlantic Crisis(London: Palgrave, 2014).
3) Hoffmann-Lange U., "Theory-Based Typologies of Political Elites," in Best H. and Higley J. (eds.), The Palgrave Handbook of Political Elites(London: Macmillan Publisher Ltd., 2018), p. 53.

(technocrat), 정치적 기술관료(political technocrat), 일반간부(generalist cadre) 등이 대표적이다.4) 따라서 그 국가나 지역의 맥락에는 그 설명력을 가질 수 있겠으나, 타 국가나 지역에 대해서는 적용 가능성이 낮다고 할 수 있다.

둘째는 특수성보다는 보편성을 추구하는 연구방법이다. 즉 일정한 이론적 가정에 입각하여, 엘리트를 구분할 수 있는 복수의 범주를 설정하고 이에 따라 구분하는 방식이다. 이른바 분석 틀 중심의 접근이다. 가장 대표적으로 활용되어온 것은 두 개의 연속적인 차원에서 네 가지의 가능한 조합으로 구성된 2차원 즉 2×2 매트릭스 형태이다. 이 방법은 특정 국가와 지역에 대한 분석뿐만 아니라, 여러 국가와 지역에 대한 분석에도 활용되었다.5)

이렇게 봤을 때 더 구체적으로 이 글은 현재까지 드러난 이 두 번째의 경향에 대한 문제 제기로부터 시작되었다. 다음과 같은 두 가지가 가장 중요한 논점이다. 먼저 현실적으로, 기존 유형법이 현실의 정치

---

4) Lee H. Y., From Revolutionary Cadres to Technocracy in Socialist China(Berkeley and Los Angeles: University of California Press, 1991); Zang X., "The consolidation of political technocracy in China: The fourteenth and fifteenth central committees of the CCP," Journal of Communist Studies and Transitional Politics15-3 (1999), pp. 101-113; 주장환, "제17기 중국 공산당 중앙위원회: 기술관료의 쇠퇴와 '일반 관료'의 부상," 『중소연구』 제33권 2호(2009), pp. 69-97.

5) Ruostetsaari I., "Social Upheaval and Transformation of Elite Structures: The Case of Finland," Political Studies54-1 (2006), pp. 23–42; Joo J., "A Typology of Political Elites and Its Transformation in China: From Ideocratic/Replacement to Fragmented/ Reproductive Elites," Asian Perspective37-2 (2013), pp. 255-279; 주장환, "중국 정치 엘리트 유형 변화에 관한 연구: 제19기 중국 공산당 중앙위원회를 중심으로," 『국제지역연구』 제25권 3호(2021), pp. 207-225; Higley J. and Lengyel G. eds., Elites after Sate Socialism: Theories and Analysis(Lanham, Boulder, New York, Oxford: Rowman & Littlefield Publishers, INC., 2000); Higley J. and Burton M., Elite Foundations of Liberal Democracy, (Lanham, MD; Rowman & Littlefield, 2006); 주장환, "다른 과정, 같은 결과: 중러 정치 엘리트 전환", 『중소연구』 제39권 1호(2015), pp. 111-129.

엘리트들을 구분하고 분류하는 데 일정한 한계를 노정했기 때문이다. 즉 기존 유형법들은 대부분 민주주의와 권위주의 등 개별 정치사회체제와 특정 정치 엘리트 유형과의 대응에 집착했다. 따라서 이 '단순한' 정치사회체제를 초월하는 정치 엘리트 유형을 상상할 수 없었다. 그러나 현재의 정치사회체제는 전체주의, 권위주의, 민주주의 등과 같은 소수의 개념으로 정의될 수 없을 만큼 다양해졌고, 그에 따라 정치 엘리트 유형의 다양성도 필요해진 것이다.[6] 보다 자명한 사실은 현재 시기 정치 엘리트는 기존 대부분의 유형법에서 활용했던 2차원 즉 4가지 유형보다는 더욱 다양하다는 가설적 추론이 존재한다는 것이다. 따라서 이를 검증해볼 필요성이 제기된 것이다.

다음으로 상기 문제점을 해결하기 위해 그 대안을 모색하는 과정에서 드러난 논리상의 문제점 때문이다. 이는 대표적으로 기존 유형법에서 상대적으로 많은 변수를 논리적으로 무리하게 연계시킨 것에서 발생한 것이다.[7] 즉 지나치게 2차원적 유형법의 틀을 고수하려는 편향 때문인지는 분명하지 않다. 그러나 대표적인 2차원 유형법에 근거한 연구들은 논리적으로 다른 방향으로의 발전이 가능한 여러 변수를 묶는 방식이 존재했다.[8] 즉 4가지 변수의 논리적인 조합은 16가지임에도 불구하고, 이들 변수 중 친화성이 존재한다고 보는 것들은 묶는 방식을 통해 4가지 변수에 4가지 유형이라는 논리적 결과를 도출한 것이다. 따라서 이런 논리적 귀결이 정합적인지 아니면 비약이나 축소가

---

[6] 이점과 관련해서 가장 대표적인 예는 정치사회체제에 대한 개념 중심의 유형법의 효용성이 낮아지고, 지수 중심의 접근법이 대두되고 있는 것이다. 이와 관련해서는 주장환, "시진핑 집권 3기 엘리트 정치: 양자도약?," 『아시아문화연구』 제61집(2023), pp. 236-240을 참조 바람.

[7] Higley J. and Lengyel, G. (2000).

[8] 주장환, "중국 정치 엘리트 유형 변화에 대한 연구: 제18기 중국 공산당 중앙위원회를 중심으로," 『중소연구』 제37권 제3호(2013), pp. 101-126; 주장환(2021).

존재한 것인지에 대한 검토가 필요한 시점이다. 또 현실적으로 여러 변이들의 발생 가능성 내지 출현으로 이미 더욱 다양해진 정치 엘리트 유형을 과학적으로 구분하고 분석할 보다 복합적이고 세분화된 틀이 필요하다는 점도 기존 유형법의 수정을 요구하고 있다.9)

이 글은 이상의 배경과 문제의식 하에서 다음 부분에서 기존 2차원적 정치 엘리트 유형법의 문제점을 현실 및 논리적으로 지적 및 정리한다. 세 번째 부분에서는 그 대안으로 4차원적 정치 엘리트 유형법을 제시하고, 그 현실태를 대응시킴으로써 그 설명력과 적절성을 검증한다. 결론에서는 이 글에 대한 정리와 요약을 진행하고, 이 연구에 대한 한계와 이에 기반한 향후 연구의 과제를 제시한다.

II. 2차원적 정치 엘리트 분류법

이 장은 기존 정치 엘리트 연구에서 대표적으로 사용된 2차원적 유형법의 대안을 모색하기 위해 이 유형법을 그 논리와 사례의 측면에서 비판적으로 고찰한다. 먼저 밝힐 것은 만약 이 유형법에 일정한 문제점이 존재한다면, 그 대부분은 '정치 엘리트'라는 현상의 발전에 기인한 것이라는 점이다. 흡사 지속적으로 분열을 거듭하여 고차원적으로 발전하는 생물의 관찰을 위해서는 이 추세를 반영할 수 있는 고배율의

---

9) 이 필요성은 여러 국가의 정치 엘리트들을 특히 통시적으로 비교할 때 더욱 높아진다. 특히 비민주주의 체제에 속하는 국가들의 정치 엘리트들은 그 차원이 낮을수록 여러 많은 차이에도 불구하고 같은 유형으로 구분되는 현상이 종종 발견된다. 이런 경향의 대표적인 연구는 주장환(2015)를 들 수 있음.

현미경이 필요해진 상황과 유사한 것이다.

이 장에서 주요하게 검토하고 있는 정치 엘리트에 대한 2차원적 유형법은 바로 '엘리트의 통합, 분화 그리고 순환을 체제 유형과 결합한 모델(A Model Relating, Elite Unity, Differentiation, and Circulation to Type of Regimes)'이다. 이 모델은 통합, 분화 그리고 순환이라는 세 가지 범주로 정치 엘리트를 구분했다. 세 가지 범주가 2차원으로 구성된 이유는 순환의 범위와 그 방식을 각각 분화와 통합과 논리적으로 결합시켰기 때문이다. 즉 순환을 또 그 범위와 방식 등 두 가지의 변수로 나누고 이를 분화의 정도와 통합의 정도와 결합시켰다. 이렇게 2차원으로 범주를 구성한 후, 통합 정도의 강약과 순환 범위의 넓고 좁음을, 분화 정도의 고저를 순환방식의 급진성 정도와 결합시켜서 정치 엘리트 유형을 구분하고 있다. 동시에 이 각각의 엘리트 유형을 특정 체제 유형과 대응시키고 있다.

이렇게 4가지의 특정 체제 유형과 대응되는 정치 엘리트 유형이 나타났다. 첫째, 동의/고전형(consensual/classical) 엘리트 유형이다. 강한 통합 정도와 넓은 순환의 범위 그리고 높은 분화 정도와 점진적인 순환의 방식이 특징인 상황에서 생성되는 유형이다. 이 유형에서의 정책결정과정은 감성보다는 이성, 당파성보다는 합리성이 주도하는 것으로 묘사되며, 18세기 독립전쟁을 벌인 미국 엘리트, 19세기 캐나다 그리고 오스트레일리아의 식민지 시기 엘리트들이 대표적인 예로 제시되고 있다. 이 정치 엘리트 유형은 안정적인 대의체제의 전형적인 것으로 대응되고 있다.

둘째, 이념/대체형(ideocratic/replacement) 엘리트 유형이다. 강한 통합 정도와 넓은 순환의 범위를 가진 것은 동의/고전형과 같다. 그러나 이 유형은 분화의 정도가 낮으며 동시에 급진적인 순환의 방식에 의해 생성된다. 대체로 매우 위계적이고 체계적인 조직체가 장악하고 있는 정치체제에서 전형적으로 발생한다. 따라서 정책결정과정은 일사분란하며, 중앙집권적으로 진행된다. 대표적으로 프랑스와의 식민지 전쟁을 벌인 20세기 베트남의 정치 엘리트 등을 들 수 있다. 전체주의 혹은 후-전체주의 체제의 전형적인 정치 엘리트 유형으로 대응되고 있다.

셋째, 분절/재생산형(fragmented/reproduction) 엘리트 유형이다. 높은 분화 정도와 점진적인 방식의 순환 특징을 보인다는 점에서 동의/고전형 엘리트와 유사하다. 그러나 이 유형은 약한 통합 정도와 좁은 범위의 순환을 그 특징으로 한다. 따라서 이념/대체형 보다는 낮은 수준의 중앙조직 혹은 체계 하에서의 파벌 혹은 그룹간의 연합 내지 연대 형태의 체제에서 종종 나타난다. 이들 간의 경쟁이 기본적인 행동의 준칙이며, 필요나 이익에 따른 협력이 보조적인 준칙이다. 정치 엘리트는 상당한 이질성을 가진 부문들 간의 혼합체라고 할 수 있다. 대표적으로 17세기 명예혁명 전후의 영국 그리고 19세기 제헌혁명 이전 시기 스웨덴의 정치 엘리트들을 예로 들 수 있다. 불안정한 민주주의 혹은 단기간 유지되는 권위주의 체제의 전형적인 엘리트 유형으로 제시된다.

넷째, 분화된/준-대체형(divided/quasi-replacement) 엘리트 유형이다. 이 유형은 약한 통합 정도와 좁은 순환의 범위 그리고 낮은 분화의 정도와 급진적 순환의 방식을 그 특징으로 한다. 기본적으로 각 엘리트 그룹의 이질성은 매우 높으며, 정치 엘리트층 내부의 분열 양상이 심각하고, 이들간의 공통된 합의가 사실상 불가능하다. 따라서 상당히 폭력적인 형태의 권력 투쟁이 발생할 매우 가능성이 높다. 혁명이나 내외부 전쟁 상황에 처해있는 엘리트, 예를 들면 19세기 내전 상황의 중국과 20세기 혁명 상황 하에서의 쿠바를 들 수 있다. 권위주의 체제와 대표적으로 조응하는 정치 엘리트 유형으로 주장된다.[10] 이 모델을 도식화하면 <그림 1>과 같다.

〈그림 1〉 엘리트의 통합, 분화 그리고 순환을 체제 유형과 결합한 모델

		통합정도/순환의 범위	
		강함/넓음	약함/좁음
분화정도/ 순환의 방식	넓음/점진적	동의형/고전형 (견고한 민주주의)	분절형/재생산형 (불안정한 민주주의 혹은 단기간 유지되는 권위주의)
	좁음/급진적	이념형/대체형 (전체주의 혹은 후 전체주의)	분화된/준-대체형 (권위주의)

출처: Higley, J. and Lengyel, G. eds., Elites after Sate Socialism: Theories and Analysis, (Lanham, Boulder, New York, Oxford: Rowman & Littlefield Publishers, INC.,2000), p. 7의 내용을 바탕으로 필자가 재정리.

한편, 상술했듯이 여러 기존 연구에서 그 적실성을 검증받아오던 이 모델의 문제점이 몇 가지 측면에서 노정되었다. 다른 모델에서도 발생한 문제점과 유사하게, 그 시작은 현실에서 발현되었고, 그 원인은 논리에 있었다. 현실적으로 이 모델의 적실성에 일정한 문제점이 드러난 것은 상술한 유형에 속하지 않는 사례들이 발견되었기 때문이다. 대표적으로, 중국 정치 엘리트 유형 변화에 대한 일부 연구에 따르면, 이 모델에서 결합되어 한 방향으로 움직이는 것으로 설정된 통합의 정도와 순환의 범위가 서로 다른 방향으로 변화한 사례가 발견되었다. 즉 중국공산당 2012년 제18기 중앙위원회 구성원을 대상으로 한 연구에서 이전 시기보다 통합의 정도는 낮아졌으나, 순환의 범위는 증가했다. 이런 유형은 기존 모델에서의 어느 유형에도 속하지 않는 것이었다.[11]

이 대표적인 예는 바로 기존 모델에서 논리적 결함이 존재한다는 것을 의미한다. 즉 분화와 통합 범주에 순환의 방식과 범위를 결합시킨

---

10) Higley J. and Lengyel G. (2000), pp. 1-21.
11) 주장환(2013).

논리는 수정되어야 한다는 것이다. 물론 논리적으로 분화의 정도가 높을수록 순환의 방식은 점진적이고, 그 반대일 경우 급진적이라는 추론은 직관 논리적이라고 있다. 또 통합의 정도가 강할수록 순환의 범위는 낮고, 그 반대일 경우 높다고 볼 수 있다. 그러나 상기 사례에서 보듯이, 현실에서는 그렇지 않은 경우가 존재할 수 있고 또 확인되었음으로 기존 논리는 수정되어야할 필요성이 제기되었다. 그 방향은 이 글의 제3장에서 제시할 것이다.

이와 관련하여, 또 지적될 수 있는 논리적 결함은 통합과 순환의 범위를 또 분화와 순환의 방식을 결합시킨 것이다. 즉 통합 정도가 강할수록 순환의 범위는 넓고, 그 반대는 좁으며 또 분화의 정도가 높을수록 순환의 방식은 점진적이고, 그 반대는 급진적이라는 것이다. 그러나 이 결합의 논리적 결함 역시 현실에서 발견되고 있다. 통합 정도는 약해졌지만, 순환의 범위가 오히려 넓어진 대표적인 예로 최근의 카자흐스탄의 상황을 들 수 있다. 2016년과 2021년 제 6과 7대 카자흐스탄의 총선 결과를 비교했을 때, 순환율을 각각 57.9와 68.6%였다. 순환의 범위는 넓어졌다고 할 수 있다. 그러나 이 두 시기는 정치적으로 매우 다른 상황이었다. 즉 당시는 누르술탄 나자르바예프(Nursultan Nazarbayev)가 독립 이후 장악해온 대통령 직위를 2019년 29년 만에 퇴임하고, 현 카심조마르트 토카예프(Kassym-Jomart Tokayev)가 2대 대통령직을 승계한 상황이었다. 권위주의 국가인 점을 감안한다면 정치 엘리트 내의 통합 정도가 전자에 비해 높다고 볼 수 없는 상황이었다. 예를 들면 집권당의 득표 비율이 각각 82.2%와 71.1%로 전 시기가 더 높다.[12] 이 같은 사실은 통합과 순환의 범위가 같은 방향으로 연동되어 작동하지 않는 것을 보여주고 있

---

[12] 각종 수치 등은 필자가 카자흐스탄 하원과 선거관리위원회 공식 사이트 https://parlam.kz/ru/mazhilis/;https://www.election.gov.kz/rus/ 등의 내용을 토대로 재정리 및 작성함.

다. 이 사례는 상기한 범주간의 결합이 논리적으로 모순을 보인다는 것을 현실적으로 보여준다. 따라서 이점에 대한 수정이 불가피하다.

마지막으로 이 모델의 문제점은 정치 엘리트 유형과 체제 유형을 직접 대응시킨 것이다. 이 모델은 동의/고전형을 견고한 민주주의, 분절/재생산형을 불안정한 민주주의 혹은 단기간 유지되는 권위주의, 이념/대체형을 전체주의 혹은 후 전체주의, 분화된/준-대체형을 권위주의에 각각 대응시키고 있다. 이의 적절성은 크게 두 가지 측면에서 접근해 볼 수 있다. 첫째, 체제 유형 세분화 정도의 미비이다. 이 정치 엘리트와 체제 유형간의 1:1 대응을 상정한 유형법은 기본적으로 전 세계 각국의 대부분 국가의 체제를 포괄하는 것이어야만 과학적 분석의 도구로써 그 의의가 있다. 그렇다면 이 모델에서 상정하고 있는 4가지의 체제 유형이 현재 전 세계 각국의 대부분 국가를 포괄하고 있는가에 대한 질문을 던질 수 있다. 이 모델은 민주주의, 전체주의, 권위주의 그리고 혼합체제(불안정한 형태의 민주주의와 권위주의로 체제) 등 4가지 유형으로 전 세계 국가의 체제를 나누고 있다. 그러나 이 유형법은 20세기의 주장에 근거한 것이어서, 특히 체제의 혼합화 시대인 21세기에는 이미 낡은 것이 되었다. 즉 명실상부한 민주주의, 전체주의, 권위주의 등으로 명명할 수 있는 국가보다는 혼합체제(hybrid-regime)이 확대되는 추세라는 것은 자명한 사실이다.[13] 따라서 매우 특수한 형태의 체제인 민주주의, 전체주의 그리고 권위주의보다 혼합체제에 초점을 맞춘 체제 변동과 이에 부합하는 유형의 세분화가 필요한 시점인 것이다.

둘째, 상술한 문제 제기와 연동되어 이 모델이 포괄하고 있는 체제 유형의 현저한 현실 설명력 저하이다. 특히 특정 국가들의 정치 엘리

---

[13] 이 같은 추세와 흐름에 관한 보다 상세한 사항은 서경교, "정치변동과 민주화를 바라보는 시각 II: 논의와 평가," 『국제지역연구』 제22권 2호(2018), pp. 331-354를 참조바람.

트와 체제 변화를 추적하는 비교 연구에서 체제 유형의 빈약함으로 인해 여러 문제점이 발생한다. 가장 대표적인 사례가 중국과 러시아이다. 현상적으로 중국과 러시아는 유사한 출발점에서 서로 다른 방향으로 체제 전환을 진행하고 있는 국가이다. 그러나 이 모델에 따른 분석의 결과는 예외 없이 같은 방향으로 정치엘리트와 체제 차원에서 전환하고 있다.[14] 그렇다면 중국과 러시아의 체제 유형간의 차이는 없는 것인가? 이 질문에 대해 논리적으로 이 모델은 없다라고 답할 수 밖에 없다. 또 다른 측면에서 같은 범주에 있지만 얼마나 어떻게 다른지에 대해서도 이 모델은 그 구체적인 기준을 제시하고 있지 못하고 있다.

이렇게 봤을 때, 이 모델은 크게 두 가지 측면에서의 수정이 불가피하다. 먼저 분화, 통합, 순환의 방식 그리고 순환의 범위라는 4개의 범주를 각각 독립적으로 취급하여 조합할 필요가 있다. 즉 기존의 2차원에서 4차원 유형법을 정립해야 한다는 것이다. 이를 통해 이 모델이 노정한 현실적인 설명력 부족현상을 극복할 수 있을 것이다. 다음으로 체제 유형을 정치 엘리트 유형과 직접 대응시키는 것을 지양해야 한다. 즉 특정 정치 엘리트 유형과 기존의 특정 체제 유형의 대응이 아니라 상술한 보다 세분화된 유형법에 근거한 정치 엘리트 유형과 대응되는 체제 유형을 새롭게 발견하고 개념화하여 적용해야 한다는 것이다. 그 전까지는 무리한 1:1 대응은 과도한 도식화를 초래할 뿐일 것이다.

---

[14] 이 같은 분석 결과에 대한 보다 상세한 사항은 주장환(2015); 주장환, 연담린, "체제전환기 중·러 엘리트 정치 구조 변화에 대한 비교분석: 다른 과정, 같은 결과," 『Analyses & Alternatives』 제6권 3호 (2022), pp. 163-202를 참조 바람.

Ⅲ. 정치 엘리트 유형에 대한 4차원적 분류법

상술한 내용을 바탕으로 이 장에서는 본격적으로 정치 엘리트 유형에 대한 4차원적 분류법의 논리와 사례를 제시한다. 이 분류법은 기본적으로 다음의 몇 가지 논리에 의해 설계된다. 첫째, 정치 엘리트 유형의 4차원 분류법의 세부 범주는 통합(integration), 분화(differentiation), 순환의 범위(scope of circulation), 순환의 방식(mode of circulation) 등 4개로 구성된다. 이 부분은 정치 엘리트 세부 유형을 상기 4가지 차원의 구성 요소 조합으로 본다는 점에 있어서 기존 2차원 유형법과 그 궤를 같이한다.

통합은 현대적인 정치 엘리트 유형 구분에서 가장 중요시되는 범주 중 하나이다. 이해 충돌과 갈등이 상존하는 정치 영역에서 어떻게 형식적인 단결을 이뤄내는가가 매우 중요해진 현대 정치의 특징 때문이다. 이 범주는 두 측면으로 구성된다. 우선 협상과 타협을 통한 분쟁 해결 규범과 가치 차원에서의 합의와 관련된 것이며, 다음으로 이 합의된 가치를 구현해내는 구성원이 참여하는 포괄적이고도 통합된 상호 작용 네트워크와 연관되어 있는 것이다.15)

분화는 통합과 동전의 양면처럼 인식될 수 있지만, 기존 연구들에서는 별개의 차원으로 파악하고 있다. 일반적으로 분화는 정치 엘리트를 구성하는 그룹이 더 많아지고, 조직적으로 다양해지며, 기능적으로 전문화되고 동시에 사회적으로 이질화되는 과정이다. 따라서 정치 엘리트가 조직적으로 다양화될수록, 기능적으로 전문화될수록, 서로 간에 그리고 국가로부터 상대적으로 자율적일수록, 종합하면 이질성이 높아질수록 그 정

---
15) Higley J. and Burton M.(1996), pp. 11-12.

도는 강화된다고 할 수 있다.16) 이 영역에서는 인구통계 및 정치사회적 차원의 변수들의 이질성을 그 척도로 측정 가능하며, 그 구체적인 구성 변수들은 측정 가능하기만 하다면 더 많이 증가될 수도 있다.

순환은 상술한 두 차원보다는 다소 늦게 정치 엘리트 유형의 주요 차원으로 제기되었고 동시에 국가 사회주의체제의 체제 전환과 관련된 논의에 제한적으로 사용되었지만, 기본적으로 그 범위와 방식이 주요 구성 요소라는 점에서는 별다른 이견이 없다. 순환의 범위는 서로 다른 특성의 분화와 통합 정도를 가진 정치 엘리트들이 정량적으로 얼마나 교체되느냐의 문제이고, 방식은 그 과정의 폭력성과 급진성에 관한 것이다.17)

둘째, 이 네 가지의 범주를 상호 연관과 연계가 없는 독립적인 관계로 설정한다. 즉 제2장에서 밝힌 바와 같이, 순환의 범위와 방식을 통합, 분화와 연계시킨 모델의 치명적 약점을 보완하기 위해 이들 통합, 분화, 순환의 범위 그리고 순환의 방식은 상호독립적인 관계라는 것이다. 통합 정도의 고저, 분화 정도의 강약, 순환 범위의 넓고 좁음, 순환 방식의 급진과 점진 등 4개의 범주의 논리적 조합으로 기본적으로 4차원의 정치 엘리트 유형법이 생성된다. 따라서 총 16개 종류의 정치 엘리트 유형이 논리적으로 존재 가능하다.

셋째, 역시 제2장에서 2차원적 정치 엘리트 유형법에서 체제 유형과 정치 엘리트 유형을 직접 맞대응시키며 발생한 오류를 극복하기 위해 이 고리를 끊어낸다. 즉, 우선 21세기 들어 발생하고 있는 체제 유형의 다양성을 기존 4가지 유형으로 포괄하지 못한다는 의미이다. 동시에 이 새로운 4차원적 정치 엘리트 유형에 대응되는 체제 유형에 대한 개

---

16) Higley J. and Burton M., "The Study of Political Elite Transformations," International Review of Sociology11-2 (2001), pp. 186-187.
17) Hoffmann-Lange U.(2018), pp. 59-60.

념 정의와 명명은 이 글의 주된 목적이 아니라는 것이다. 물론 현시점에서 특정 정치 엘리트와 체제 유형과의 맞대응을 진행하지 않는 것은 포기한다는 의미가 아니라 향후 연구를 통해 보완되어야 할 점이라는 점은 분명하겠다. 이 글의 구체적인 목적은 정치 엘리트 유형학의 세분화와 과학화이고, 일종의 상호 연관 관계에 있는 특정 체제 유형과의 대응작업은 향후 연구과제가 될 것이다. 이런 논리와 전제하에서 4차원적 정치 엘리트 유형법을 형상화하면 <그림 2>와 같다.

이 유형법은 모두 16가지의 세부 유형을 가지고 있다. 각각의 유형에 대한 설명과 사례는 다음과 같다.[18] 'S-W-W-G'형은 강한 통합 정도와 넓은 분화의 정도, 넓은 순환의 범위와 점진적인 순환의 방식'의 엘리트 유형이다. 이 유형의 정치 엘리트들은 주요 정책 결정 과정에의 참여가 부문과 파벌을 넘어서는 공식과 비공식적 네트워크에 의해 보장되어 있다. 엘리트 집단 내의 여러 차원에서의 인구통계 및 정치사회적 분화 정도는 높으며, 각 부문 간의 자율성은 상호 존중되고 있다. 정치 엘리트 집단 내에서는 경쟁과 타협의 규칙과 상징에 대한 대체적인 합의가 존재하며, 체제 내외의 구분은 분명히 존재한다. 순환의 범위가 넓다는 의미는 신구교체의 비율뿐만 아니라 상대 진영을 언제든지 위협할 수 있을 만한 정도라는 것이며, 점진적 순환의 방식은 평화적인, 즉 기존에 정해진 규칙과 질서에 따라 정치 엘리트의 교체가 진행된다는 의미이다. 21세기의 미국과 독일 등의 정치 엘리트가 대표적인 예이다.[19]

---

[18] 본 연구에서의 사례는 관련 연구의 종류 중 분석틀 즉 가설에 대한 타당성 조사에 해당됨. 따라서 그 선정 기준은 가설의 타당성 검증을 위한 적합성이 될 것이고, 동시에 사례 확대를 통한 반례의 등장 가능성은 내재적인 한계임은 자명한 사실임. 사례 연구의 종류와 각각의 한계에 대한 보다 상세한 사항은 Levy, Jack S., "Case Studies: Types, Designs, and Logics of Inference," Conflict Management and Peace Science25-1 (2008), pp. 1-18을 참조 바람.

'S-W-W-S'형은 다른 특성은 상기 유형과 유사한데, 정치 엘리트 순환의 방식이 급진적인 유형이다. 즉 강한 통합 정도와 넓은 분화의 정도 그리고 넓은 순환의 범위를 가진 정치 엘리트들이 급진적 방식의 순환을 '체제 내'에서 용인하고 수용하는 경우이다. 안정적인 대의제 국가에서의 최고 지도자의 급작스러운 용퇴와 교체 등의 상황에 해당된다. 예를 들면 2016년 한국의 탄핵을 통한 대통령 사임 전후의 한국 등의 정치 엘리트 유형이 여기에 속한다.[20]

〈그림 2〉 통합, 분화, 순환의 범위, 순환의 방식에 따른 4차원적 정치 엘리트 유형법

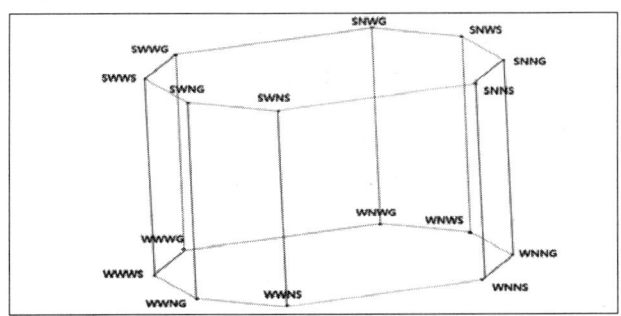

참조: 각 유형의 명칭은 통합, 분화, 순환의 범위, 순환의 방식의 수준 순으로 각각 강(Strong)-약(Weak), 넓음(Wide)-좁음(Narrow), 넓고(Wide)-좁음(Narrow), 진(Gradual)-급진(Sudden)의 약자의 조합임.

'S-W-N-G'형은 'S-W-W-G'형과 비교하면, 순환의 범위가 상대적으로 좁은 경우이다. 여기에서 순환의 범위는 전체 정치 엘리트 차원뿐만 아니라 정치권 내에서의 집단 또는 파벌 간의 배치 상황을 의미하

---

19) 미국 정치 전통과 관련된 보다 상세한 사항은 차태서, "분열된 영혼? 포스트-트럼프 시대 미국 정체성 서사 경쟁," 『미국학논집』 제54권 1호(2022), pp. 55-98을 참조 바람.
20) 당시 한국 정치 상황과 관련된 보다 상세한 사항은 이성우, "박근혜 대통령 탄핵 전후 정치참여인식 영향 요인 분석," 『세계지역연구논총』 제37집 2호(2019), pp. 343-368을 참조 바람.

기도 한다. 기본적으로 대의제 정치의 전통이 오랫동안 지속되어 오고 있으나, 특정 정당이나 파벌의 독점 현상이 장기간 지속되는 국가에서 종종 생성되며, 대표적으로 자민당이 창당 이후 55년간 집권당의 지위를 놓치지 않고 있는 일본의 경우를 들 수 있다.[21]

'S-W-N-S'형은 통합 정도와 분화의 정도는 동시에 높고 넓지만, 순환의 범위가 매우 좁아지고 그 방식도 매우 급진적인 유형이다. 즉 기존 헌정 질서나 대의체제가 붕괴되지는 않았지만, 인위적이고 비정상적인 순환 범위의 감소 인해 정치 엘리트의 대표성이 크게 약화되고, 체제 내보다는 체제 외적 역량의 강화로 정치 변화가 발생한 경우에 해당된다. 물론 그 방식이 체제 전복이나 쿠데타 등 폭력적이거나 극단적인 상황은 아닌 경우이다. 대표적으로 한국에서 군부 독재 체제가 시민 역량의 저항 등의 요인으로 지배 엘리트층의 자발적인 양보로 인해 대통령 직선제를 채택하게 된 1985년부터 1988년까지의 제12대 국회 시기를 들 수 있다.[22] 부연하자면, 상술한 네 유형은 모두 대의제가 비교적 안정적으로 작동한다는 공통점을 가지고 있으며, 따라서 순환의 방식이 체제 전복이나 파괴 등의 수준으로까지 가지 않는 수준이었다고 할 수 있다.

'S-N-W-S'형은 통합 정도는 높으나, 분화의 정도는 약하며, 순환의 범위는 넓으며, 순환의 방식은 급진적이고 폭력적인 유형이다. 정치 엘리트들이 단일하고 중앙집권적인 당이나 운동조직 등에 대부분 속하고, 이들이 정부를 장악하고 있을 경우 종종 나타나는 유형이다. 배타

---

21) 일본 정치의 특징에 대한 보다 상세한 사항은 박철희, "아베 시대의 대전환: 자민당 지배 공고화를 통해 탈전후하는 일본," 『일본비평』 제13권 2호(2021), pp. 180-205를 참조 바람.
22) 이 시기 한국 정치 상황과 관련된 보다 상세한 사항은 홍성태, "한국 민주화 운동의 전략과 프레임," 『한국사회학』 제52권 4호(2018), pp. 1-38을 참조 바람.

적인 단일한 종교나 신념과 조직체계를 우선시하는 규범과 전통은 통합 정도의 제고에 영향을 주며, 반대로 분화에는 그 충원과 운영 등 차원에서의 약화와 관련이 있다. 또 여러 차원의 권력투쟁을 통해 순환의 범위는 넓으며, 그 방식은 급진적이며 폭력을 종종 수반한다. 대표적인 예로 1950년대 중국 건국 초기의 상황이 이에 해당된다.[23]

'S-N-W-G'형은 통합 정도는 강하고, 분화는 수준은 좁으며, 순환의 범위는 넓고, 순환의 방식은 점진적이고 평화적인 유형이다. 상기 유형과 대부분 특징이 유사하나, 순환의 방식이 점진적이고 평화적인 것이 차별점이다. 특정 개인이나 정당의 독재가 일정하게 안정화된 이후의 상황에서 종종 발생하는 유형이다. 대표적으로 카자흐스탄 독립 이후 누르술탄 나자르바예프의 독재 체제가 수립되고, 그 상태가 상당히 안정된 2004년과 2007년의 제3대와 4대 의회 시기의 정치 엘리트 유형을 들 수 있다.[24]

'S-N-N-G'형은 상술한 유형과 대부분 유사한 특성을 가지나, 순환의 범위가 좁다는 차이가 있다. 또 대의제를 채택하고 있기는 하나, 제도적으로 특정 정당이나 조직에게 매우 유리한 시스템을 통해 장기간의 집권이 가능한 상황에서 종종 발생한다. 정치적 자유와 경제적 변영을 상호교환하면서 특정 정당에게 정당성을 부여했던 싱가포르의 사례가 대표적이다. 특히 2011년 '사실상의' 총선 패배 이전의 시기는 인민행동당(people's action party)이라는 특정 정당만이 사실상의 싱가포르 정치 영역에서의 단일한 행위자였다. 동시에 정치 엘리트의 순환 역시

---

23) 당시 중국 정치 상황에 대한 보다 상세한 사항은 Lieberthal, K., Governing China: From Revolution Through Reform(London: W·W·Norton & Company, 2004), pp. 57-76을 참조 바람.
24) 이 시기 카자흐스탄 정치 엘리트에 대한 보다 상세한 사항은 김상철, "현대 카자흐스탄 엘리트 제도와 형성과정," 『중소연구』 제33권 4호(2009), pp. 211-220을 참조 바람.

매우 제한된 범위 내에서만 발생했다. 그러나 그 과정은 평화적이고, 점진적인 방식에 따라 진행되었다.25)

'S-N-N-S'형은 통합 정도는 강하고, 분화 정도는 좁으며, 순환의 범위가 좁다는 점에서 상기 유형과 유사하다. 그러나 그 순환의 방식이 급진적이고 폭력적이라는 점에서 차별성이 있다. 이 유형은 강력한 개인 혹은 당이 통제하는 국가 시스템 내에서 상당한 정도의 권력투쟁과 숙청 같은 상황이 발생한 이후 혼란을 수습하기 위한 상황에서 종종 발견된다. 대표적으로 문화대혁명과 린뱌오(林彪)의 쿠데타 진압 이후 상황을 진정시키기 위해 구성된 1973년부터의 제10기 중국 공산당 중앙위원회 시기를 들 수 있다.26)

'W-W-N-G'형은 통합 정도는 약하며, 분화 정도는 넓고, 순환의 범위는 좁으면서 그 방식은 점진적이고 평화적인 특징을 가진 정치 엘리트 유형이다. 이 유형은 상당한 수의 서로 경쟁하는 파벌 내지는 기능적 부문에 의해 작동되고, 상호 교차되거나 상호 침투하는 정책 네트워크가 존재하지 않는다. 정치 체계에서 하나의 독자적인 권위체나 합의된 정치의 게임의 규칙이 존재하지 않는다. 따라서 구조 차원에서 매우 분절화되어 있다고 할 수 있다. 동시에 순환이 범위는 상대적으로 좁다. 한편 넓은 분화 정도에 기인하는 정치 및 기능적 차원에서의 다원주의는 이 체제의 지속성에 긍정적인 영향을 미치면서 순환의 방식의 점진적이면서도 평화적인 특징을 일정하게 보장한다. 가장 대표적인 예로써 1978년 이후 개혁·개방기 중국 정치 엘리트를 들 수 있다.27)

---

25) 이 시기 싱가포르 정치 상황에 대한 보다 상세한 사항은 최인아, "싱가포르2018: 4세대 리더십 전환 예고와 집권당의 도전과제," 『동남아시아연구』 제29권 1호(2019), pp. 120-125를 참조 바람.
26) 이 시기의 순환율은 중국 정치사상 최저인 38.1%를 기록했다. 이와 관련된 보다 상세한 사항은 Joo, J.(2013), pp. 261-264를 참조 바람.

'W-W-N-S'형은 상기 유형과 다른 특징은 유사하나, 순환의 방식이 더 급진적이며, 폭력적인 상황에서 전형적으로 나타나는 정치 엘리트 유형이다. 대표적으로 종족주의적 성향과 권위주의적 전통이 공고한 상태에서 불안정적으로 존재했던 2015년부터 2021년 군부 쿠데타 전까지의 미얀마 민간정부 집권 시기의 정치 엘리트를 들 수 있다. 참고로 이 시기 정치 엘리트 유형과 2021년 군부에 의한 쿠데타가 어떤 관련이 있는지는 명확하지 않으나, 이 유형의 미얀마 정치 엘리트 유형이 최소한 기존 기득권 세력에 대한 더 강력한 배제와 통치 능력 측면에서 실패했다는 지적은 상당히 일리가 있다고 평가된다.[28]

'W-W-W-S'형은 상기 유형과 다른 특징은 유사하나, 순환의 범위는 더욱 넓은 경우 존재하는 정치 엘리트 유형이다. 즉 상기 유형과 달리 일정한 체제 내의 민주화의 정도가 정치 엘리트 순환 범위가 넓어지는 단계로까지 발전했으나, 순환 이후 매우 빈번하게 발생하는 선거 부정과 이에 대한 진압이 이 유형의 대표적인 표출 양태이다. 대표적으로 1932년 이후 입헌군주제가 수립되었고 1988년에는 민간인 출신 총리의 탄생으로 대의제 민주주의의 일정한 진전을 이뤘지만, 현재까지 성공과 실패의 쿠데타를 22차례 겪고 있는 태국 정치 엘리트 유형이 대표적인 사례라고 할 수 있다.[29]

'W-W-W-G'는 상기 유형과 다른 특징은 유사하나 순환의 그 방식에 있어서 점진적이고 평화적인 상태에서의 정치 엘리트 유형이다. 즉

---

27) 여기에서의 개혁·개방기는 시진핑 집권 이전 시기를 의미하며 중국 정치 엘리트의 이 같은 성격에 대해서는 Joo, J.(2013), pp. 271-275를 참조 바람.
28) 이 시기 미얀마 정치 상황과 변동에 관련한 보다 상세한 사항은 문기홍, "군부 권위주의 체제와 민주화: 미얀마 민주화 과정과 민주주의 후퇴현상을 중심으로," 『아시아리뷰』 제11권 2호 (2021), pp. 217-246을 참조 바람.
29) 최근 태국 정치 상황에 관련된 보다 상세한 사항은 현시내, "태국 2022: 위기가 가지고 온 변화의 기회," 『동남아시아연구』 제33권 1호(2022), pp. 233-279를 참조 바람.

상기 유형과 유사한 정치 변동의 상황에서 급진적이고 폭력적인 기제가 아닌 투표나 타협 등의 방식으로 정치 엘리트의 순환을 포함한 전반적인 정치 제도의 변화를 이끌어낸 경우에 해당된다고 할 수 있다. 가장 최근의 대표적 예로는 2010년부터 2021년까지의 키르기스스탄을 들 수 있다. 이 기간 키르기스스탄은 헌정체제의 변화를 여러 명시적인 대립과 갈등의 상황에서도 국민투표를 통해 결정했다. 그 결과 의원내각제 및 이원집정부제에서 대통령중심제로 변화했다.30)

'W-N-N-S'형은 통합 정도가 약하고, 분화 정도 역시 좁으며, 순환 범위는 좁고 그 방식이 급진적인 정치 엘리트 유형이다. 이 유형의 정치 엘리트는 서로 배타적이고 심지어 적대적이기조차 한 몇 개의 잘 조직된 진영에 소속되어있다. 그 기능 및 정치사회적 분화의 정도는 매우 낮다. 전체 엘리트층을 아우를 공통의 정치 게임의 규칙과 관례 혹은 신념 등은 존재하지 않는다. 따라서 정치 엘리트 내 경쟁은 종종 폭력성을 동반하며 상대 진영에 대한 억압을 서슴지 않는다. 이런 특성으로 인해 순환의 범위는 좁으며 동시에 그 방식은 급진성과 폭력성을 동반한다. 아랍민족주의가 가장 먼저 형성되었으면서도 내부의 극심한 혼란과 갈등 상황을 겪었고, 2012년의 아랍의 연쇄적인 민주화 시위 이후에도 정권이 붕괴되지 않은 시리아를 대표적인 사례로 들 수 있다.31)

'W-N-N-G'형은 상기 유형과 여러 측면에서 유사한 특징을 가지나, 그 순환의 방식이 점진적이고 평화적이라는 점에서 차별성을 갖는다. 여기에서 순환 방식 특성은 내전과 쿠데타 등의 극단적인 방식이 아니

---

30) 이 같은 키르기스스탄 정치 변동과 관련된 보다 상세한 사항은 이영형, "키르기스스탄의 국민투표와 정치시스템의 변화: 낙관주의에 기초된 계획 오류," 『한국과 국제사회』 제6권 6호 (2022), pp. 391-422를 참조 바람.
31) 시리아의 전반적 그리고 최근의 정치 상황에 관한 보다 상세한 사항은 이상수, "시리아의 정치 변동에 관한 연구," 『지역과 정치』 제5권 2호(2022), pp. 27-66.

라는 점에서 상대적인 의미이다. 대표적으로 2014년을 기점으로 그 성격이 급변한 튀르키예 정치 상황 하에서의 정치 엘리트를 들 수 있다. 이 시점을 기준으로 가장 큰 변화는 의원내각제에서 대통령제로, 세속주의에서 이슬람주의로의 그것이라 할 수 있다.[32]

'W-N-W-G'형의 정치 엘리트는 통합 정도는 약하고, 분화 정도 역시 좁아서 전형적인 '분리된' 유형이다. 그러나 순환 범위는 넓고, 그 방식은 점진적이고 평화적이다. 매우 분리되어있고 상호 대립적인 유형에서 '직관 논리(intuitional logic)'적으로 나타나기 힘든 형태라고 할 수 있다. 그러나 2010년 아랍의 봄 시작점이 되었던 튀니지 경우는 2014년 개헌에서 2022년 개헌 전까지의 상황에 이 유형의 정치 엘리트가 존재했던 것으로 분석된다. 즉 시민사회, 이슬람 정당과 세속주의 정당 간에 분명한 구별은 있었고, 그 이전 시기에 비해 기능 및 조직적 분화 정도가 넓어지지는 않았지만, 기존 독재 체제에 대한 반대와 실패에 대한 부담으로 갈등보다는 합의의 정치 규칙이 일시적으로 형성되었고, 그 결과 2014년 개헌으로 인해 다당제의 대의제 민주주의가 채택되었다. 그리고 이 시기 두 번의 대선과 세 번의 총선이 안정적으로 치뤄져 상당히 넓은 수준의 엘리트 순환이 이뤄졌고, 그 방식은 점진적이고 평화적이었다. 물론 2022년 이후 상황이 다시 독재로의 회귀가 아니냐는 분석이 제기되고 있지만, 최소한 2014년에서 2022년까지의 상황은 이 유형의 정치 엘리트가 존재했다고 할 수 있다.[33]

'W-N-W-S'형은 상기 유형과 다른 특징들은 대동소이하나, 정치 엘리

---

[32] 이 같은 튀르키예의 정치 변동과 관련한 보다 상세한 사항은 오종진, 강지선, "터키 공화국의 리더십과 정치문화변동 연구: 아타튀르크와 에르도안을 중심으로," 『중동문제연구』 제20권 2호(2021), pp. 67-102.
[33] 이 시기 튀니지 정치 상황에 대한 보다 상세한 사항은 안소연, "포퓰리즘과 민주주의의 위기: 튀니지 사례를 중심으로," 『중동문제연구』 제21권 1호(2022), pp. 29-64를 참조 바람.

트 순환의 방식이 급진적이고 폭력적이라는 점에 있어서 차별성을 가진다. 이런 상황은 무아마르 카다피(Moammar Gaddafi) 이후 리비아, 즉 2012년부터 2014년 시기를 대표로 들 수 있다. 카다피 축출 이후 불안정하지만 단기간 찾아온 정치 변동의 분위기에 따라 리비아는 2012년 민주적 선거에 의해 첫 제헌의회가 수립되는 등 정치 엘리트 순환의 범위가 상대적으로 넓어졌다. 그러나 여전히 존재하는 정치 엘리트 통합 정도의 약함과 분화 정도의 좁음 등 상황은 극복되지 못했다. 그 결과로 2014년부터 2차 내전이라는 정치 불안정한 상황으로 진입하였고, 정치 엘리트 순환 방식은 극도로 급진적이며 폭력화되었다.34)

Ⅳ. 나오며

이 글은 더욱 복잡다단해진 현실을 정확하게 관찰 및 발견할 수 있는 개념적 도구에 대한 논의를 진행했다. 즉 정치 엘리트 유형이 더욱 복잡다단해졌는데, 이를 관찰할 개념적 도구는 여전히 2차원적 유형법이기 때문에 발생하는 문제점을 해결하고자 기획되었다. 이 정치 엘리트 유형의 복잡다단화는 역사적으로 1970년대 중반 이후 관찰된 민주화 '제3의 물결' 이후 목도되고 있는 세계적 차원의 민주주의 퇴조 현상과 그 궤를 같이한다. 예상치도 못한 권위주의 체제의 하부 변종 등장과 그 생명력이 동시에 관찰된 것이다. 구조와 행위자와의 관계에서도 알 수 있듯이 이렇듯 복잡다단화된 체제의 사실상 운영자들인 정치

---

34) 이 시기 리비아 정치 상황에 대한 보다 상세한 사항은 이성수, "까다피 이후 리비아의 정치변동에 관한 연구," 『국제정치연구』 제24권 2호(2021), pp. 127-150을 참조 바람.

엘리트 역시 그 흐름을 반영하게 됐다고 이 글은 보고 있다. 따라서 기존의 2차원 유형법으로 설명되지 않는 여러 형태의 정치 엘리트 유형들이 관찰되게 되었다.

 이 글은 논리적 차원에서 기존의 통합, 분화, 순환의 범위 그리고 순환 방식이라는 세부 범주는 변경하지 않으면서, 이들 간의 상호 연관 관계에 대한 부정과 정치체제와 엘리트 유형 간의 비대응 관계 규정 등을 통해 4차원적 정치 엘리트 유형법을 제시했다. 그 결과물은 통합, 분화, 순환의 범위 그리고 순환의 방식이라는 4가지 범주가 각각 독립적으로 대응되는 모두 16가지 종류의 정치 엘리트 유형이 이념형으로써 정립되었다. 즉 통합의 강약, 분화의 넓고 좁음, 순환 범위의 넓고 좁음, 순환 방식의 점진과 급진 정도에 따라 16가지의 정치 엘리트 유형을 개념화했다. <표 1>은 16가지 유형을 정리한 것이다. 또 이 논리적 혁신의 적실성을 증명하기 위해, 각각의 이념형에 대한 실제 사례를 대응시켰다. 이 글에서는 특정 시기의 미국, 독일, 한국, 일본, 중국, 카자흐스탄, 싱가포르, 미얀마, 태국, 키르기스스탄, 시리아, 튀르키예, 튀니지, 리비아 등의 사례를 각각의 유형과 개별적으로 대응시키고 있다.

〈표 1〉 통합, 분화, 분화, 순환의 범위, 순환의 방식에 따른 4차원적 정치 엘리트 유형법의 특징과 종류

통합 (Unity)	분화 (Differentiation)	순환의 범위 (Scope of Circulation)	순환의 방식 (Mode of Circulation)	세부 유형
강(S)	넓음(W)	넓음(W)	점진적(G)	S-W-W-G
			급진적(S)	S-W-W-S
		좁음(N)	점진적(G)	S-W-N-G
			급진적(S)	S-W-N-S
	좁음(N)	넓음(W)	점진적(G)	S-N-W-G

통합 (Unity)	분화 (Differentiation)	순환의 범위 (Scope of Circulation)	순환의 방식 (Mode of Circulation)	세부 유형
약(W)			급진적(S)	S-N-W-S
		N(좁음)	점진적(G)	S-N-N-G
			급진적(S)	S-N-N-S
	넓음(W)	W(넓음)	점진적(G)	W-W-W-G
			급진적(S)	W-W-W-S
		N(좁음)	점진적(G)	W-W-N-G
			급진적(S)	W-W-N-S
	좁음(N)	W(넓음)	점진적(G)	W-N-W-G
			급진적(S)	W-N-W-S
		N(좁음)	점진적(G)	W-N-N-G
			급진적(S)	W-N-N-S

이 글의 한계는 다음의 몇 가지이다. 동시에 이들은 향후 연구에서 보완하고 발전시켜야 할 점들이기도 하다. 우선, 유형법이 본질적으로 가지는 한계이기도 하겠지만, 현실 변화와 연동된 논리의 측면에서, 만약 반례 내지는 신생 사례가 관찰된다면 이 유형법의 적실성은 크게 훼손된다. 특히 이 문제는 다수의 국가에 대한 공시적 비교를 진행할 때 빈번하게 발생할 가능성이 높다. 즉 분석의 출발점을 어디에 두는가에 따라 측정의 기준이 달라지기에, 등가적 비교에 어려움이 존재한다. 그럼에도 불구하고 특수에서 보편뿐만 아니라 보편에서 특수로의 사유 방식 또한 행위자와 구조의 상호관계를 파악하는 중요한 기초가 된다는 점에서 본 연구의 의의는 충분히 있다고 사료된다. 사례의 적절성과 관련해서는 이 글의 시론(試論)적 성격을 고려했을 때, 향후 특정 국가 연구에서 더 많이 보완되어야 할 것이다.

다음으로, 상술한 문제의식 즉 유형법 고유의 한계와도 밀접하게 관련된 것으로, 타 유형으로의 전환과 동일 유형 내에서의 변화에 대한 측정과 관련해서 이 시도는 사실상 무기력하다. 특히 타 유형으로의 변화 '임계점(critical point)' 설정은 매우 논란을 발생시킬 수 있다. 그만큼 임의적이고 자의적일 수 있다는 의미이다. 이런 상황은 대표적으로 중국의 사례에서도 확인된다.[35] 즉 2022년 이전과 이후의 중국 정치체제 성격이 질적으로 변화했는가에 대한 질문에 대해 현재까지 명확한 결론을 내지 못하는 것은 바로 이 임계점의 부재 혹은 설정의 시도가 충분히 이뤄지지 않았기 때문이다.

이런 문제점을 보완하기 위해서 이 유형법의 세부 구성 요소인 4가지 범주를 각각 지수화하고, 이의 변화를 추적하여 관찰하는 지수화(indexing)가 하나의 대안이 될 수 있다. 이 같은 추세는 이미 다른 정치 체제 관련 유형화 연구에서 일부 발견되고 있으며, 이 유형법 접근의 기능적이 아닌 존재론적인 취약점이라고 할 수 있다.[36] 따라서 지수화와 결합된 유형법에 대한 논의와 정립이 향후 연구에 있어서 하나의 방향이라고 할 수 있다.

---

[35] 특히 시진핑 집권 이후의 정치 구조와 행위자의 변화와 관련된 논쟁의 핵심은 바로 이 임계점의 설정과 깊은 관련이 있다. 이와 관련된 보다 상세한 사항은 주장환, "시진핑 집권 3기 엘리트 정치: 양자도약?," 『아시아문화연구』 제61집(2023), pp. 227-228을 참조 바람.
[36] 이 문제의식은 Freedom House와 Economic Intelligence Unit의 민주주의 지수 등이 가장 잘 반영하고 있고, 관련 최근 연구는 Geddes, B., Wright, J., and Frantz, E., How Dictatorships Work: Power, Personalization, and Collapse(Cambridge: Cambridge University Press, 2018)을 들 수 있음.

참고문헌

김상철. "현대 카자흐스탄 엘리트 제도와 형성과정." 『중소연구』 제33권 4호(2009).

문기홍. "군부 권위주의 체제와 민주화: 미얀마 민주화 과정과 민주주의 후퇴현상을 중심으로." 『아시아리뷰』 제11권 2호(2021).

박철희. "아베 시대의 대전환: 자민당 지배 공고화를 통해 탈전후하는 일본." 『일본비평』 제13권 2호(2021).

서경교. "정치변동과 민주화를 바라보는 시각II: 논의와 평가." 『국제지역연구』 제22권 2호(2018).

안소연. "포퓰리즘과 민주주의의 위기: 튀니지 사례를 중심으로." 『중동문제연구』 제21권 1호(2022).

오종진, 강지선. "터키 공화국의 리더십과 정치문화변동 연구: 아타튀르크와 에르도안을 중심으로." 『중동문제연구』 제20권 2호 (2021).

이상수. "시리아의 정치변동에 관한 연구." 『지역과 정치』 제5권 2호 (2022).

_____. "까다피 이후 리비아의 정치변동에 관한 연구." 『국제정치연구』 제24권 2(2021).

이성우. "박근혜 대통령 탄핵 전후 정치참여인식 영향 요인 분석." 『세계지역연구논총』 제37집 2호(2019).

이영형. "키르기스스탄의 국민투표와 정치시스템의 변화: 낙관주의에 기초된 계획 오류." 『한국과 국제사회』 제6권 6호(2022).

주장환. "제17기 중국 공산당 중앙위원회: 기술 관료의 쇠퇴와 '일반 관료'의 부상." 『중소연구』 제33권 2호(2009).

_____. "중국 정치 엘리트 유형 변화에 대한 연구: 제18기 중국 공산당 중앙위원회를 중심으로." 『중소연구』 제37권 3호(2013).

_____. "다른 과정, 같은 결과: 중러 정치 엘리트 전환." 『중소연구』 제39권 1호(2015).

_____. "중국 정치 엘리트 유형 변화에 관한 연구: 제19기 중국 공산당 중앙위원회를 중심으로." 『국제지역연구』 제25권 3호(2021).

_____, 연담린. "체제전환기 중·러 엘리트 정치 구조 변화에 대한 비교 분석: 다른 과정, 같은 결과." 『Analyses & Alternatives』 제6권 3호(2022).

_____. "시진핑 집권 3기 엘리트 정치: 양자도약?." 『아시아문화연구』 제61집(2023).

차태서. "분열된 영혼? 포스트-트럼프 시대 미국 정체성 서사 경쟁." 『미국학논집』 제54권 1호(2022).

최인아. "싱가포르2018: 4세대 리더십 전환 예고와 집권당의 도전과제." 『동남아시아연구』 제29권 1호(2019).

현시내. "태국 2022: 위기가 가지고 온 변화의 기회." 『동남아시아연구』 제33권 1호(2022).

홍성태. "한국 민주화 운동의 전략과 프레임." 『한국사회학』 제52권 4호(2018).

Best, H. and Higley, J. (eds.). Political Elites in the Transatlantic Crisis. London, Palgrave, 2014.

_____. and _____. "Introduction." in Best. H. and Higley, J. (eds.). The Palgrave Handbook of Political Elites. London, Macmillan Publisher Ltd, 2018.

Blinder, A. *After the Music Stopped: The Financial Crisis, the Response,* and the Work Ahead. New York: Penguin, 2013.

Burton, M. and Higley, J. "Elite Settlement." *American Sociological Review* 52-3 (1987).

Geddes, B., Wright, J., and Frantz, E. How Dictatorships Work: Power, Personalization, and Collapse. Cambridge: Cambridge University Press, 2018.

Higley, J. and Burton, M. *Elite Foundations of Liberal Democracy.* Lanham, MD.: Rowman & Littlefield, 1996.

_____. and Lengyel, G(eds.). *Elites after Sate Socialism: Theories and Analysis.* Lanham, Boulder, New York, Oxford: Rowman & Littlefield Publishers, INC, 2000.

_____. and Burton, M. "The Study of Political Elite Transformations." International Review of Sociology 11-2 (2001).

Hoffmann-Lange, U. "Theory-Based Typologies of Political Elites." in Best. H. and Higley, J(eds.). *The Palgrave Handbook of Political Elites.* London, Macmillan Publisher Ltd, 2018.

Joo, J. "A Typology of Political Elites and Its Transformation in China: From Ideocratic/Replacement to Fragmented/Reproductive Elites." *Asian Perspective* 37-2 (2013).

Lee, H. Y. *From Revolutionary Cadres to Technocracy in Socialist China.* Berkeley and Los Angeles, University of California Press, 1991.

Levy, Jack S. "Case Studies: Types, Designs, and Logics of Inference." Conflict Management and Peace Science 25-1

(2008).

Lieberthal, K. *Governing China: From Revolution Through Reform.* London: W·W·Norton & Company, 2004.

Mawdsley, E. and White, S. *The Soviet Elite from Lenin to Gorbachev.* Oxford: Oxford University Press, 2000.

Milner, M., Jr. Elites. A General Model. Cambridge, Polity Press, 2015.

Ruostetsaari, I. "Social Upheaval and Transformation of Elite Structures: The Case of Finland." Political Studies 54-1 (2006).

Zang, X. "The consolidation of political technocracy in China: The fourteenth and fifteenth central committees of the CCP." Journal of Communist Studies and Transitional Politics 15-3 (1999).

카자흐스탄 하원 공식사이트. https://parlam.kz/ru/mazhilis/.
카자흐스탄 선거관리위원회 공식 사이트.
https://www.election.gov.kz/rus/.
Economic Intelligence Unit 공식 사이트.
https://www.eiu.com/n/campaigns/democracy-index-2022/.
Freedom House 공식 사이트. https://freedomhouse.org/.

제1부 중국

2장

4차원적 분류법을 적용한 최신 중국 정치 엘리트 유형 변화 연구:
- 제20기 중국공산당 중앙위원회를 사례로 -

주 장 환
(한신대학교 중국학과·유라시아연구소)

Ⅰ. 들어가며
Ⅱ. 주요 개념과 분석틀
Ⅲ. 중국 정치 엘리트 유형 변화
Ⅳ. 나오며

02

4차원적 분류법을 적용한 최신 중국 정치 엘리트 유형 변화 연구:
제20기 중국공산당 중앙위원회를 사례로*

주 장 환

한신대학교 중국학과·유라시아연구소

Ⅰ. 들어가며

이 글은 주제와 방법의 차원에서 기존 연구와의 연속성과 차별성을 가지고 있다. 이 글의 첫째 목적은 최신 중국 정치 엘리트 유형 변화를 분석하는 것이다. 주제의 측면에서 기존 연구와의 연속성을 의미한다. 1982년부터 매 5년마다 1회씩 중국 공산당 전국대표대회가 개최된 것은 개혁·개방기 중국 정치 제도화가 비교적 안정적인 수준에 도달했다

---

* 이 글은 중국지역연구 제10권 3호(2023)에 게재된 논문을 수정 및 보완한 것임.

는 것을 보여주는 매우 중요한 사례 중 하나이다. 따라서 각 중앙위원회 회기를 기준으로 중국 정치 엘리트의 구조와 행위자 차원의 변화에 관한 연구가 진행되어왔다.1) 이 글은 최신 중국 엘리트 정치의 상황을 분석한다는 데에 있어서 기존 연구들과 그 궤를 같이한다. 그러나 특기할 사항은 2022년 개최된 제20기 공산당 중앙위원회에서는 시진핑(習近平)의 중앙위원회 총서기직 3연임이 예견되어있었기 때문에 세간의 주목을 더욱 받았다. 이 사건은 개혁·개방기 중국 엘리트 정치 제도화의 방향과 일견 상반되는 것이기에, 이로 인해 여러 측면에서 변화가 일어날 것이라고 예전보다 더욱 높은 가능성으로 예상되었다.2) 또 중국 엘리트 정치의 주요 구성 요소 중 하나인 구조적 측면에서의 변화는 이미 분석되어 있는 바, 이와 대응되는 행위자 차원에서의 변화 역시 충분히 예측 가능한 상황이다.3)

이 글의 둘째 목적은 새로운 대안적 유형법(typology)을 활용하여,

---

1) Xiaowei Zang. "The Fourteenth Central Committee of the CCP: Technocracy or Political Technocracy?," Asian Survey33-8 (1991), pp. 787-803; Cheng Li and White Lynn, "The Fifteenth Central Committee of the Chinese Communist Party: Full-Fledged Technocratic Leadership with Partial Control by Jiang Zemin," Asian Survey38-3 (1998), pp. 231-264; Zhiyue Bo, "The Sixteenth Central Committee: Technocrats in Command?," Asian Profile 32-6 (2004), pp. 497-517; Young Nam Cho, "Elite politics and the 17th Party Congress in China: changing norms amid continuing questions," Korean Journal of Defense Analysis20-2 (2008), pp. 155-168; Jang Hwan Joo, "The Second Transition of Political Elites in China: A Response to National Crisis," Crisisnomy13-7 (2017), pp. 143-155; Joseph Fewsmith, "The 19th Party Congress: Ringing in Xi Jinping's New Age," China Leadership Monitor55 (2017), pp. 1-22.
2) 이 예측은 사실이 되었고 따라서 이른바 '시진핑 독재 체제 확립' 여부와 관련된 논쟁이 촉발되었다. 이와 관련된 보다 상세한 사항은 주장환, "시진핑 집권 3기 엘리트 정치: 양자도약?," 『아시아문화연구』 제61집(2023), pp, 226-229를 참조 바람.
3) 최신 연구에 따르면, 시진핑 집권 3기 중국 엘리트 정치 구조의 변화는 강제력 행사에 있어서 과두들의 역할과 통치의 본질의 측면에서 각각 보다 낮아지고, 무장해제 되었으며, 외재적인 방향과 개인적이며 비제도적인 방향으로 변화하여 그 술탄제적 성격이 강화된 것으로 나타남. 이에 대한 보다 상세한 사항은 주장환, "중국 엘리트 정치 동학 변화에 관한 연구: 제20차 공산당 전국대표대회와 제20기 중앙위원회 1차 전체회의를 중심으로," 『21세기정치학회보』 제32집 4호(2022), pp. 1-20을 참조 바람.

최신 중국 정치 엘리트 유형의 변화를 분석한다. 방법 측면에서 기존 연구와의 차별성을 의미한다. 그동안 중국 정치 엘리트 유형을 분석하는 방법 중 하나는 분석틀을 설계하고 이를 적용하는 것이었다. 구체적으로 '통합, 분화 그리고 순환에 따른 정치 엘리트 유형 분석 모델'이라는 2차원 분류법이 활용되었다.[4] 이를 통해 비교의 통시 및 공시성 및 중국 정치 엘리트 유형 변화 분석과정의 보편성 확보 같은 차원에 상당한 수준의 적실성을 인정받았다. 그러나 몇 가지의 논리적 결함이 기존 분석과정에서 노정되었고, 이로 인해 분석력의 저하 현상이 나타났다. 따라서 이에 대한 수정 및 보완을 진행하고, 그 적실성을 재검증 받아야할 필요성이 제기된다. 따라서 이 글에서는 수정 및 보완된 4차원 분류법을 중국 정치 엘리트 유형 변화에 적용하면서 상기 목적을 달성하려 한다.

상술한 연구의 목적의 달성과 그 필요성에 화답하기 위해 이 글의 다음 두 번째에서는 주요 개념과 분석틀에 대해 정리한다. 특히 분석틀은 상술한 바와 같이 기존 2차원 분류법에 대한 비판적 고찰을 통해, 기존 분류법을 수정 및 보완한 4차원 분류법을 제시한다. 후술하겠지만, 수정 및 보완의 핵심 방향은 분석력의 제고이다. 동시에 보편성의 추구이다. 이 두 측면은 동전의 양면과 같이 서로 연동되어 있다. 현상의 발전 즉 복잡다단화는 그에 걸맞은 수준의 발전된 분석 도구를 요구하며, 이를 통해 현상에 대한 설명의 보편성은 확대된다는 문제의식이다. 물론 이

---

[4] JangHwan Joo, "A Typology of Political Elites and Its Transformation in China: From Ideocratic/Replacement to Fragmented/ Reproductive Elites," Asian Perspective37-2 (2013), pp. 255-279; 주장환, "중국 정치 엘리트 유형 변화에 대한 연구: 제18기 중국 공산당 중앙위원회를 중심으로," 『중소연구』 제37권 3호(2013a), pp. 101-126; 주장환, "중국 정치 엘리트 유형 변화에 관한 연구: 제19기 중국 공산당 중앙위원회를 중심으로," 『국제지역연구』 제25권 3호 (2021), pp. 203-221.

문제의식은 현실에서 발로되었다. 한편으로는 전 세계 정치 엘리트 유형의 기존 분석틀에서 정의될 수 없는 방향으로의 변이(variation)가 발생하고 있다. 다른 한편으로는 중국 정치 엘리트 유형 역시 기존 분석틀 안에서는 파악이 가능했던 시기적 특성을 넘어선 이른바 '후(post)' 개혁·개방 시기에서의 변이가 나타나고 있다.5) 따라서 이런 변이들도 관찰할 수 있는 '고배율'의 현미경이 필요하다고 할 수 있다. 세 번째 부분은 이 새로운 대안적 분류법의 검증 부분으로써, 제19기 공산당 중앙위원회를 그 중심 사례로 중국 정치 엘리트 유형의 변화를 분석한다. 결론에서는 이 연구에 대한 정리를 통해 결론을 도출한다. 동시에 본 연구의 함의와 한계에 기반한 향후 연구 방향에 대해 밝힌다.

II. 주요 개념과 분석틀

본 연구와 관련하여 정리해야 할 몇 가지 개념들이 있다. 먼저 정치 엘리트이다. 이 개념을 정확히 이해하기 위해서는 또 세 가지 점에서의 정리가 필요하다. 엘리트는 누구인가가 첫 번째이다. 이 엘리트 개념은 대중(people) 및 다수와 대립되는 것이다. 이렇게 봤을 때 엘리트는 여러 사회 조직에서 해당 조직 및 조직간 행동에 영향을 끼치는 상대적으로 압도적인 역량을 보유한 소규모의 그룹 혹은 개인으로 정의할 수 있다.6) 또는 조직의 공적 정책 결정 과정에 접근할 수 있는 사

---

5) 여기서 '후 개혁·개방'이라는 의미는 시진핑 집권 이후 정치적 차원에서 이전 개혁·개방 시기와는 다른 정치 행태 및 엘리트 유형에서의 변이의 발생 조짐 등을 들 수 있음. 이와 관련한 보다 상세한 사항은 주장환(2013a), pp. 119-122를 참조 바람.

람들로 볼 수도 있다.7) 두 번째는 엘리트주의(elitism) 개념과의 구분이 필요하다. 엘리트 이론과 엘리트주의와의 결정적인 차이는 사회 변화 요인의 다양성에 대한 인정 여부이다. 엘리트주의는 엘리트라는 단일 요인을 지나치게 강조하는 가치 편향을 보인다는 점에서, 엄밀한 과학 영역에서 적용하기에는 많은 한계가 따른다. 따라서 사회 변화의 여러 다양한 요인 중 하나로써 엘리트를 설정하는 것이 엘리트 이론의 기본적인 관점이다.8) 세 번째가 바로 정치 엘리트에 대한 개념 정립이다. 상술한 논의에 따르면, 정치 엘리트는 정치 영역에서 조직과 조직간 행동에 영향력을 미칠 수 있는 불균등한 역량을 보유하거나, '정치' 영역의 조직의 정책결정 과정에 접근할 수 있는 가능성을 부여받은 개인 혹은 그룹이라고 정의할 수 있다. 즉 정치 엘리트 개념은 정치와 엘리트 개념의 조합이라고 할 수 있다.

다음으로 중국에서의 정치 엘리트이다. 이 문제는 중국의 맥락에서 살펴볼 필요가 있다. 각 국가별로 체제(regime)가 차별성을 가지기 때문이다. 주지하다시피, 중국은 건국 이후 '당-국가(party-state)' 체제를 유지하고 있다. 따라서 중국의 정치 엘리트는 당 엘리트가 핵심이고 가장 중요한 구성 요소라고 할 수 있다. 그중에서도 가장 대표적인 정치 엘리트는 특히 개혁·개방기 들어서는 매 5년마다 선출되는 공산당 중앙위원회 구성원 즉 중앙위원과 그 후보위원이라고 할 수 있다. 또 이는 대부분의 기존 연구에서 이미 공인받은 것으로 해석된다.9)

---

6) Michael Burton and John Higley, "Elite Settlement," American Sociological Review52-3 (1987), p. 296.
7) Heinrich Best and John Higley (eds.), The Palgrave Handbook of Political Elites(London: MACMILLAN PUBISHER LTD, 2018). p. 2.
8) Heinrich Best and John Higley(2018). pp. 29-35.
9) 대표적으로 각주1)과 4)의 대부분의 연구들이 중국 공산당 중앙위원회를 그 분석대상으로 삼고 있다는 점은 이 주장을 방증하고 있음.

그렇다면, 이 정치 엘리트들의 유형 변화를 어떻게 또 무슨 틀을 가지고 가늠할 수 있을까? 이와 관련해서 여러 시도들이 있었다. 가장 많이 사용된 분석틀은 '엘리트의 정치적 태도와 응집력을 기준으로 한 유형법(A Typology relating Political Attitudes and Cohesion)', '엘리트 응집력과 엘리트 순환의 개방성 정도를 척도로 한 유형법(A Typology based on Coherence and Openness of recruitment)', '엘리트 통합과 이익 대표 정도를 기준으로 한 유형법(A Typology relating Integration and Interest Representation)' 등이다.10)

특별히 중국 정치 엘리트 유형 변화와 관련되어서는 '엘리트 통합, 분화 그리고 순환에 따른 유형법(A Typology relating Unity, Differentiation and Circulation)'이 자주 활용되었다.11) 그 이유는 이 모델이 기본적으로 현실 사회주의 체제 전환 국가의 정치 엘리트 유형 변화 분석을 위해 고안되었기 때문이다. 따라서 이 범주에 속하는 중국에 대한 분석에도 상대적으로 자주 활용된 것으로 판단된다. 이 통합과 순환의 범위 그리고 순환에 따른 모델을 활용한 중국 정치 엘리트 유형 변화에 대한 분석은 일정 수준 이상의 설명력을 보여줬다. 즉 개혁·개방 이전 시기 초기 형태인 이념형/대체형 엘리트에서 개혁·개방 시기 분절형/재생산형으로 변화했으며, 시진핑 집권과 더불어 점차 분화된/준-대체형화 되어가고 있는 것으로 분석되었다.12) 무엇보다도 중

---

10) Ralf Dahrendorf, Society and Democracy in Germany(New York: W.W. NORTON, 1979); Ilkka Ruostetsaari, Opening the Inner Circle of Power Circulation among the Finnish Elites in the Context of Major Societal Changes 1991–2011", Comparative Sociology12-2 (2013), pp. 255–288; Ursula Hoffmann-Lange, "Studying Elite Versus Mass Opinion," in W. Donsbach and M. W. Traugott (eds.), The Sage Handbook of Public Opinion Research(New York: SAGE PUBLICATION, 2008), pp. 53–63.
11) John Higley, J. and Gyorgy Lengyel (eds.), Elites after Sate Socialism: Theories and Analysis(Lanham: ROWMAN & LITTLEFIELD PUBLISHERS, 2000), pp. 1-13.

국 건국 이후 정치 엘리트 유형의 변화를 통시적으로 분석하고 있다는 점에서 일정한 긍정적 평가가 가능하다.13)

그러나 이 분석과정에서 몇 가지 문제점이 노정되었다. 가장 중요하게는 이 2차원적 분석틀로써는 분류가 되지 않는 변이의 발생이었다. 즉 제18기 중국 공산당 중앙위원회 시기를 분석하는 과정에서 결합되어 한 방향으로 움직이는 것으로 설계된 통합의 정도와 순환의 범위가 서로 다른 방향으로 발전하는 것이 발견된 것이다. 보다 구체적으로 이 모델에 따르면 통합의 정도와 순환의 범위는 결합되어 한 방향 즉 통합의 정도가 높으면, 순환이 범위도 넓어지게 설계되어 있는데, 이 분석틀과 맞지 않는 현실에서의 사건이 발생한 것이다.14) 이 분석틀의 보완과 수정의 필요성은 이렇게 촉발되었다.

한편 이 문제는 분석 범위를 공시적으로 확장시키면 더욱 심각해졌다. 이 분석틀은 중국뿐만 아니라 주되게 러시아 및 중국과 러시아와의 비교 연구에도 활용되었다. 그 결과, 기존 현실 사회주의 체제에서 시장 자본주의로의 체제 전환을 진행한 러시아와 동일한 출발점에서 시장 사회주의 체제로 전환한 중국의 정치 엘리트 유형 변화의 방향이 유사하게 나타났다. 즉 이 두 국가의 정치 엘리트는 체제 전환 과정의 상이성에도 불구하고, 모두 이념형/대체형에서 분절형/재생산형으로 그리고 점차 분리된/준-대체형으로 변화한 것으로 분석되었다.15) 이는

---

12) 주장환, 『제2차 중국 정치엘리트의 전환』(오산: 한신대학교 출판부,2017) pp. 133-158; 주장환, "중국 정치 엘리트 유형 변화에 관한 연구: 제19기 중국 공산당 중앙위원회를 중심으로," 『국제지역연구』 제25권 3호(2021), pp. 218-221.
13) 물론 이 유형법에 대한 근본적으로 통합, 분화 그리고 순환의 차원에서 정치 엘리트를 분류하는 것과 기법적으로 각 차원에 대한 측정과 관련한 문제제기가 가능하고, 또 필요함. 그러나 본 연구는 기존 연구에 대한 일정한 긍정적인 평가에 기반하기에 직접적으로 이 문제를 다루지 않고 있음.
14) 주장환(2013a), pp. 109-117.

논리적으로는 문제가 없을 수 있겠지만, 이 분석틀이 현실 변화의 적확하게 반영하고 있는가에 대한 회의감을 증폭시켰다.

따라서 이 연구에서는 이 기존 분석틀에 대한 수정 및 보완을 진행한다. 크게 두 가지 방향이다. 첫째, 기존 2차원을 4차원으로 분석틀을 세분화했다. 핵심적인 수정 지점은 기존의 분석틀에서는 결합되어있던 통합의 정도와 순환의 범위 그리고 분화의 정도와 순환의 방식 간의 고리를 제거한 것이다. 이를 통해 차원은 2에서 4차원으로 그 세부 유형은 4가지에서 16가지로 확대되었다. 구체적으로, 수정된 분석틀은 통합의 정도, 분화의 정도, 순환의 방식 그리고 순환의 범위 이 네 가지 변수로 구성된다. 이들 변수는 상호독립적으로 존재하며, 논리적으로 상호 연관 관계는 없다. 따라서 이 분석틀의 명칭도 '통합, 분화, 순환의 방식 그리고 순환의 범위와 관련된 엘리트 유형 분석 모델(A Analytical Model of Elite typology relating Unity, Differentiation, Mode of Circulation and Scope of Circulation)'이 된다. 동시에 이 유형법의 하부유형은 2×2×2×2 즉 16개가 된다.

둘째, 체제 유형과의 직접 대응 관계를 제거했다. 기존 2차원 모델에서는 4가지 세부 유형에 구체적인 체제 유형을 대응시켰다. 동의형/고전형은 견고한 민주주의, 분절형/재생산형에는 불안정한 민주주의 혹은 단기간 유지되는 권위주의, 이념형/대체형은 전체주의 혹은 후기 전체주의, 분화된/준-대체형에는 권위주의를 대응시켰다. 그러나 현재 상기한 체제들의 개념으로써의 적절성은 체제 혼합성 증가로 인해 상당히 훼손되고 있다.[16] 따라서 이 4차원 모델에서는 16개 하부유형에 직

---

15) 주장환(2013a), pp. 89-130.; 연성흠, "구조와 행위자 차원의 러시아 엘리트 정치 변화에 관한 연구: 2020년 개헌을 중심으로," 『슬라브硏究』, 제38권 4호(2022), pp. 61-101.
16) 이 같은 체제의 혼합성 확대와 관련된 보다 상세한 사항은 오창헌, "혼합체제 확산의 정치체제

접 특정 개념의 체제를 대응시키기보다, 향후 더 많은 실증적인 사례 연구를 통해 적절한 개념을 고안하는 것이 더욱 과학적이라고 판단하고 있다.(<표 1>과 <표 2> 참조)

<표 1> 정치 엘리트에 대한 2차원
(통합의 정도와 순환의 범위, 분화의 정도와 순환의 방식) 유형법

통합(Unity)/순환의 범위(Scope of Circulation)	분화(Differentiation)/순환의 방식(Mode of Circulation)	세부 유형 명칭	비고 (체제 유형)
강(S)/넓음(W)	넓음(W)/점진적(G)	동의형/고전형 (S-W-W-G)	견고한 민주주의
	N(좁음)/급진적(S)	이념형/대체형 (S-W-N-S)	전체주의 혹은 후 전체주의
약(W)/좁음(N)	넓음(W)/점진적(G)	분절형/재생산형 (W-N-W-G)	불안정한 민주주의 혹은 단기간 유지되는 권위주의
	좁음(N)/급진적(S)	분화된/준-대체형 (W-N-N-S)	권위주의

<표 2> 정치 엘리트에 대한 4차원
(통합의 정도, 순환의 범위, 분화의 정도, 순환의 방식) 유형법

통합 (Unity)	분화 (Differentiation)	순환의 범위 (Scope of Circulation)	순환의 방식 (Mode of Circulation)	세부 유형
강(S)	넓음(W)	넓음(W)	점진적(G)	S-W-W-G
			급진적(S)	S-W-W-S
		좁음(N)	점진적(G)	S-W-N-G
			급진적(S)	S-W-N-S

분류 및 분석상의 의의," 『한국정치학회보』 제43권 1호(2009), pp. 229-254를 참조 바람.

통합 (Unity)	분화 (Differentiation)	순환의 범위 (Scope of Circulation)	순환의 방식 (Mode of Circulation)	세부 유형
약(W)	좁음(N)	넓음(W)	점진적(G)	S-N-W-G
			급진적(S)	S-N-W-S
		N(좁음)	점진적(G)	S-N-N-G
			급진적(S)	S-N-N-S
약(W)	넓음(W)	W(넓음)	점진적(G)	W-W-W-G
			급진적(S)	W-W-W-S
		N(좁음)	점진적(G)	W-W-N-G
			급진적(S)	W-W-N-S
	좁음(N)	W(넓음)	점진적(G)	W-N-W-G
			급진적(S)	W-N-W-S
		N(좁음)	점진적(G)	W-N-N-G
			급진적(S)	W-N-N-S

<표 1>과 <표 2>에 따르면, 4차원 유형법은 2차원 유형법에 비해 12개가 더 많은 세부 유형을 논리적으로 가지고 있다. 즉 2차원 유형법 S-W-W-G, S-W-N-S, W-N-W-G, W-N-N-S형보다 더 많은 세부 유형을 가짐으로써 보다 정밀한 정치 엘리트 유형 변화를 분석할 수 있을 것으로 기대된다.

Ⅲ. 중국 정치 엘리트 유형 변화

이 부분에서는 상술한 4차원 분석틀에 의거하여, 최신 중국 정치 엘리트 유형 변화를 분석한다. 분석의 구체적인 자료는 <중국 정치 엘리트 데이터베이스(1921~2022)>이다. 이 데이터베이스는 1921년 제1기부터 2022년 제20기까지의 중국 공산당 중앙위원회의 구성원들을 대상으로 그들의 인구통계 및 정치사회적 사항을 정리한 것이다. 구체적으로 총 샘플 수는 2,396명이고, 인구통계학적 변수는 매 회기를 기준으로는 한 나이, 성별, 출신 지역, 민족 등이고, 정치사회적 변수는 교육 수준, 주요 경력, 입당 연도, 주요 근무지, 엘리트 유형 등이다.[17] 아래에서는 이 데이터베이스를 근거로 제20기 중국 공산당 중앙위원회의 각 범주별 특성 변화를 분석한다.

참고로 이전 연구와는 달리 보다 세분화된 4차원의 정치 엘리트 유형 분석법을 채택하고 있는 본 연구에서는 초기 형태에 대한 설정이 전제되어야 할 것이다. 따라서 본 연구에서는 제19기 중국 공산당 중앙위원회 시기의 정치 엘리트에 대한 유형을 분석의 초기 형태로 설정한다. 이렇게 봤을 때 그 세부 유형은 <표 2>에 따르면, 'S-N-W-S'형이다. 즉 이전 시기 즉 제18기 중국 공산당 중앙위원회 시기보다, 통합정도는 강하고, 분화의 수준은 약하며, 순환의 범위는 넓으며, 순환의 방식은 급진적인 유형이다.[18]

---

[17] 이 데이터베이스의 자료는 기본적으로 중국 공식 사이트(http://cpc.people.com.cn/GB/64162/64168/index.html)에서 명단을 확보한 후 ChinaVitae (http://www.chinavitae.com/); Chinese Political Elites Database(http://ics.nccu.edu.tw/chinaleaders/);Connected China(http://china.fathom.nfo/);地方領導資料庫(http://ldzl.people.com.cn/dfzlk/front/firstPage.htm) 등을 상호 교차 대조 검색하여 확보되었음.
[18] 주장환, "중국 정치 엘리트 유형 변화에 관한 연구: 제19기 중국 공산당 중앙위원회를 중심으로," 『국제지역연구』 제25권 3호(2021), p. 222.

1. 통합

최신 중국 정치 엘리트의 통합 정도를 비교, 분석하기 위해서 본 연구는 두 가지 차원에서 접근한다. 첫째는 최고위 정책 결정 과정에 참여하는 정치 엘리트의 규모이다. 이 규모가 클수록 핵심적인 정책 결정 과정에 도달할 수 있는 각 엘리트 개인 및 그룹의 상호작용은 덜 밀접해지고 따라서 통합의 약화를 초래한다는 논리이다. 둘째, 정치 엘리트 내부에서의 행동 규범과 관련된 공식적인 이념이나 가치의 수량이다. 만약 복수가 존재한다면, 그것들 사이의 영향력 등을 추가로 검토해봐야 할 것이다. 이 수량이 많을수록 특정 정치 엘리트 그룹 내에서의 행동규범은 다양하고, 따라서 통합 정도의 저하를 가져온다는 논리이다. <표 3>은 개혁·개방기 중국 공산당 중앙위원회의 규모 변화를 정리한 표이다. 이 표에 따르면 중국 정치 엘리트의 상호작용 크기를 의미하는 전체 규모는 제19기와 비교했을 때 변화가 없다. 특기할 사항은 시진핑 집권 이후 3회 연속 그 변화는 없었다는 것이다.

<표 3> 제12~20기 중국 공산당 중앙위원회 규모 변화

회기	개최년도(년)	중앙위원회 규모(명)
12	1982	348
13	1987	285
14	1992	317
15	1997	344
16	2002	356
17	2007	371
18	2012	376
19	2017	376
20	2022	376

출처: 中國共産黨歷次全國代表大會數據庫(http://cpc.people.com.cn/GB/64162/64168/index.html)의 내용을 필자가 분석 및 정리한 것임.

다음으로 행동 규범 차원에서의 변화이다. 중국 정치 엘리트의 행동 규범이나 준칙은 공산당 당장(黨章)의 총강(總綱)에 기재된 지도사상이라 할 수 있다. 수량의 차원의 변화는 제20기 중앙위원회에서는 없었다. 즉 2017년 제19차 전국대표대회에서 시진핑 신시대 중국특색사회주의사상(習近平新時代中國特色社會主義思想, 이하 줄여서 '시진핑 사상')이 추가된 이후 변동은 없었다. 따라서 제20기 중앙위원회 시기의 행동 규범이자 준칙은 총 6개 즉 마르크스 레닌주의, 마오쩌둥(毛澤東)사상, 덩샤오핑(鄧小平)이론, 3개의 대표 사상, 과학적 발전관, 시진핑 사상 등이다.[19] 그러나 그 지향이나 그 논리가 모순되는 듯한 지도사상들이 대체되지 않고, 병기되어오던 중국 엘리트 정치의 관례와 달리 시진핑 사상의 상대적 영향력이 더욱 제고되었다고 보기에는 일정한 무리가 있다. 정확하게 말하자면 시도는 되었으나 완전히 성공하지는 못했다고 평가할 수 있다. 대표적인 예가 시간적으로 또 내용적으로 더욱 시진핑 개인과 그의 사상의 중요성을 강조하는 '시진핑 동지의 당 중앙과 전 당에서의 핵심 지위를 확립하고, 시진핑 사상의 지도 지위를 확립'하자는 '두 개의 확립(兩個確立)'은 당장에 삽입되지 않았고, '시진핑 총서기의 당 중앙과 전 당에서의 핵심 지위를 견결히 수호하고, 당 중앙의 권위와 집중통일 영도를 견결히 수호하자'는 '두 개의 수호(兩個維護)'가 당장에 삽입된 것이다.[20] 절반의 성공으로 평가된다. 이렇게 봤을 때, 규범의 수량과 특정 규범의 영향력의 측면에서 제19기 중앙위원회 시기와 비교했을 때 명시적인 변화가 발생

---

[19] 이와 관련된 보다 상세한 사항은 中國共産黨曆次全國代表大會數據庫 (http://cpc.people.com.cn/GB/64162/64168/index.html)를 참조 바람.
[20] 주장환, "중국 엘리트 정치 동학 변화에 관한 연구: 제20차 공산당 전국대표대회와 제20기 중앙위원회 1차 전체회의를 중심으로," 『21세기정치학회보』 제32집 4호(2022), pp. 4-5.

했다고 보기에는 무리가 있다. 그러나 내용적으로는 다소 통합이 강화되는 방향이라고 볼 수 있다. 이렇게 봤을 때, 규범의 수량과 특정 규범의 영향력의 측면에서 제19기 중앙위원회 시기와 비교했을 때 유사한 수준이거나 다소 높은 수준이라고 분석할 수 있다.

요약하면 통합의 측면에서 제20기 중앙위원회는 제19기와 비교했을 때, 핵심 정책 결정 과정에 도달할 수 있는 그룹의 규모와 행동 규범의 측면에서 유사한 수준이거나 다소 높은 수준이라고 평가할 수 있다.

2. 분화

분화의 정도는 정량적으로 측정이 가능하다. 즉 제20기 공산당 중앙위원회 구성원들의 성별, 출신 민족, 주요경력, 선택 전공, 출신 지역 그리고 주요 근무 지역의 차원에서 분화의 수준을 살펴본다. 구체적인 측정의 기법은 기존 연구와 같이 성별 차원의 다양성은 단순 비교를, 다른 변수들의 분화 정도는 '이질성 지수(heterogeneity index)'를 사용한다.[21]

먼저, 성별 차원에서의 분화 정도이다. <표 4>는 개혁·개방기 중국 공산당 중앙위원회의 남성의 비중 변화를 나타낸 것이다. 이 표에 따르면, 제20기 중국 공산당 중앙위원회에서 남성은 모두 343명으로 전체의 91.2%를 차지했다. 전 회기에 비해 다소 감소된 것으로 나타났다. 특기할 사항은 제17기부터 지속되던 남성 중심성 강화추세가 중단되었다는 것이다. 이 결과는 분화 측면에서 중국 정치 엘리트 성별의 분화 정도는 다소 강해진 것으로 해석할 수 있다.

---

[21] 이 같은 방식에 따른 분화의 정도에 대한 측정은 이미 여러 기존 연구에서 사용되었으며, 가장 최근의 연구는 주장환, "중국 정치 엘리트 유형 변화에 관한 연구: 제19기 중국 공산당 중앙위원회를 중심으로," 『국제지역연구』 제25권 3호(2021), pp. 207-225를 들 수 있음.

〈표 4〉 제12~20기 중국 공산당 중앙위원회 남성 비중 변화

회기	개최년도(년)	남성 비중(%)
12	1982	93.3
13	1987	92.3
14	1992	92.4
15	1997	92.6
16	2002	92.4
17	2007	90.3
18	2012	91.2
19	2017	92.0
20	2022	91.2

출처: 〈중국 정치 엘리트 데이터베이스(1921~2022)〉의 내용을 필자가 정리 및 분석함

다음은 출신 민족 차원에서의 분화의 정도이다. 제20기 중국 공산당 중앙위원회 출신 민족 차원에서의 대략적인 분포 상황은 다음과 같다. 우선 모두 15개의 소수민족에서 총 32명이 중앙위원회의 구성원이 되었다. 이는 전체의 약 8.5%에 해당한다. 참고로 직전 제19기는 각각 16개, 38명 그리고 10.1%이었다. 소수민족 개수, 총인원 그리고 비율 측면에서 모두 하락했다. 다음으로 〈그림 1〉은 개혁·개방 시기 출신 민족 차원의 이질성 변화 상황을 정리한 것이다.

〈그림 1〉 제12~20기 중국 공산당 중앙위원회 민족 이질성 변화

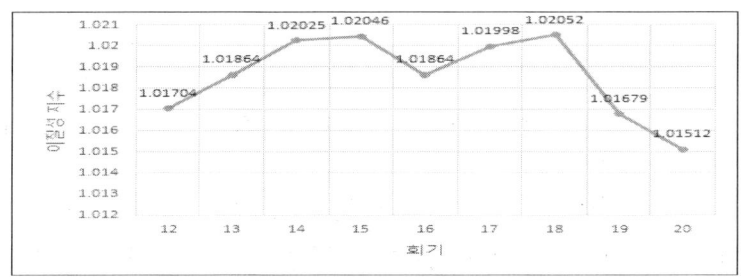

출처: 〈중국 정치 엘리트 데이터베이스(1921~2022)〉의 내용을 필자가 정리 및 분석함.

이에 따르면, 민족 차원에서의 이질성은 제18과 19기와는 달리 제20기 중앙위원회에서 다소 하락했다. 즉 분화의 정도가 낮아진 것이다. 상술한 두 측면 즉 소수민족 분포의 일반 상황과 이질성 지수를 종합해 판단하면 제20기 중국 공산당 중앙위원회의 출신 민족 차원 분화 정도는 제19기에 비해 상대적으로 약화한 것으로 볼 수 있다. 동시에 이 추세는 2012년에 구성된 제18기 중앙위원회 이후 지속적으로 나타난 추세이다.

주요 경력 차원에서의 분화 정도는 <그림 2>를 통해 확인할 수 있다. <그림 2>에 따르면, 다소 급격한 변화가 나타났다. 즉 제17기 중앙위원회 시기 이후 지속적으로 약화되었던 주요 경력 차원의 이질성이 제20기에는 제17기 수준으로 높아졌다. 이는 주요 경력 차원에서의 분화 정도가 제20기에 상대적으로 강화된 것으로 해석된다. 또 제17기 이후의 경향과는 상반되는 방향으로 주요 경력 차원의 이질성 수치가 우상향한 것은 매우 주목할 만하다.

<그림 2> 제12~20기 중국 공산당 중앙위원회 주요 경력 이질성 변화

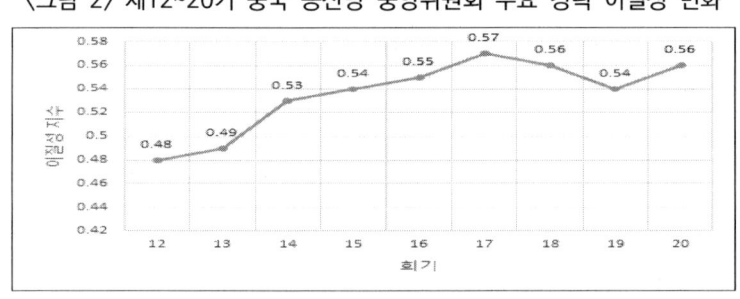

출처: <중국 정치 엘리트 데이터베이스(1921~2022)>의 내용을 필자가 정리 및 분석함.

<그림 3>은 선택 전공 차원에서의 분화 정도를 가늠해볼 수 있는 자료이다. 개혁·개방 시기의 중앙위원회 구성원의 선택 전공 차원의 이질성 변화를 나타내고 있다. <그림 3>에 따르면, 제20기 중앙위원회의

이질성 정도는 상술한 성별과 주요 경력의 차원과 유사한 추이로 다소 높아지는 결과가 나타났다. 이는 제20기 중국 공산당 중앙위원회 선택 전공 차원에서의 분화 정도가 제19기에 비해 상대적으로 강화되었다고 할 수 있다. 특히 제17기 이후 지속적으로 감소되던 이질성 수치가 반전의 방향으로 우상향된 것을 확인할 수 있다. 참고로 이 같은 상황은 상술한 주요 경력 차원에서도 확인할 수 있다.

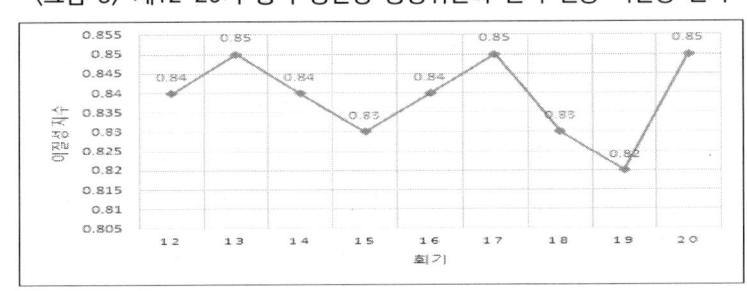

〈그림 3〉 제12~20기 중국 공산당 중앙위원회 선택 전공 이질성 변화

출처: 〈중국 정치 엘리트 데이터베이스(1921~2022)의 내용을 필자가 정리 및 분석함.

<그림 4>는 개혁·개방기 중국 공산당 중앙위원회에서 출신 지역 차원의 이질성 변화를 보여주고 있다. 이에 따르면, 제20기 중앙위원회는 출신 지역의 이질성이 제17기 이후 지속적으로 약화되던 추세와는 달리, 다소 강화되는 결과를 나타냈다. 이는 제20기는 제19기에 비해 상대적으로 출신 지역 차원의 분화 정도가 다소 강화되었다는 의미이다. 그 정도의 차이는 있지만 상술한 성별, 주요 경력, 선택 전공과 유사한 추이를 나타내고 있다.

〈그림 4〉 제12~20기 중국 공산당 중앙위원회 출신 지역 이질성 변화

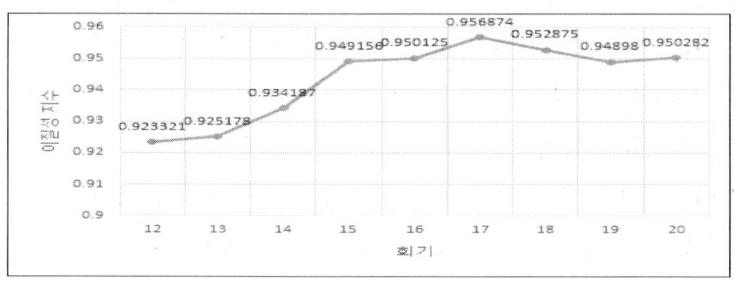

출처: 〈중국 정치 엘리트 데이터베이스(1921~2022)〉의 내용을 필자가 정리 및 분석함.

<그림 5>는 개혁·개방기 중국 공산당 중앙위원회에서 주요 근무 지역 차원에서의 이질성 변화 정도를 나타낸 것이다. 이에 따르면, 제20기 중앙위원회의 주요 근무 지역 차원 분화 정도는 상대적으로 제19기에 비해서 강화되었다. 이질성 지수가 우상향한 것으로 확인할 수 있다. 즉 제17기 이후 약화되던 이 차원의 분화 정도와는 다른 추이를 나타낸 것이다. 또 이는 상술한 바와 같이 출신 민족을 제외한 다른 변수들과는 대체로 그 흐름이 일치한다.

〈그림 5〉 제12~20기 중국 공산당 중앙위원회 주요 근무 지역 이질성 변화

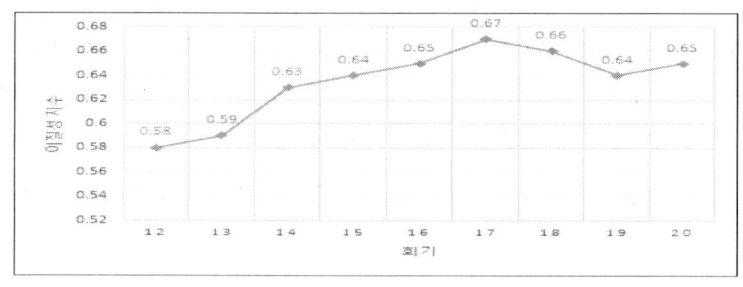

출처: 〈중국 정치 엘리트 데이터베이스(1921~2022)〉의 내용을 필자가 정리 및 분석함.

상술한 상황을 종합하면, 제20기 중국 공산당 중앙위원회의 분화 정

도는 다소 상충되는 두 추세가 혼합되어있다. 즉 출신 민족의 경우 분화 정도가 좁아졌으나, 다른 변수들에서는 모두 분화의 정도가 다소 넓어졌다. 그 추이를 종합적으로 평가한다면, 시진핑 집권 이후 즉 17기 중앙위원회부터의 추세와는 다른 방향으로 그 결과가 나타났다는 점에서 전반적으로 분화의 정도는 넓어지는 방향이라고 판단할 수 있다.

3. 순환의 범위

순환 범위는 비교적 직접적으로 순환율로 등치할 수 있다. <표 5>는 개혁·개방기 중국 공산당 중앙위원회 순환율을 정리한 것이다. <표 5>에 따르면, 제20기 중국 공산당 중앙위원회의 순환율은 44.9%이다. 역대 세 번째로 낮은 수치이다. 그러나 직전 시기와의 낙폭은 20%가 넘는 최대 수준이었다. 물론 개혁·개방기 중국 정치 엘리트 유형 중 형식적으로는 1992년의 제14기 중앙위원회 시기보다 근소하게 낮은 수준이다. 또 제12기의 순환율 수준은 그 직전 회기 즉 1987년의 13기와 유사한 수준이었다. 따라서 직전 시기와 비교했을 때 매우 급격한 변화를 보였다는 점에서 '내용적으로' 가장 낮은 순환의 범위를 가진 유형으로 볼 수 있다.

〈표 5〉 제12~20기 중국 공산당 중앙위원회 순환율 변화[22]

회기	개최년도(년)	순환율(%)
12	1982	58.9
13	1987	45.7
14	1992	44.4
15	1997	56.8
16	2002	54.3
17	2007	54.9
18	2012	57.1
19	2017	66.3
20	2022	44.9

출처:中國共產黨歷次全國代表大會數據庫(http://cpc.people.com.cn/GB/64162/64168/index.html)의 내용을 필자가 분석 및 정리한 것임.

이 결과에 대해 다음과 같은 해석이 가능하다. 첫째, '시진핑 체제의 안정성'과 관련하여 제19기에 비해 20% 이상 낮아졌다는 것은, 그 정도가 상당히 높아졌다는 것을 의미한다. 동시에 시진핑의 당 중앙위원회 등 최고 직위의 3연임과 관련되어 이미 그 결정적 분수령은 제19기 시기였다는 것이다. 왜냐하면, 역대 가장 낮은 순환만을 진행하더라도 상기 정치적 목표를 달성하는 데에는 문제가 없다는 판단이 작용했을 가능성이 높기 때문이다.

둘째, 이론적으로 2차원 정치 엘리트 유형법의 논리적 오류를 드러내는 주요 사례이다. 즉 기존 2차원 유형법에서는 통합과 순환의 범위를 직접적으로 또 한 방향으로 연동시켰다. 예를 들면 통합의 정도가 높으며, 순환의 범위도 넓어진다는 것이다. 그러나 체제의 급변과 통합 정도와는 무관하게 순환의 범위는 20%이상 달라질 수도 있다는 것을 이 사례는 보여준다.

---

[22] 여기서 순환율은 중앙위원회 구성원 중 정 위원만의 순환률을 기준으로 삼은 것임. 그 이유는 후보 위원에게는 정책 결정권이 없고, 그 기본적인 성격이 정 위원 보궐 시 대체하는 것이기 때문임.

4. 순환의 방식

순환 방식에 대한 측정은 정성적으로 이뤄진다. 순환 방식의 양극단은 '평화/점진적' 방식과 '폭력/급진적' 방식이다. 그러나 매우 극단적인 상황을 제외하고, 현실적으로 상대적 변화를 파악하기 위해서는 순환 방식과 관련된 기존 제도화에 대한 준수 여부가 판단되어야 한다. 물론 이 제도화에는 법률과 규정 등 공식 및 관례와 규범 등 비공식적 차원에서의 제도가 동시에 포함된다.

이렇게 봤을 때, 제20기 중국 공산당 중앙위원회 구성 방식과 관련하여 변화 내용과 그 의미를 살펴볼 필요가 있다. 변화된 여러 사례가 있다. 가장 중요한 사례는 중국의 최고 지도자 직위인 공산당 중앙위원회 총서기의 연임 불문율이 깨졌다. 시진핑은 개혁·개방기 최초로 3연임에 성공한 공산당 중앙위원회 총서기가 되었다. 이외에도 원로 정치의 폐해를 극복하기 위해 실시된 공산당 중앙위원회 구성원의 연령제한 관례가 파괴되었다. 또 공산당 중앙위원회의 정치국의 홀수제 편제가 짝수제로 변화되었다. 이 변화들은 개혁·개방기 엘리트 정치의 주요한 제도화 내용이었다는 점에서 그 의미가 매우 깊다. 또 다소 그 중요성은 떨어지기는 하지만, 제14기부터 18기 공산당 중앙위원회 시기에 존재했던 중앙위원회 정치국 상무위원회에서의 복수세대 구성 관례가 재등장했다.[23]

한편, 이러한 정치 관례뿐만 아니라 세력 역관계의 측면에서도 상당한 변화가 발생했다. 특히 과두제(oligarchy)를 기본적인 특징으로 하는 개혁·개방기 중국 엘리트 정치에서 공산당 정치국 상무위원회는 물론

---

23) 주장환, "중국 엘리트 정치 동학 변화에 관한 연구: 제20차 공산당 전국대표대회와 제20기 중앙위원회 1차 전체회의를 중심으로," 『21세기정치학회보』 제32집 4호(2022), pp. 3-6.

그 역학관계는 시기에 따라 달랐지만, 기본적으로 복수의 상이한 파벌들 대표로 구성되어왔다. 이 관례가 제20기 중앙위원회 정치국 상무위원회에서는 지켜지지 않았다. 즉 7인의 중앙위원회 정치국 상무위원 중 시진핑 본인을 포함하여 모두가 다른 정치 파벌에 속하는 사람이 없다는 것이다.24) 상술한 이 두 측면에서의 주요 변화들은 모두 제20기 중국 공산당 중앙위원회의 순환 방식이 상대적으로 급진적이고 폭력적으로 진행되었다는 주장을 뒷받침하고 있다.

Ⅳ. 나오며

이 글은 기존 연구들이 활용하던 정치 엘리트에 대한 2차원 유형법을 비판하고, 그 대안으로써 4차원 유형법을 제안하고 있다. 또 이 새로운 유형법의 적실성을 평가하기 위한 주요 사례로써 중국의 최신 정치 엘리트라고 할 수 있는 2022년 구성된 제20기 중국 공산당 중앙위원회를 분석하고 있다. 비교 분석의 초기 형태는 제19기 중국 공산당 중앙위원회로써 그 유형은 'S-N-W-S'으로 설정했다.

분석 결과, 통합의 차원에서는 제19기와 핵심 정책 결정 과정에 접근할 수 있는 네트워크의 크기와 행동 준칙 및 규범의 측면에서 유사하거나 다소 높은 수준의 정도를 보이고 있다. 분화의 차원에서는 출

---

24) BBC(2022a), 中共二十屆政治局常委:習近平開啟歷史性第三任期 李強預計出任總理胡春華未入局, https://www.bbc.com/zhongwen/simp/chinese-news-63362555(검색일: 2022. 10. 30);BBC(2022b),中共二十大:解讀政治局24人名單背後六種政治意涵,https://www.bbc.com/zhongwen/simp/chinese-news-63422621(검색일: 2022. 10. 30).

신 민족 측면을 제외하고 다른 대부분 측면에서 그 정도가 넓어진 것으로 나타났다. 또 순환 범위는 순환율을 근거로 했을 때 상당히 좁아졌으며, 순환 방식은 비교적 급진적으로 진행되었다고 볼 수 있다. 이렇게 봤을 때, 제20기 중국 공산당 중앙위원회는 'S-W-N-S'형으로 변화했다고 할 수 있다. <그림 5>는 이 상황을 형상화하고 있다. 통합과 순환 방식의 차원에서는 제19기의 그것과 유사한 수준 내지는 일정하게 강화된 것으로 분석되며, 주요하게 분화와 순환 범위의 차원에서 상당한 변화가 발생했다.

<그림 5> 중국 정치 엘리트 유형 변화(제19기와 제20기 공산당 중앙위원회의 비교)

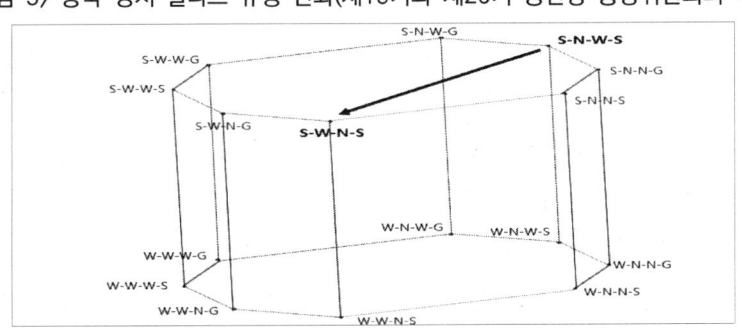

출처: <표2>의 내용을 토대로, 필자가 본 연구의 결과에 대한 형상화를 진행함.

본 연구의 함의는 다음과 같다. 먼저 이론적으로 정치 엘리트 유형에 대한 4차원 구분법의 실효성은 일정하게 존재한다고 판단된다. 물론 직관 논리적으로 4개보다 16개의 세분화된 유형법이 보다 정밀한 변화를 파악할 수 있다고 기대할 수 있다. 실제로 본 연구에 따르면, 이 기대에 부응하듯이, 중국 정치 엘리트 유형의 실재적 변화를 가늠할 수 있었다. 가장 대표적인 예는 기존 2차원 분류법에서는 포착할 수 없는 변화를 파악한 것이다. 즉 이 글에서 분석의 초기 유형으로 설정한 'S-N-W-S'형은 기존 2차원 분류법에서는 존재하지 않는 유형이다. 따라서 그동안의 분석에서는 일시적인 '변이'로 취급해왔다. 그러나 16개의 세부 유형으로 구성된 4차원 분류법으로 그 이론적 생명력을 획득했다. 이런 측면에서 과학적이고 검증 가능한 기준을 통한 분석틀의 세분화는 정치 엘리트 연구 분야를 넘어서 다른 영역에서도 매우 필요한 시도라고 사료된다.

다음으로 현실적으로 시진핑 집권 3기 체제에 관한 것이다. 분석틀에 따른 이론 의존적 발견은 실제 상황에 대한 간명한 해석과 설명을 위한 것이다. 이런 측면에서 본 연구의 정치 엘리트 유형 변화 분석 결과는 중국의 개혁·개방기 엘리트 정치에서 가장 큰 변화라고 할 수 있는 공산당 중앙위원회 총서기 등 최고 지도자 직위의 3연임이라는 사건을 설명하고 해석하는데 상당한 근거를 제공하고 있다. 즉 집권 이후 회기를 거듭할수록 시진핑 체제의 공고화는 이 체제의 질적 특성 변화에 대한 이견과는 별개로 대체로 동의하는 바이다. 특히 본 연구의 분석 결과인 'S-W-N-S'형으로의 변화는 이 유형이 기존 2차원 유형법에서 전체주의 혹은 후기 전체주의 체제의 전형적인 유형인 '이념형/대체형'으로 명명되었기에 시진핑 집권 3기 정치 엘리트 유형 변화 상황과 방향을 가늠하는 데에는 손색이 없다 하겠다.

한편 일정한 성과에도 불구하고, 기실 본 연구는 일정한 한계 또한 노출했다. 가장 결정적인 본 연구의 한계는 분석틀 중심 접근의 그것과 그 궤를 같이한다. 분석틀 중심 접근법의 고질적인 문제점은 유형 내부에서의 양적인 변화와 유형 외부 즉 다른 유형으로의 질적 변화의 '임계점(critical point)' 설정에 대한 것이다.[25] 이 문제가 해결되지 않

---

[25] 이와 같은 상황에 대한 보다 상세한 사항은 주장환, "시진핑 집권 3기 엘리트 정치: 양자도약?," 『아시아문화연구』 제61집(2023), pp. 230-231을 참조 바람.

을 경우, 분석 자체가 자의적이고 임의적이 되거나, 아니면 분석 결과가 특정 방향으로의 변화를 의미하는 수준에서 벗어나지 못한다. 본 연구도 말끔하게 이 문제를 해결하고 있지 못하고 있다고 평가된다. 즉 본 연구 결과만으로는 중국 정치 엘리트 유형이 'S-W-N-S'형이 되었다는 것인지 아니면 그 방향으로 변하고 있다는 것인지에 대한 명쾌한 해답을 주지 못한다는 것이다.

다만 향후 연구에서 다음과 같은 점에 착목하여 대안을 마련한다면 이 문제점이 해결 가능하리라 판단된다. 첫째, '지수화(indexing)'의 도입이다. 특히 정량적 분석이 불가능하거나 그 난도가 매우 높은 통합과 순환 방식에 대한 지수화는 상술한 유형법에 의존한 분석의 문제점 해결에 많은 도움이 될 것이다.[26]

둘째, 비교 연구 특히 다른 국가와의 공시 비교에서, 특정 분석 시기에 대한 비교 분석 이전에, 반드시 각 국가 비교의 초기 유형에 대한 검토가 필수적이라 할 것이다. 즉 특정 국가마다 국가 성립 시기부터의 정치 엘리트 유형 변화의 맥락과 흐름이 존재하는데, 이를 무시한 특정 시기만의 교차 국가 비교 연구는 불가능하다는 의미이다. 따라서 가능한 많은 수의 국가에 대한 4차원 유형법에 따른 통시적 비교 연구가 선제적으로 필요할 것이다.

---

[26] 대표적으로 유형법과 지수화가 결합된 비교 정치관련 연구는 프리덤하우스(Freedom House)의 '민주주의 지수'를 들 수 있음. 이와 관련된 보다 상세한 사항은 Freedom House(2023), Freedom in the World Reserch Methodology,
https://freedomhouse.org/reports/freedom-world/freedom-world-research-methodology(검색일: 2023. 06. 10).

참고문헌

서경교. "정치변동과 민주화를 바라보는 시각 II: 논의와 평가." 『국제지역연구』 제22권 2호(2018).

연성흠. "구조와 행위자 차원의 러시아 엘리트 정치 변화에 관한 연구: 2020년 개헌을 중심으로." 『슬라브硏究』 제38권 4호(2022).

오창헌. "혼합체제 확산의 정치체제 분류 및 분석상의 의의." 『한국정치학회보』 제43권 1호(2009).

주장환. "중국 정치 엘리트 유형 변화에 대한 연구: 제18기 중국 공산당 중앙위원회를 중심으로." 『중소연구』 제37권 3호(2013a).

_____. "러시아 정치 엘리트 유형 변화에 관한 연구." 『동서연구』 제25권 3호(2013b).

_____. "다른 과정, 같은 결과: 중·러 정치 엘리트 전환." 『중소연구』 제39권 1호(2015).

_____. 『제2차 중국 정치엘리트의 전환』 오산: 한신대학교 출판부. 2017.

_____. "중국 정치 엘리트 유형 변화에 관한 연구: 제19기 중국 공산당 중앙위원회를 중심으로." 『국제지역연구』 제25권 3호(2021).

_____. "중국 엘리트 정치 동학 변화에 관한 연구 제20차 공산당 전국대표대회와 제20기 중앙위원회 1차 전체회의를 중심으로." 『21세기정치학회보』 제32집 4호(2022).

_____. "시진핑 집권 3기 엘리트 정치: 양자도약?." 『아시아문화연구』 제62집(2023).

Cheng Li and White Lynn. "The Fifteenth Central Committee of the Chinese Communist Party: Full-Fledged Technocratic Leadership with Partial Control by Jiang Zemin." Asian Survey 33-3 (1998).

Heinrich Best and John Higley(eds.). The Palgrave Handbook of Political Elites. London, MACMILLAN PUBISHER LTD. (2018).

Ilkka Ruostetsaari. "Opening the Inner Circle of Power Circulation among the Finnish Elites in the Context of Major Societal Changes 1991–2011." Comparative Sociology 12-2 (2013).

JangHwan Joo. "A Typology of Political Elites and Its Transformation in China: From Ideocratic/Replacement to Fragmented/Reproductive Elites." Asian Perspective 37-2 (2013).

_____. "The Second Transition of Political Elites in China: A Response to National Crisis." Crisisnomy 13-7 (2017).

John Higley. J. and Gyorgy Lengyel (eds.). Elites after Sate Socialism: Theories and Analysis. Lanham, ROWMAN & LITTLEFIELD PUBLISHERS, INC., 2000.

Joseph Fewsmith. "The 19th Party Congress: Ringing in Xi Jinping's New Age." China Leadership Monitor 55 (2017).

Michael Burton and John Higley. "Elite Settlement." American Sociological Review 52-3 (1987).

Ralf Dahrendorf. Society and Democracy in Germany. New York, W.W. NORTON, 1979.

Ursula Hoffmann-Lange. "Studying Elite Versus Mass Opinion." in W.

Donsbach and M. W. Traugott(eds.). The Sage Handbook of Public Opinion Research. New York, SAGE PUBLICATION, 2008.

Xiaowei Zang. "The Fourteenth Central Committee of the CCP: Technocracy or Political Technocracy?." Asian Survey 33-3 (1993).

Young Nam Cho. "Elite politics and the 17th Party Congress in China: changing norms amid continuing questions." Korean Journal of Defense Analysis 20-2 (2008).

Zhiyue Bo. "The Sixteenth Central Committee: Technocrats in Command?." Asian Profile 32-6 (2004).

Connected China(http://china.fathom.info/).
ChinaVitae(http://www.chinavitae.com/).
Chinese Political Elites Database(http://ics.nccu.edu.tw/ chinaleaders/).
Freedom House(https://freedomhouse.org/).
地方領導資料庫(http://ldzl.people.com.cn/dfzlk/front/firstPage.htm).
中國共產黨曆次全國代表大會數據庫(http://cpc.people.com.cn/GB/64162/64168/index.html.)

제1부 중국

3장

시진핑 시기 엘리트 정치와 중앙-지방 관계:
- 후진타오 집권기와의 비교를 중심으로 -

유 은 하
(한신대학교 평화교양대학)

> I. 들어가며
> II. 후진타오 시기 정치국의 지방 부문 구성과 중앙-지방 관계
> III. 시진핑 시기 정치국의 지방 부문 구성과 중앙-지방 관계
> IV. 나오며

03

시진핑 시기 엘리트 정치와 중앙-지방 관계:
후진타오 집권기와의 비교를 중심으로*

유 은 하
한신대학교 평화교양대학

Ⅰ. 들어가며

2023년 초 시진핑(习近平) 집권 3기 지도부가 출범하였다. 10년 전 시진핑이 후진타오(胡锦涛)의 뒤를 이어 최고 지도자가 되었을 때는 전혀 예상되지 못했던 일이 진행되면서 시진핑 시기 중국 엘리트 정치의 변화에 대한 논쟁이 촉발되었다. 시진핑의 '개인 독재' 혹은 '1인 지배'가 확립되었다는 것에서부터 집단지도체제가 여전히 유효하게 작동한다는 것까지 견해의 스펙트럼은 넓지만,1) 시진핑 시기에 권력 집

---
* 이 글은 『분석과 대안』 제7권 3호(2023)에 게재된 논문을 일부 수정 보완한 것임

중(centralization) 현상이 뚜렷하다는 것에는 대다수 연구자가 동의하고 있다. 그리고, 이러한 집권(集權)의 방향이 중앙-지방 관계에서는 중앙으로 인식되고 있다. 이는 특히 시진핑 시기 들어서 취해진 지방단위에서의 광범위한 인사이동과 조직개편으로 현상화되고 있으며,[2] 또한 최근의 코로나 사태 해결을 정치적 임무로 규정한 당국이 '역량을 집중하여 중요한 일에 대응(集中力量办大事)'하기 위하여 '선전'과 '동원'의 방식으로 지방에 대한 압력과 통제를 강화하는 것에서도 두드러진다.[3]

그렇다면 시진핑 시기 중앙으로의 집권(集權) 강화는 어떤 제도적 환경에서 이루어지고 있는가? 시진핑 시기 중앙-지방 관계에 관한 연구는 대부분 중앙으로의 권력 집중 강화가 어떻게 나타나고 있는지에 대한 현상 분석에 초점이 맞추어져 있고, 그러한 집권(集權)이 행사되는 제도적 환경의 조성 혹은 변화에 관한 연구는 부족한 편이다. 중국 정치의 작동 환경에서, 공식이든 비공식이든, 제도화가 갈수록 진전되고 또 중요해지고 있다는 점을 고려할 때 권력 자원이 중앙으로 집중될 수 있는 정치환경 구도 변화에 관한 이해가 필요하다. 특히, 중국

---

1) 조영남, "시진핑 '일인체제'가 등장하고 있는가?"『국제지역연구』제24권 3호(2015); 이정남, "중국 집단지도체제 권력승계의 제도화와 19차 당대회 이후의 변화: 새로운 게임 규칙의 모색인가?"『중소연구』제42권 2호(2018); Susan L. Shirk, "China in Xi's" New Era": The Return to Personalistic Rule," Journal of Democracy 29 (2018); 이재준, "중국 시진핑 시기 엘리트 정치에서 권력 구조 변화: 경쟁적 독재에서 확립적 독재로,"『현대중국연구』제23권 4호(2022) 등을 참조

2) Chen Gang, "Xi Jinping reshuffles provincial leadership in China," East Asian Policy 8-4(2016). 아울러 시진핑 시기 지방에서의 인사 및 조직개편은 이전 장쩌민과 후진타오 시기보다 확실히 강화되었으며, 이러한 조치들이 만연된 '지방주의(地方主義, localism)'을 일정 정도 위축시킨 효과가 있는 것으로도 분석되었다(David J. Bulmana, Kyle A. Jaros, "Localism in Retreat? Central-Provincial Relations in the Xi Jinping Era," Journal of Contemporary China 30-131(2021).).

3) Tsai Wen-Hsuan. "Central-Local Relations and Party Politics in China under Xi Jinping," Georgetown Journal of Asian Affairs 8(2022).

정치구조 특성상 중앙-지방 관계를 비롯한 여러 영역에서의 정치 관계 양상을 좌우할 수 있는 권력 상층부에 대한 분석은 유용하다.

이에 본 글에서는 중국 정치체제의 중요한 제도인 중국공산당 중앙위원회 정치국(이하 '정치국')의 구성에 대한 고찰을 통해 시진핑 시기 중앙 집권(集權) 강화에 제도적 동원이 있는지 밝혀보고자 한다. 즉 정치국의 구성 측면으로부터 중앙 집권 강화의 제도 자원을 탐색해보고자 하며, 구체적으로 정치국에서 지방 대표 구성에 관한 부분을 면밀하게 살펴보고, 그것이 정치국 내에서 그리고 중앙-지방 관계에서 어떻게 기능할지 진단해보고자 한다. 아울러 그러한 것이 시진핑 시기의 특성인지 규정하기 위해 후진타오 시기의 정치국과 비교하고자 한다.

정치국의 지방 부문 구성에 대한 분석을 통해 시진핑 시기 중앙 집권 강화의 제도적 배경을 가늠해보는 것은 다음과 같은 이유에서 의미가 있다. 첫째, 정치국의 제도적 중요성 및 구성의 기능성 때문이다. 중국공산당 내 최고 영도기구인 중앙위원회의 직권을 행사하는 정치국은 당과 국가 사업 발전에 관계되는 중대 문제를 논의하고 결정하는 당 조직 체계의 중추적 기구이다.4) 이 같은 당 핵심 권력 기구인 정치

---

4) 정치국이 행사하는 직권은 2020년 9월 공포된 <중국공산당 중앙위원회 업무조례(中国共产党中央委员会工作条例)> 제15조에 5가지가 규정되어 있다. (1)중앙위원회 전체회의를 소집·주재하고, 중앙위원회 전체회의에서 심의할 문제와 사항을 연구 결정하여 제청한다. (2)당과 국가 사업 발전의 전체에 관계되는 중대한 문제와 사항을 토론하고 결정한다. (3)중앙위원회 전체회의 폐회기간에 중앙위원회 위원 및 후보위원의 당내 직무 해임·제명(除名) 보류 관찰·당적 박탈의 처분을 결정해 내리고, 중앙위원회 전체회의 개최 기간의 추인을 기다린다; 형법을 심각하게 위반한 중앙위원회 위원과 후보위원의 당적 박탈을 결정한다. (4)관련 규정에 근거하여 간부를 추천·지명·임면(任免)한다; 당 영도 간부에 관련된 처리·처분 사항에 대해서 결정한다. (5)기타 중앙정치국이 결정해야 할 중대 문제와 사항에 대해서 연구하고 결정한다.
("中共中央印发 《中国共产党中央委员会工作条例》",
https://www.gov.cn/zhengce/2020-10/12/content_5550656.htm 검색일:2023.06.21.)
이 밖에 정치국의 업무 규칙에 관해서는 조영남, "중국 집단지도 체제의 제도 분석: 권력기구의 운영과 구성을 중심으로," 『국제·지역연구』 제28권 3호(2019), p.195-199을 참조

국은 1980년대 말부터 당 조직·전인대(全人大)/정협(政協)·국무원·지방·군부에 일정 수의 위원이 배정되어 구성되었으며, 이는 14차 당 대회 이후에는 고착되었다. 정치국 구성에 이처럼 부문별 안배를 두는 것은 정치국 내에서 특정 부문이나 기관이 지배권을 갖지 못하게 하고, 총서기가 (마오쩌둥이나 스탈린 같은) 독재적 권한을 갖지 못하게 함으로써 집단 리더십을 강화하기 위한 것으로 해석된다.5) 중앙위원회에는 31개 성급(省級) 지역의 지도자가 기본 2명씩 들어가 있고, 그중 약간 명이 이들 지방 지도자의 대표격으로 정치국 위원이 되는 것이기 때문에 정치국의 지방 부문 위원은 원칙상 지방의 입장을 대리하게 되는 것으로 상정될 수 있다. 따라서 정치국의 위상과 기능을 고려할 때 정치국의 지방 부문 구성에 대한 분석은 중앙-지방 역학관계가 일차적으로 형성되는 권력 상층부의 정치 지형을 파악할 수 있고, 이를 통해 최고위 권력 기구에서 집권(集權) 혹은 분권(分權) 확대에 동원될 수 있는 권력 자원의 분포를 가늠해 볼 수 있다.

둘째, 중국 성급(省級) 지역의 당 위원회 서기(이하 '당서기'로 약칭) 같은 지방 지도자는 관할 지역의 '1인자(一把手)'로서 그 지방의 대표자로 인식되기 때문에 이들 지방 엘리트와 중앙과의 관계는 중앙-지방 관계의 양상을 일정 부분 보여줄 수 있다. 즉 중국 정치체제 특성상 중앙-지방 관계를 본다는 것은 중앙의 리더와 지방 성급 지역 리더의 관계를 보는 것이 중요한 한 축이기 때문에6) 그러한 것이 엘리트 정치의

---

5) Allice Miller, "The Work System of the New Hu Leadership," China Leadership Monitor 24(2008), pp.6-7. 5기 중앙위원회에서부터 정식 설립된 정치국은 기본적으로 두 층으로 구성되었다. 즉 대개 상무위원인 일부 최고 리더들은 제너럴리스트의 역할을 하고, 여타의 위원들은 한 개 혹은 몇 개 분야의 감독 책임을 맡는 '分工' 시스템으로 구성되었다(Kenneth Lieberthal, "Central documents and Politburo politics in China" Michigan papers in Chinese studies no.33(1978), p.27).
6) 郑永年, 『中国的'行为联邦制': 中央—地方关系的变革与动力』(北京: 东方出版社, 2013), p.70.

맥락에서 이해될 수 있는 측면이 있다는 것이다. 더욱이 사회주의 정치체제에서 엘리트 정치가 매우 중요하다는 점을 상기한다면, 그리고 정치국 위원들이 권력 서열과 대내 영향력이 높은 파워 엘리트라는 점을 감안한다면, 정치국이라는 핵심 기구 안에서 엘리트 정치의 주역인 정치 엘리트에 대한 비교 고찰을 통해 중앙으로의 권력 집중 강화 배경을 탐지해보는 것은 중앙-지방 관계의 다면성에 관한 이해도를 높이는데 조금은 다른 시각에서의 설명을 제공해 줄 수 있을 것이다.

지금까지 정치국을 대상으로 한 연구는 집단지도체제 관점에서 정치국 상무위원회와 함께 전체적 구성에 대해 분석한 연구가 대부분이며,[7] 정치국의 지방 부문에 초점을 둔 소수의 연구는 중앙과 지방의 재정 관계 위주로 분석하고 있다.[8] 본 연구는 중앙 집권 강화와 관련하여 정치국에서의 인사(정치 엘리트) 구성 측면에 천착함으로써 엘리트 정치 시각에서 시진핑 시기 중앙-지방 관계를 진단해보는 의의가 있으며, 특히 후진타오 집권(執權) 시기 정치국의 지방 부문 구성과 면밀한 비교를 통해 시진핑 시기 중앙으로의 권력 강화에 대한 속성의 일면을 밝혀보고자 한다.

이하에서는 먼저 후진타오 집권기인 16·17기 중앙위원회 정치국의 지방 부문 구성에 대해 살펴보고, 그에 기반하여 후진타오 시기의 중앙-지방 관계 양상을 짚어본다. 다음으로 시진핑 집권 이후인 18·19·20기 중앙위원회 정치국의 지방 부문 구성에 대해 들여다보고, 그것과

---

7) Allice Miller(2008); Allice Miller, "The Work System of the Xi Jinping Leadership," China Leadership Monitor 41(2013); Allice Miller, "The 19th Central Committee Politburo," China Leadership Monitor 55(2018); Li Cheng, "A Biographical and Factional Analysis of the Post-2012 Politburo," China Leadership Monitor 41(2013); 조영남(2019) 등을 참조

8) Sheng Yumin, "The regional consequences of authoritarian power-sharing: Politburo representation and fiscal redistribution in China," Japanese Journal of Political Science 20(2019).

시진핑 시기 중앙-지방 관계에서 중앙 집권 강화와의 연계성을 탐색한다. 이를 바탕으로 결론에서는 후진타오와 시진핑 시기에 정치국의 지방 부문 구성 측면에서의 차이가 중앙-지방 관계에 어떻게 투영되었는지, 특히, 그러한 것이 시진핑 시기 중앙으로의 권력 집중 강화에 어떻게 기능하였을지에 대한 설명을 시도한다.

II. 후진타오 시기 정치국의 지방 부문 구성과 중앙-지방 관계

후진타오는 2002년 11월 제16차 당 대회에서 총서기로 등극했으나 당 중앙군사위 주석은 장쩌민(江澤民)으로부터 바로 이양받지 못했고, 최고 권력 기구인 정치국, 특히 정치국 상무위원회는 장쩌민계가 장악(9명 중 6명)한 채 집권 1기를 시작하였다(Fewsmith, 2003). 16기 정치국원은 총 24명이며, 당 조직 8명·국무원 5명·전인대/정협 3명·지방 6명·군부 2명으로 구성되었다. 16기 정치국 위원 중 지방 부문 위원에 관한 주요 사항은 <표 1>과 같다.

〈표 1〉 16기 정치국의 지방 부문 위원

이름	출생 연도	출생 지역	주요 경력	현직	派系*
刘淇	1942	江苏	北京钢铁学院/우한철강공사(武汉钢铁公司)에서 26년(~经理)·야금공업부(冶金工业部)부장(1993~1998)·베이징시(1998~, 부서기-부시장-시장)	베이징시 당서기	

이름	출생연도	출생지역	주요 경력	현직	派系*
陈良宇	1946	浙江	解放军后勤工程学院 / 상하이에서 37년 (1970~, 부서기(1992~))	상하이시 당서기 & 시장	江
张立昌	1939	河北	톈진에서 50년(1958~, 부시장·부서기, 시장·당서기(1997~))	톈진시 당서기 & 시장	
张德江	1946	辽宁	朝鲜金日成综合大学 / 지린에서 19년 (당서기(1995~1998))·저장성 당서기(1998~2002)	광둥성 당서기	江
俞正声	1945	浙江	哈尔滨军事工程学院/전자공업부·산둥 13년(칭다오시 당서기 6년)·건설부 부장(1998~2001)	후베이성 당서기	江
王乐泉	1944	山东	中共中央党校/ 산둥에서 27년(현급 당서기·공청단 산둥 부서기·지급 당서기·부성장)·신장(1991~)	신장 자치구 당서기	胡

*派系: Cheng Li의 자료를 참조함(이하 〈표 4〉까지 동일)
출처: 中国共产党新闻网, 百度 등의 자료를 수집 정리함(이하 〈표 5〉까지 동일)

15기 정치국에서는 지방 부문 위원이 4명이었는데,[8] 16기에는 6명으로 늘어나 정치국 전체에서 25%를 차지하였다(15기는 18.2%). 지방 부문 위원 6명은 베이징(北京)·상하이(上海)·톈진(天津)·광둥(广东)·후

---

8) 15차 당 대회 무렵에는 정치국 위원이 된 지방 지도자가 5명이었다: 贾庆林(베이징 당서기), 黄菊(상하이 당서기), 谢非(광둥 당서기), 李长春(허난 당서기), 吳官正(산둥 당서기). 1998년 3월에 광둥 당서기였던 셰페이가 제9기 전인대 상무부위원장이 되고(이듬해 사망), 허난 당서기였던 리장춘이 광둥 당서기에 임명되면서 지방 부문 위원은 4명이 되었다.

베이(湖北)·신장(新疆)의 당서기이다. 이들의 주요 경력으로부터 보면 거의 평생을 해당 지역에서 승진해 올라온 지역 토박이형(상하이의 천량위, 톈진의 장리창), 국무원 부처의 부장(장관)을 하고 내려온 전문가형(베이징의 리우치, 후베이의 위정성), 다른 지방에서 오랜 경험을 쌓고 옮겨온 수평 이동형(광둥의 장더장, 신장의 왕러취안)으로 유형화해 볼 수 있다. 그리고, 6명 중 후진타오계로 분류되는 인사는 1명(신장의 왕러취안)이고, 장쩌민계로 알려져 있는 인사가 3명(상하이의 천량위, 광둥의 장더장, 후베이의 위정성)으로 정치국의 1/4을 차지하는 지방 부문의 위원이 신임 총서기보다 전임 총서기에 가까운 인물들로 구성되었다.

  2007년 17차 당 대회 이후 출범한 후진타오 집권 2기는 '과학적 발전관'이 당헌에 삽입되었고, 당·정·군·지방에 대한 장악력이 전반적으로 높아지게 되면서 1기보다는 안정적 기반 위에서 시작되었다. 상무위원회를 포함한 정치국은 장쩌민의 영향력이 여전히 건재하는 것으로 보이지만 16기보다는 후진타오의 권력 기반이 강화된 것으로 평가된다(최지영, 2007). 17기 정치국원은 25명이며, 그중 지방 부문 위원은 <표 2>와 같다.

<표 2> 17기 정치국의 지방 부문 위원

이름	출생연도	출생지역	주요 경력	현직	派系
刘淇	1942	江苏	北京钢铁学院/우한철강공사(武汉钢铁公司)에서 26년(~经理)·야금공업부(冶金工业部) 부장(1993~1998)·베이징시에서 15년(1998~,부서기-부시장-시장-당서기(2002~))	베이징시 당서기	

이름	출생연도	출생지역	주요 경력	현직	派系
俞正声	1945	浙江	哈尔滨军事工程学院/전자공업부·산둥 13년(칭다오시 당서기 6년)·건설부 부장(1998~2001)·후베이성 당서기(2001~2007)	상하이시 당서기	江
张高丽	1946	福建	厦门大学/광둥에서 32년 (石油部广东茂名石油公司-부성장-선전시 당서기-부서기)·산둥(2001~2007, 부서기-성장-당서기)	텐진시 당서기	江
薄熙来	1949	山西	北京大学, 中国社会科学院/ 랴오닝에서 21년(다롄시 시장-다롄시 당서기-랴오닝 성장, 부서기)·상무부 부장(2004~2007)	충칭시 당서기	
汪洋	1955	安徽	中共中央党校/안후이에서 24년 (공청단-부성장-부서기)·국가발전계획위 부주임·국무원 부비서장·충칭시 당서기(2005~2007)	광둥성 당서기	胡
王乐泉	1944	山东	中共中央党校/산둥에서 27년(현급 당서기-공청단 산둥 부서기-지급 당서기-부성장)·신장에서 20년(1991~, 당서기 1995~)	신장 자치구 당서기	胡

17기 정치국의 지방 부문 위원은 16기와 같은 6명이며, 정치국에서의 비중은 24%를 차지한다(16기는 25%). 지역은 베이징·상하이·텐진·충칭·광둥·신장자치구로 16기의 후베이 자리에 충칭이 들어가서 4개 직할시+광둥·신장이 지방 부문을 대표하게 되었다. 베이징(리우치)·신장(왕러취안) 당서기는 유임되었고, 16기에서 광둥 당서기였던 위정성은 상하이 당서기로 이동하였으며, 텐진과 광둥에는 신임 당서기가 임명되었다. 상무부 부장을 지내고 충칭시 당서기로 간 보시라이가 정치국원이 되면서

유은하 93

17기 정치국의 지방 부문 위원 중 절반인 3명이 부장(장관) 출신인 점이 눈에 띈다. 그리고, 광둥 당서기가 되면서 정치국에 진입한 왕양은 국가발전계획위원회 등의 중앙 직무 경력이 있는 바 17기 정치국의 지방 부문 위원의 67%(6명 중 4명)가 중앙 및 국가 직무 경험이 있는 것이 특징적이다. 한편 왕양은 퇀파이(团派)로 인식되고 있어서 후진타오계는 6명 중 2명이 되었다(16기는 1명). 그러나, 장쩌민계도, 16기보다는 1명 줄었지만, 6명 중 2명을 차지하고 있다.

　이상과 같이 16기와 17기 정치국에서 발견되는 지방 부문 위원의 구성적 특징이 후진타오 시기의 중앙-지방 관계에 어떻게 작용하였을 것인가에 대해서는 크게 세 가지가 추론된다. 첫째, 장쩌민 시기에 비해 정치국에서 지방 부문 위원의 수와 비중이 증가한 것에 관해서이다. 성위민(Yumin Sheng)은 실증 연구를 통해 개혁개방 이후 중앙위원회에서 지방 위원 수와 비중의 증감이 지방에 대한 중앙의 정치적 힘, 바꿔 말하면 중앙에서 지방의 영향력을 가늠하는 척도라고 하였다.[9] 그렇게 본다면 후진타오 시기에 정치국에서 지방 부문 위원이 늘어났다는 것은 지방의 전체적인 대표성이 확대되고, 중앙에서 지방의 영향력이 일정량 커진 것으로 해석될 수 있으며, 이는 지방 분권(分權) 확대의 방향으로 작용할 수 있는 것으로 판단된다.

　둘째, 후진타오 시기 정치국의 지방 부문 위원 중에 장관 역임자를 포함한 중앙직 경험자가 많은 것에 관해서이다. 이는 정치국원인 지방 지도자들이 중앙에서 입지를 확보하는데 일정 부분 유리하게 작용할 수 있다고 본다. 왜냐하면 이들이 장관 등 국가와 중앙의 주요직을 수행하면서 중앙의 관행 같은 정치적 규범을 체득했을 것이고, 아울러

---

9) Sheng Yumin, "Central-Provincial Relations at the CCP Central Committees: Institutions, Measurement and Empirical Trends, 1978-2002," The China Quarterly 182(2005).

중국 정치에서 중요한 인적 네트워크, 즉 중앙에서의 '꽌시'도 크든 작든 형성되어 있을 것이기 때문이다. 이러한 중앙 기반 요소들은 이들 지방 대표의 발언권을 키우는데 우호적인 배경이 되었을 것으로 보며, 이는 나아가 정치국을 비롯한 '중앙'에서 '지방'의 목소리에 힘을 실어 주는데 일조할 수 있는 것으로 본다.

셋째, 후진타오 시기 정치국의 지방 부문 위원이 후진타오 측근보다 장쩌민계의 인사들이 더 많은 것에 관해서이다. 특히 16기에는 상무위원회를 포함한 정치국이 전체적으로 장쩌민계에 의해 장악된 가운데 지방 부문 위원도 최소한 절반이 장쩌민계였다. 중국 엘리트 정치에서 파벌 정치가 중요하게 작동한다[10]는 점을 고려한다면, 정치국의 지방 부문이 신임 총서기와 경쟁 관계에 있는 전임 총서기의 측근들이 다수를 차지한 이러한 파벌 분포는 중앙-지방 관계에서 양자 간의 긴장도를 높이는 작용을 할 수 있을 것으로 판단된다. 왜냐하면 장쩌민계와 후진타오계가 경쟁 구도에 있다고 했을 때 후진타오(중앙)의 방침에 대해 지방(장쩌민계)의 순응도가 낮을 것으로 상정할 수 있기 때문이다. 이는 파벌 정치의 속성 때문만이 아니라 두 파벌의 주요 근거지, 즉 경험 지역의 차이에서도 기인하는 측면이 있다고 본다. 즉 알려진 것처럼 장쩌민계는 주로 상하이를 중심으로 하는 동남부 연해 지역에서, 그리고 후진타오계는 상대적으로 내륙 지역을 중심으로 경력을 쌓았기 때문에 이로부터 비롯되는 정책적 주관(主觀)에 차이가 있는 것으로 인식된다.[11] 따라서 후진타오 시기에 정치국의 지방 부문에서 후

---

10) 주장환, "중국 파벌정치의 변화: '동기'와 '동학'의 측면에서," 『아세아연구』 제55권 1호 (2012).
11) 이러한 맥락에서 장쩌민계를 '엘리트주의자 연합(elitist coalition)', 후진타오계를 '대중주의자 연합(populist coalition)'으로 칭하기도 한다(Li(2013), p.9).

진타오계와 경쟁 관계에 있었던 장쩌민계의 비중이 더 컸다는 것은 핵심 지방에 대한 중앙의 장악력과 통제력을 제약하는 한 요인이 될 수 있는 것으로 판단된다.

중앙-지방 관계의 균형추가 집권(集權)과 분권(分權)의 양단 사이에서 움직이는 것이라면 후진타오 시기에는 전반적으로 봤을 때 분권의 방향으로 조금 더 이동했다고 평가할 수 있겠는데, 후 시기의 분권화 진전에 본 장에서 제시한 내용이 엘리트 정치 상층부에서의 일차적인 배경으로 작용한 측면이 있을 것으로 본다. 특히 후 시기에 왕양의 광둥모델과 보시라이의 충칭모델 같은 지방의 독자적 발전 모델이 주목받으면서 경쟁하는 양상을 보이기도 했는데, 이는 후 시기 중앙-지방 관계 구도에서 지방의 부상을 보여주는 하나의 결과적 현상으로도 해석된다.

III. 시진핑 시기 정치국의 지방 부문 구성과 중앙-지방 관계

2007년 천량위 낙마 후 저장(浙江)에 있던 시진핑이 상하이 당서기로 옮겨갔다가 곧 중앙으로 발탁되어 17기 정치국 상무위에 진입했을 때 예고된 시진핑 시대는 2012년 11월 제18차 당 대회로부터 공식 시작되었다. 이후 10년은 관례적으로 예상되는 집권 기간이었지만 집권 3기는 초반에 예측되지 못한 새로운 상황이어서 먼저 18·19기 정치국을 살펴보고 나서 20기를 보도록 하겠다. 시진핑 시기의 정치국 구성도 후진타오 시기처럼 부문별 안배가 동일하게 유지되었는데, 이는 총서기나 어느 한 부문의 전횡을 방지하고 집단지도체제를 안정화시키기 위한 것으로 해석되었다.12) 그중 18·19기 정치국의 지방 부문 위원에 대해 살펴보면 <표 3>, <표 4>와 같다.

<표 3> 18기 정치국의 지방 부문 위원

이름	출생연도	출생지역	주요 경력	현직	派系
郭金龙	1947	江苏	南京大学/쓰촨에서 15년·시짱에서 12년(부서기-당서기)·안후이성 당서기(2004~2007)·베이징(2007~, 부서기-시장)	베이징시 당서기	胡
韩正	1954	浙江	华东师范大学/상하이에서 38년 (부서기,시장(2003~))	상하이시 당서기	江
孙春兰	1950	河北	中共中央党校/랴오닝에서 32년(부서기,다롄시 당서기·중화전국총공회·푸젠성 당서기(2009~2012)	톈진시 당서기 (~2014. 12)	胡
孙政才	1963	山东	中国农业大学(농학 박사)/베이징에서 20년(市委 비서장)·농업부 부장(2006~2009)·지린성 당서기(2009~2012)	충칭시 당서기	江
胡春华	1963	湖北	北京大学/시짱에서 21년(공청단-부서기)·공청단 중앙서기처 서기-제1서기·허베이성 부서기,성장·네이멍구자치구 당서기(2009~2012)	광둥성 당서기	胡
张春贤	1953	河南	哈尔滨工业大学/기계공업부·교통부부장 (2002~2005)·후난성 당서기(2005~2010)	신장 자치구 당서기	江

---

12) Allice Miller(2013), p.12.

〈표 4〉 19기 정치국의 지방 부문 위원

이름	출생연도	출생지역	주요 경력	현직	派系
蔡奇	1955	福建	福建师范大学(경제학 박사)/푸젠에서 22년·저장에서 16년(부성장)·국가안전위원회 판공실 부주임(2014~2016)	베이징시 당서기	习
李强	1959	浙江	浙江农业大学,中共中央党校,香港理工大学/저장에서 35년(원저우시 당서기-비서장-부서기-성장)·장쑤성 당서기(2016-2017)	상하이시 당서기	习
李鸿忠	1956	山东	吉林大学/랴오닝·전자공업부·광둥에서 20년(부성장-선전시 당서기)·후베이성 당서기(2010~2016)	톈진시 당서기	
陈敏尔	1960	浙江	中共中央党校/저장에서 31년(닝보시 부서기-부성장)·구이저우성 당서기	충칭시 당서기	习
李希	1956	甘肃	西北师范学院,清华大学/간쑤에서 23년(비서장)·陕西(비서장-옌안시 당서기)·상하이(부서기)·랴오닝성 당서기	광둥성 당서기	习
陈全国	1955	河南	武汉理工大学(관리학 박사)/허난에서 29년(부서기)·허베이(부서기,성장)·시짱자치구 당서기(2011~2016)	신장 자치구 당서기	

우선 형식적 구성의 측면에서는 18기와 19기 정치국 모두, 후진타오 시기와 마찬가지로, 지방 부문 위원 수는 6명(정치국의 24%)이고, 지역도 4개 직할시+광둥·신장으로 변화가 없다. 따라서 정치국 내의 지방 부문 위원 수와 지역은 이와 같이 고착된 것으로 보인다.

그런데, 지방 부문의 집단적 특성 측면에서는 집권 1기와 2기, 즉 18

기와 19기에서 전반적으로 다음과 같은 변화가 발견된다. 우선 18기 때의 6명이 19기에 전부 교체된 것이 눈에 띄는데(후진타오 시기에는 16기의 6명 중 3명이 17기에 유임됨), 그러면서 두드러지는 면은 집권 2기 정치국의 지방 부문이 거의 시진핑계 인물들로 채워졌다는 점이다. 특히 장쩌민·시진핑·주룽지(朱鎔基) 같은 최고 지도자들의 역임지이자 중국의 경제 수도로 불리는 핵심 지역인 상하이에 시진핑의 저장(浙江) 시절 비서장이었던 리창(李强)이 당서기에 임명된 것과 성급(省級) 지역 당서기 경력이나 그 급에 상당하다고 볼 만한 경력이 없는 차이치(蔡奇)가 베이징 당서기에 임명된 것은 시진핑의 측근이기 때문이라는 것이 주류적 해석이다.13) 이러한 것은 후진타오 시기와 대비되는 점인데, 후진타오는 집권 2기에도 정치국의 지방 부문을 자신의 측근들로 장악하지 못하였다.

다음으로 지목할 만한 것은 주요 경력 측면에서 봤을 때 특히 19기 정치국의 지방 부문 위원들은 거의 모두 중앙에서의 직무 경력이 없이 지방에서의 경험만 갖고 있다는 점인데, 이 역시 앞서 살펴본 후진타오 시기와 대비되는 점이다. 특히 후진타오 시기에는 절반 정도를 차지했던 장관 출신이 한 명도 없는데, 그러한 배경으로는 다음과 같은 추론도 가능해 보인다. 후진타오 집권 이후 시진핑 집권 1기까지 정치국 위원인 지방 지도자 중에서 모두 3명이 부패 및 직권 남용 등의 혐의로 처분되었다. 바로 16기 정치국원 천량위(당시 상하이 당서기), 17기 정치국원 보시라이(당시 충칭 당서기), 18기 정치국원 쑨정차이(孫

---

13) 그동안 상하이 당서기를 역임했던 인물들의 면면을 들여다보면 크게 두 가지로 볼 수 있는데, 당내에서 중량감이 있는 인물이거나 아니면 상하이에서 하급 간부부터 오랜 기간 경력을 쌓은 경우이다. 리창은 이 두 가지에 모두 해당하지 않고, 상하이에 임명되기 전 장쑤(江苏) 당서기 재임 기간도 1년 정도에 불과했다.

政才, 당시 충칭 당서기)인데, 이 중 보시라이와 쑨정차이가 장관 출신이다(보시라이는 상무부 부장, 쑨정차이는 농업부 부장).14) 당시 지방 지도자였던 이들이 대규모 부정 축재를 하고 자신의 세력을 확장하는 데 전임 장관 같은 국가 고위직의 경력이 어떤 경로로든 유리하게 작용했던 것으로 인식될 수 있다. 그렇다면 통치 기반의 공고화와 함께 전방위적인 권력 집중을 추구하던 시진핑 집권 2기에 정치국원이 되는 지방의 지도자 인선에서는 이러한 점이 고려되었을 수도 있다고 본다.

후진타오 집권기와 비교했을 때 시진핑 집권 1·2기 정치국 지방 부문에서의 이 같은 그룹적 특징의 변화, 즉 지방 부문의 비중과 대표 지역 같은 외형적인 구성 규범은 지켜졌으나 주요 경력이나 총서기와의 관계 같은 위원 집단적 특성의 내용이 변한 것이 시진핑 시기 중앙-지방 관계에는 어떻게 기능할 수 있을까?

전술(前述)한 바와 같이 후진타오 시기에는 정치국의 지방 부문 위원에 장관 경력 등 중앙 배경을 가진 인물들이 많은 편이었고, 장쩌민계가 다수였던 점이 후진타오 중심의 중앙에 대항하는 지방의 목소리를 키워 중앙-지방 관계가 좀 더 분권화 방향으로 가는 양상이 나타나는데 기능했을 것으로 보았다. 그렇다면 시진핑 시기에 와서 특히 집권 2기에 후 시기와는 상반되는 구성, 즉 정치국의 지방 부문이 중앙에 기반이 없는 시진핑계 인물들로 거의 채워졌다는 것은 그러한 것이 중앙-지방 관계에서 후 시기와 상반되는 작용과 결과적 양상으로 나타날 수 있다는 것을 의미한다고 하겠다. 다시 말하면 본 장에서 제시한 시진핑 시기 정치국 지방 부문의 구성적 특징이 핵심 지방의 대항력을

---

14) 이들의 공식 혐의는 부패와 직권 남용 등이나 실제로는 권력 교체기에 빚어진 당내 파벌 정치 메커니즘의 작동 결과라는 분석이 지배적이다. 그렇다고 하더라도 이들의 뇌물 수수나 부정 축재 등은 실재(實在)한 것으로 보여지고 있다.

낮추고, 시진핑이 이끄는 중앙에 대한 순응도를 높여서 중앙-지방 관계에서 중앙으로의 권력 집중 강도를 높이는데 기능했을 것으로 본다는 것이다. 그리고, 시진핑 시기에 이러한 중앙-지방 관계에서의 집권(集權)의 강화는 지방에 대한 통제력을 확대함으로써 리청(Cheng Li)의 진단대로 그동안 체제 탄력성의 중요한 자원이 되어왔던 지방의 유연성을 감소시켰다.15)

그러면 연장된 시진핑 시대—집권 3기인 20기 정치국의 지방 부문 구성은 어떠한가?

〈표 5〉 20기 정치국의 지방 부문 위원

이름	출생연도	출생지역	주요 경력	현직	派系*
尹力	1962	山東	俄罗斯医学科学院(의학박사)/국무원연구실 11년·위생부 11년(부부장(2008~2013))·쓰촨(부서기,성장)·푸젠성 당서기	베이징시 당서기	習
陈吉宁	1964	吉林	英国帝国理工学院(공학박사),清华大学/칭화대학 18년(교수-부총장-총장)·환경보호부 부장·베이징시(2017~2022, 부서기-시장)	상하이시 당서기	習
陈敏尔	1960	浙江	中共中央党校/저장에서 31년(닝보시 부서기-부성장)·구이저우성 당서기·충칭시 당서기	톈진시 당서기	習
袁家军	1962	吉林	北京航空航天大学(공학박사)/중국항천공업총공사·중국항천과기집단·닝샤자치구·저장(2014~2022, 당서기(2020~2022))	충칭시 당서기	習

---

15) Li Cheng, CCP Decision-Making and Xi Jinping's Centralization of Authority 2022 Annual Report to Congress(2022), p.43.

이름	출생 연도	출생 지역	주요 경력	현직	派系*
黃坤明	1956	福建	淸华大学(관리학박사)/푸젠에서 23년·저장에서 15년 (항저우시 당서기)·중앙선전부 부부장·중앙서기처 서기, 중앙선전부 부장	광둥성 당서기	习
马兴瑞	1959	山东	哈尔滨工业大学(공학박사)/하얼빈공대 (교수-부총장)·중국항천과기집단공사·공업정보화부 부부장·광둥성(2013~2021, 부서기, 성장)	신장 자치구 당서기	习

*派系: Wu(2022)의 자료를 참조함

<표 5>에 정리된 20기 정치국의 지방 부문 위원을 보면 먼저 위원수(6명)와 지역(4개 직할시+광둥·신장) 면에서 형식적인 구성은 모두 이전과 같이 유지되었는 바 이제 거의 제도화된 관례적 구성 규범은 지켜지고 있다. 반면 집단적 특성의 측면에서는 19기와는 또 다른 성격의 변화가 발견된다.

우선 19기 정치국의 지방 부문 위원 중 충칭 당서기였던 천민얼이 톈진 당서기로 옮겨 남아있는 것을 제외하고, 나머지 5개 지역의 당서기가 모두 교체되었다. 그런데, 새로 정치국원이 된 5명이 전부 박사학위 소유자이며, 그중 2명은 해외 학위자(러시아와 영국)이다. 지금까지 정치국 지방 부문 위원 중 박사학위자는 18기에 1명(농학), 19기에 2명(관리학, 경제학)이 있었는데, 20기에서는 6명 중 5명이 박사학위자인 것이다. 학위 분야를 보면 환경분석·의학·우주공학 등 첨단 분야를 전공하였고, 모두 대학이나 중앙 기관에서 전공 분야와 관련된 비교적 장기간의 직무 경력을 갖고 있다. 한 마디로 정치국 지방 부문 위원의 집단적 유형이 변했다는 것인데, 그 유형이 집권 2기에는 특정 지방에서 잔뼈가 굵은 소위 지역통 이었다면, 집권 3기에는 고학력 전문가로

바뀌었다고 하겠다.

다음으로는 20차 당 대회 이후 시진핑계가 정치국과 상무위원회, 중앙서기처와 중앙군사위 등의 당 지도부를 완전히 장악하면서 이전의 파벌 정치는 종식되었다고 평가되고 있는 가운데 정치국의 지방 부문 위원 6명도 신입 5명 포함 전부 시진핑계 인물로 인식된다는 것이다. 베이징 당서기 인리(尹力)는 시 인맥의 중요 기반 지역인 푸젠 당서기를 맡고 있었고, 시의 배우자 펑리위안(彭丽媛)과도 꽌시가 있는 것으로 알려져 있다. 전임자들의 커리어 행보로 봤을 때 베이징 당서기보다 더 주목받는 상하이 당서기가 된 천지닝(陈吉宁)은 시의 막역한 친구 천시(陈希)의 제자이다.16) 충칭 당서기가 된 위안자쥔(袁家军)은 시진핑이 처음으로 성급지역 당서기를 맡아 주요 인맥이 형성된 지역인 저장성 당서기로 있었다. 19기 정치국원으로 중앙선전부 부장이었다가 광둥성 당서기에 임명된 황쿤밍(黄坤明)은 시의 핵심 기반 지역인 푸젠과 저장에서의 꽌시를 모두 갖고 있다. 신장자치구 당서기 마싱루이(马兴瑞)는 펑리위안의 고향 사람(山东省 菏泽市 郓城县)인 것이 배경으로 거론된다.17) 이처럼 6명이 모두 시진핑 계열인 것은, 후진타오 집권기뿐 아니라 19기에서도 6명 중 한두 명은 시진핑 측근이라고 단정하기 어려웠던 것과 비교하면, 아울러 그동안 파벌 관계가 엘리트 정치 상층부에서 중요하게 작동했다는 점을 상기한다면, 유의미한 변화의 내용으로 보여진다.

---

16) 천시(陈希)는 시진핑의 칭화대 과 동기이자 기숙사 룸메이트로 교육부 차관(부부장)을 지냈고, 19기 정치국원(중앙서기처 서기, 중앙조직부 부장, 중앙당교 교장)이었으며, 2023년 11월 현재 중앙당교(国家行政学院) 교장을 맡고 있다. 천시의 뒤를 이어 중앙조직부 부장으로 임명된 리간제(李干杰, 20기 정치국원)도 천시의 제자이다.
17) Wu Guoguang, "New Faces of Leaders, New Factional Dynamics: CCP Leadership Politics Following the 20th Party Congress," China Leadership Monitor 74(2022).

그렇다면 20기 정치국 지방 부문의 위와 같은 특징이 시진핑 집권 3기 중앙-지방 관계 형성에는 어떤 작용을 할 수 있을 것인가? 무엇보다 정치국이라는 최상층 권력 기구에서 지방 부문을 대표하는 위원들 전부가 시진핑과 연계가 있는 인물들이라는 점에서 보면 중앙에 대한 이들의 순응도는 보다 높아질 수 있고, 따라서 지방에 대한 이들의 실질적 대표성은 더욱 약화될 수 있다고 본다. 그래서 지방 지도자가 정치국 위원으로 있는 지방에 대한 중앙의 통제력이 여타 지방보다 더 크다는 분석[18]을 수용한다면, 이들 대표 지역이 전체 지방보다 중앙에 조응하는 경향성이 더 커질 수 있다는 것이며, 그렇게 된다면 중앙-지방 관계는 집권(集權)이 더욱 강화되는 양상으로 나타날 수 있다고 본다. 한편 정치국의 지방 위원들이 고학력 전문가라는 점은, 이들의 전공이 현재와 앞으로의 중국에 특히 긴요한 첨단 분야라는 점을 감안할 때, 정치국을 비롯한 중앙의 관련 정책 논의에서 자문가 그룹 같은 기여를 함으로써 중앙에서의 역할이 확대될 수 있을 것으로 본다.[19] 그리고 이들이 맡고 있는 지역이 어떤 시범 사례가 되어 중앙의 의지를 지방에 관철하는데 일종의 조력자 역할을 할 수도 있을 것으로 보고 있다.

---

18) Huang Yasheng, Sheng Yumin, "Political Decentralization and Inflation: Sub-National Evidence from China," British Journal of Political Science 39-2(2009).
19) 시진핑이 20차 당 대회 보고를 통해 '새로운 발전(新发展)'·'고품질 발전(高质量发展)' 등의 새로운 개념에 입각한 발전 방향을 제시하였는 바(권도경·김정수·박지현, "텍스트마이닝을 활용한 중국공산당 20차 당대회 보고문 분석," 『분석과 대안』 제7권 1호(2023)) 20기 정치국에 첨단 분야의 고학력 전문가들을 배치한 것과 맥락이 닿아있는 것으로 해석될 수 있다.

Ⅳ. 나오며

본 글에서는 최상층 권력 기구인 정치국의 지방 부문 구성에 대한 후진타오와 시진핑 시기의 비교 고찰을 통해 시진핑 시기 중앙-지방 관계에서 중앙 집권(集權) 강화의 배경을 엘리트 정치의 제도 기구 측면에서 밝혀보고자 하였다.

1990년대 이후 정치국 구성은 주요 부문별 안배를 통해 집단지도체제를 유지하고자 하였으며, 이 같은 고려에서 중국 정치의 중요한 한 축인 지방을 대표하는 위원이 일정 수 배정되었다. 후진타오 시기 이후에 정치국의 지방 부문 위원은 6명으로, 지역은 4개 직할시+광둥·신장으로 고착되었는데, 이러한 일종의 굳어진 제도적 형식은 시진핑 시기에도 여전히 유지되고 있는 것이 확인되었다. 이는 일견 당연한 듯 보일 수 있으나 의미는 그 이상이다. 왜냐하면 시진핑이 3연임을 위하여 헌법을 수정했고,[20] 개혁기 중국 엘리트 정치의 안정화를 위한 주요 조치였던 민주추천회와 '격대지정(隔代指定)'을 실시하지 않는 등 시진핑 이전 시기에 제도화된 엘리트 정치의 중요 규범과 룰을 지키지 않은 바 있다.[21] 따라서 이러한 점을 감안한다면 자신의 집권기에 의도하는 중앙으로의 권력 집중 강화를 위해 그동안 안착된 정치국 구성 규범을 무력화하고 지방 대표 배정 비중 자체를 축소할 수도 있는 것으로 상정될 수 있기 때문이다.

---

[20] 해당 헌법 조항 수정을 위한 배경 논의(합리화 논리)에 대해서는 Wang Jianglian. "十九大与新时代中国宪制的发展 : 基于宪法变迁史的视角," 『분석과 대안』 제2권 1호 (2018, Ⅶ장)를 참조
[21] 주장환·연담린, "체제전환기 중-러 엘리트 정치 구조 변화에 대한 비교 분석: 다른 과정, 같은 결과," 『분석과 대안』 제6권 3호(2022), pp.176-179.

요컨대 후진타오 시기와 비교했을 때 시진핑 시기 중앙 집권의 강화는 제도화된 형식적 규범의 무력화를 통해서가 아니라 규범 안에서의 통제력 확대를 통해서 구현되고 있다고 판단된다. 즉 정치국의 지방 부문 구성에서 제도화된 틀 자체는 깨지 않고, 인사통제권을 더욱 강력하게 발휘함으로써 총서기를 중심으로 하는 중앙에 대한 지방의 순응도를 높였다고 보는 것이다.[22] 후진타오 시기에는 집권 2기에도 정치국의 지방 부문에 대해 이 같은 강력한 인사 통제가 관철되지 못하였는 바 이는 엘리트 정치 최상층의 권력 집중도를 약화시켜서 분권화의 확대, 지방 발전 모델의 부상, 보시라이 사건 같이 중앙의 권위가 도전받는 사건 등이 출현하는 데 일정 정도 작용한 것으로 본다.

밀러(Alice Miller)는 19차 당 대회 이후 시진핑의 권력이 강화된 것은 분명하지만 그것이 장쩌민과 후진타오를 거쳐 형성된 정치 규범을 무시하지 않고 그 안에서 이루어졌다는 것, 특히 정치국 구성의 부문별 안배 같은 제도적 균형을 무너뜨리지 않았다는 것에 주목해야 한다고 강조하였다.[23] 그러나, 정치국 구성에 부문별 안배를 두는 것이 특정 부문이 특히 총서기와 연합하여 전횡을 휘두르는 것을 방지하고 집단지도가 유지될 수 있도록 하기 위함이라고 한다면, 중국 엘리트 정치에서 비공식 정치가 여전히 유효한 작동 기제라는 점을 감안할 때, 시진핑 시기의 정치국은 그러한 기능이 제대로 발휘되지 못할 것이다.[24] 그리고 이는 정

---

[22] 지방의 고위 간부 임명은 흔히 중앙과 지방정부 간의 협상과 타협의 결과지만, 성급 당 위원회 서기·부서기와 인민정부의 수장 그리고 성급 상무위원회 위원과 같은 직위들은 아직도 당 중앙에 의해 직접 통제되고 있으며, 이러한 중앙에 의한 인사통제는 여전히 지방정부의 순응을 유도하는 가장 강력한 수단으로 남아 있다(전병곤·홍우택·이기현·신종호· 양갑용·윤경우·이상국·주장환, 『중국 시진핑 지도부의 구성 및 특징 연구』(서울: 통일연구원. 2013), p.96.
[23] Alice Miller(2018), p.11.
[24] 이번 20차 당 대회를 통해 구성된 정치국과 상무위원회 인선에 대해 사실상 중국 정치의 집단지도체제가 무너지고, '집중통일영도(集中统一领导)' 체제로 전환되었다는 평가가 있다(허

치국(중앙)에서 지방의 대표성이 실질적으로 상실되는 결과를 가져올 것이기 때문에 중앙의 집권 강화는 지속될 것이다.

시진핑 시기에 전반적으로 중앙 집권의 강화가 우세한 경향으로 인식되고 있지만 모든 지역과 영역에 다 해당되는 것은 아니다. 시진핑 시기에도 이전 시기와 마찬가지로 정책 실현을 위한 행정적 분권화 기조는 기본적으로 유지되었기 때문에 일부 지방 정부는 그러한 거버넌스 환경과 지방의 이점을 최대한 활용하면서 중앙의 방침으로부터 일탈하여 자신들이 선택한 '발전공간'을 창출함으로써 지방 성장의 동력으로 삼기도 하였다.25) 또한 2022년 말에 중국이 그동안 고수해왔던 '동태적 제로 코로나' 정책을 전격 폐기한 배경에 중앙의 의도에서 벗어난 여러 지방 정부의 '자체적인' 급속한 방역 완화 조치가 하나의 요인이라는 분석도 있다.26) 그렇기 때문에 본 연구의 논지가 후진타오와 시진핑 집권기의 중앙-지방 관계를 보는 데 있어 모든 시점과 이슈에 일률적으로 적용된다는 것은 아니다. 다만, 전반적인 추세를 진단했을 때 후진타오 시기 분권화의 진전과 시진핑 시기 집권화의 강화라는 상반되는 방향성이 대비되는 바 본 글에서는 이에 대해 정치국이라는 권력 기구를 통해서 엘리트 정치의 제도적 환경 측면에서 그 배경을 짚어보고자 한 것이다.

이와 관련하여 본 글에서 논의한 후진타오 시기와 시진핑 시기 중앙-지방 관계의 차이의 일면을 볼 수 있는 사례를 들어보고자 한다. 2003년 2월 11일 광둥성 위생국에서 "알 수 없는 질병의 발현이 보고되었

재철·문지영·박진희·이한나, 2022, p.6).
25) Kyle A. Jaros, Yeling Tan, "Provincial Power in a Centralizing China: The Politics of Domestic and International "Development Space"," The China Journal 83(2020).
26) 조영남, "중국은 왜 갑자기 '동태적 제로 코로나' 정책을 바꾸었나?"『중소연구』제47권 1호 (2023).

다"고 최초로 발표하였는데, 그 다음 날 신화통신이 "알 수 없는 질병은 통제되고 있으며, 새로운 발병 사례는 확인되지 않았다"고 공식 보도하였다. 이후 사스(SARS)의 확산세가 감지되었으나 중앙정부는 인정하지 않았고, 3월 제10차 전인대 개최 때까지 은폐하였다. 그런데, 전인대 둘째 날 광둥성의 《남방도시보(南方都市報)》가 중앙 당국의 보도 금지 지침을 어기고 사스 관련 보도를 시작하였다. 이후 사스 확산세가 커지고 혼란이 가중되자 4월 20일 중국 당국은 사스 발생을 인정하였고, 사과와 함께 사스에 관해 보도하기 시작하였다.27)

한편 2019년 12월 초 우한(武汉)에서 원인불명의 폐렴 증상 환자가 속출했지만 우한시는 12월 말일에서야 감염병 상황을 정식으로 발표하였는데, 2020년 1월 19일 국가위생건강위원회(国家卫生健康委员会)는 이 감염병에 대한 방역과 통제가 가능하다고 공식 발표하였다. 당시 코로나19 감염병은 이미 우한을 넘어 각지로 퍼지기 시작한 상황이었지만, 우한시와 후베이성에서 각각 1월 7-10일과 11-17일에 열린 양회(两会) 기간의 지방 정부 보고에도 코로나19 감염병에 대한 언급과 논의는 전혀 없었다. 우한과 후베이를 비롯한 지방의 감염병 보도 및 대응은 시진핑이 코로나19 감염병 대응에 관한 중요 지시를 내렸다는 신화사의 보도가 나온 후에야 비로소 정식으로 시작되었다.28)

사스와 코로나19 사태가 발생했을 때 중앙의 초기 대응은 유사하였다. 상세 상황을 즉시 공개하지 않았고, 감염병 발생의 공식화를 지연시켰으며, 지방 특히 발원 지역에 자체 보도를 금지한 것으로 보였다.

---

27) Kerry Dumbaugh, Michael F. Martin, Understanding China's Political System. CRS Report for Congress(December 31, 2009), pp.18-19.
28) 张执中, 『从上而下的改革—习近平时期中共干部监督与动员』 (台北: 五南图书出版公司, 2022), pp.116-118.

그런데, 이에 대해 감염병의 발원지인 두 지방의 대응에는 차이가 있었다. 후진타오 시기 광둥은 중앙의 방침을 따르지 않았고,29) 시진핑 시기 우한(후베이)은 그대로 따랐다. 이러한 대조적 사례는, 일견 단편적인 것일 수도 있으나, 연장된 시진핑 시기의 중앙-지방 관계를 볼 때 엘리트 정치에서 공식적인 '형식' 뿐 아니라 비공식적인 '내용'의 변화에도 주목해야 할 필요성을 보여주고 있다고 하겠다.

---

29) 2004년 초 <남방도시보>에 대한 수색과 조사가 진행되어 사스를 처음 보도한 기자는 정직 처분을 당했고, 편집장은 회계 부정 혐의로 조사받았으며, 부편집장은 횡령 혐의로 8년형을 선고받고 복역하다가 2008년 석방되었다(""남방도시報' 세금조사...사스 보도한 기자 정직, 편집장은 구금"『조선일보』(2004년 1월 8일),
  https://www.chosun.com/site/data/html_dir/2004/01/08/2004010870410.html ; "중국, 사스 사태 특종보도 언론인 석방"『뉴시스』(2008년 2월 10일),
  https://v.daum.net/v/20080210093009646?f=o (검색일: 2023. 11. 05).

참고문헌

권도경·김정수·박지현. "텍스트마이닝을 활용한 중국공산당 20차 당대회 보고문 분석." 『분석과 대안』 제7권1호(2023).
이정남. "중국 집단지도체제 권력승계의 제도화와 19차 당대회 이후의 변화: 새로운 게임 규칙의 모색인가?" 『중소연구』 제42권2호 (2018).
이재준. "중국 시진핑 시기 엘리트 정치에서 권력 구조 변화: 경쟁적 독재에서 확립된 독재로." 『현대중국연구』 제23권4호(2022).
전병곤·홍우택·이기현·신종호·양갑용·윤경우·이상국·주장환. 『중국 시진핑 지도부의 구성 및 특징 연구』 서울: 통일연구원, 2013.
조영남. "시진핑 '일인체제'가 등장하고 있는가?" 『국제지역연구』 제24권3호(2015).
_____. "중국 집단지도 체제의 제도 분석: 권력기구의 운영과 구성을 중심으로." 『국제.지역연구』 제28권3호(2019).
_____. "개혁기 중국 엘리트 정치의 현황과 과제." 『중소연구』 제45권3호(2021).
_____. "중국은 왜 갑자기 '동태적 제로 코로나' 정책을 바꾸었나?" 『중소연구』 제47권1호(2023).
주장환. "중국 파벌정치의 변화: '동기'와 '동학'의 측면에서." 『아세아연구』 제55권1호(2012).
주장환·연담린. "체제전환기 중-러 엘리트 정치 구조 변화에 대한 비교 분석: 다른 과정, 같은 결과." 『분석과 대안』 제6권3호(2022).
최지영. "중국공산당 제17차 전국대표대회 평가 및 의의-파벌정치적 관점에서." 『KNSI 현안진단』 제105호(2007).

허재철·문지영·박진희·이한나. "중국 20차 당 대회의 주요 내용과 시사점."『오늘의 세계경제』제22권15호(2022).

Cheng, Li. "A Biographical and Factional Analysis of the Post-2012 Politburo." China Leadership Monitor 41(2013).

_____. CCP Decision-Making and Xi Jinping's Centralization of Authority 2022 Annual Report to Congress. https://www.uscc.gov/annual-report/2022-annual-report-congress (검색일: 2023.06.05.)

David J. Bulmana, Kyle A. Jaros. "Localism in Retreat? Central-Provincial Relations in the Xi Jinping Era." Journal of Contemporary China 30-131(2021).

Fewsmith, Joseph. "The Sixteenth National Party Congress: The Succession That Didn't Happen." The China Quarterly 173(2003).

Gang Chen. "Xi Jinping reshuffles provincial leadership in China." East Asian Policy 8-4(2016).

Guoguang, Wu. "New Faces of Leaders, New Factional Dynamics: CCP Leadership Politics Following the 20th Party Congress." China Leadership Monitor 74(2022).

Kerry Dumbaugh, Michael F. Martin. Understanding China's Political System CRS Report for Congress(December 31. 2009).

Kyle A. Jaros, Yeling Tan. "Provincial Power in a Centralizing China: The Politics of Domestic and International "Development Space"." The China Journal 83(2020).

Lieberthal, Kenneth. Central documents and Politburo politics in China Michigan papers in Chinese studies; no.33(1978).

Miller, Allice. "The Work System of the New Hu Leadership." China Leadership Monitor 24(2008).

_____. "The Work System of the Xi Jinping Leadership." China Leadership Monitor 41(2013).

_____. (2018). The 19th Central Committee Politburo. China Leadership Monitor 55.

Shirk, Susan L. "China in Xi's" New Era": The Return to Personalistic Rule." Journal of Democracy 29(2018).

Wen-Hsuan Tsai. "Central-Local Relations and Party Politics in China under Xi Jinping." Georgetown Journal of Asian Affairs 8(2022).

Yasheng, Huang, Yumin, Sheng. "Political Decentralization and Inflation: Sub-National Evidence from China." British Journal of Political Science 39-2(2009).

Yumin, Sheng. "Central-Provincial Relations at the CCP Central Committees: Institutions, Measurement and Empirical Trends, 1978-2002." The China Quarterly 182(2005).

_____. "The regional consequences of authoritarian power-sharing: Politburo representation and fiscal redistribution in China." Japanese Journal of Political Science 20(2019).

Jianglian Wang. "十九大与新时代中国宪制的发展：基于宪法变迁史的

視角." 『분석과 대안』 제2권1호(2018).

中华人民共和国 中央人民政府. 中共中央印发 《中国共产党中央委员会工作条例》 2020.
https://www.gov.cn/zhengce/2020-10/12/content_5550656.htm (검색일: 2023.06.21.)

张执中. 『从上而下的改革—习近平时期中共干部监督与动员』 台北: 五南图书出版公司, 2022.

郑永年. 『中国的'行为联邦制': 中央—地方关系的变革与动力』 北京: 东方出版社, 2013.

"'남방도시報' 세금조사…사스 보도한 기자 정직, 편집장은 구금". 『조선일보』(2004년 1월 8일)
https://www.chosun.com/site/data/html_dir/2004/01/08/2004010870410.html (검색일: 2023.11.05.)

"중국, 사스 사태 특종보도 언론인 석방". 『뉴시스』(2008년 2월 10일)
https://v.daum.net/v/20080210093009646?f=o (검색일:2023.11.05.)

제1부 중국

4장

시진핑 시기 중국공산당 중앙정치국 집체학습(集体学习) 분석

임 진 희
(한신대학교 유라시아연구소)

Ⅰ. 들어가며
Ⅱ. 중국공산당 중앙정치국 집체학습
   1. 이론적 근거
   2. 역사적 발전
Ⅲ. 제18기 중앙정치국 집체학습
Ⅳ. 제19기 중앙정치국 집체학습
Ⅴ. 나오며

04

시진핑 시기
중국공산당 중앙정치국
집체학습(集体学习) 분석*

임 진 희
한신대학교 유라시아연구소

I. 들어가며

　흔히 중국과 중국을 이끄는 공산당, 그리고 그 정치제도와 정책결정은 폐쇄적이라고 한다. 특히 상세한 정책 변화나 결정 과정은 외부 사람들이 그 안에서 어떠한 안건이 어떠한 과정을 거쳐서 일어나는지 투명하게 관찰하기 어렵다. 이는 대부분의 중국인과 공산당원 역시 마찬가지 상황으로 생각된다. 그러나 정책 결정은 어떠한 국가라도 관련한 문제인식, 의제설정, 정보수집, 목표설정, 내부논의, 정책도출 등과 같

---

* 이 글은 중국지역연구 제10권 2호(2023)에 게재된 논문을 수정 및 보완한 것임.

은 일련의 과정과 행위자가 분명히 존재한다. 그러한 맥락에서 중국의 정치체제 특성상 우리가 구체적인 과정을 투명하게 관찰할 수는 없겠지만 아주 작더라도 관련한 의제의 내용과 전후나 인과를 가늠하게 할 만한 단서는 존재한다. 대표적 단서가 중국공산당 중앙정치국 집체학습(集体学习) 제도이다.

집체학습(集体学习)이란 중국공산당 중앙정치국, 즉 중국의 중요한 대내외 정책결정 과정에서 최종적 논의와 결정이 이루어지는 중국공산당 최고위 엘리트 집단이 정기적으로 특정 주제를 상정, 발표하고 토론하는 집단학습제도이다. 중국공산당 총서기가 직접 주재하며, 중앙정치국 전원이 참여하고, 중앙정치국 구성원이나 국가급 싱크탱크 구성원 혹은 관련한 전문가를 초청하여 이뤄진다. 집체학습의 의미나 무게와 관련해서는 다양한 의견이 존재하지만, 최고 권력자들이 정기적으로 모여 특정한 주제를 학습, 토론한다는 것은 그 무게, 의미가 두드러지는 것임이 분명하다. 때문에 이를 유심히 관찰한다면 그들이 특정한 시기에 어떠한 주제에 관심이 있으며 집단적 논의가 어떻게 현실과 연계되는지 파악이 가능해진다.

최근 중국은 어느 때보다 불확실하고 예측이 불가능하다. 덩샤오핑의 이래로 정치 체계가 잡혀있었다. 주요 지도자는 임기와 은퇴 연령까지 구체적으로 규정한 틀이 있었으며, 차기와 차차기 후계자 선정이나 육성도 예측과 전망이 가능한 범위에서 움직였다. 중국공산당 중앙위원회, 중앙정치국 및 상무위원회 내부에는 상이한 노선과 파벌이 공존하여 나름의 견제와 균형이 존재했었다. 그렇지만 시진핑 시기에 일련의 조정과 정리를 거치며 이러한 체계와 규칙이 무너졌다. 2022년 10월 열렸던 중국공산당 전국대표대회에서 시진핑이 3번째로 총서기에 선출되었고, 새로운 중앙위원회, 중앙정치국 및 상무위원회 구성이 확정되었다. 어느 때보다도 더욱 필요하나 경험과 규칙에 근거해 현재를 판단하거나 향후를 전망하기가 어려워졌다.

중국공산당 중앙정치국 집체학습은 그 역사와 중요성 때문에 관련한 학술연구가 적지 않다. 특히 중국의 경우 특정 중앙정치국 회기, 회차의 주제 분석이 많이 이루어졌고 관련 제도에 관한 연구도 진행되었다. 후자의 주요 내용은 학습형 정당 건설, 간부의 훈련 교육, 학습 주제에 관한 것이다. '학습형 정당 건설'은 중국공산당 학습형 정당 건설의 역사적 고찰, 마르크스주의 학습형 정당 건설의 의의, 학습형 정당 건설의 방법에 관한 내용이 주를 이룬다. '간부의 훈련 교육'은 간부 교육의 역사와 과정, 관련 현황과 흐름, 효과가 많다. '학습 주제'는 특징 연구가 주요 내용이다. 다만 아쉬운 점은 상술한 것처럼 특정 회기나 회차 분석이 압도적이고, 일부 진행된 제도 연구도 제한적이며, 특히 현실과의 연계를 다루지는 못했다는 것이다.

그리고 중국의 연구가 비교적 풍부한 반면에 한국을 비롯한 해외의 연구는 상당히 부족한 편이다. 사실상 연구의 공백에 가깝다. 자세한 특징을 보자면 한국을 제외한 해외의 연구는 대부분 학습형 사회나 조직에 관련한 주제의 것이다. 그들은 정당의 학습에 관심이 높았고, 특히 학습형 사회의 건설을 제안해 사회 전체를 범위로 하여 평생 교육을 전개할 것과 이를 목표로 제도를 구축할 것을 주장한 연구 사례가 많다. 나아가 이에 기반해 기업, 교회, 학교 등에서 학습형 조직 건설을 제안한 분석과 연구가 많았다. 다만 이들의 연구 대상은 중국과 달리 보통 개인과 사회 조직의 학습이었고, 현실 정치와 직접 관련된 집권 여당이나 국가 범위까지 확대한 경우는 극소수였다.[1]

---

1) 邵铃(2020), 《新世纪以来中共中央政治局集体学习制度研究》, 四川: 西南科技大学, 1~10页.

한국도 관련한 연구는 상당이 부족한 편이다. 그러나 상술한 해외의 연구와 다르게 나타난 특징이 있는데, 집체학습 제도라는 자체를 고찰하고 분석하는 연구는 찾아보기 어려웠다. 선행연구 대부분이 특정 시기의 학습 주제와 현실 의미를 고찰하며 분석하는 것이다. 나아가 그조차 2017년 전후로 흐름이 끊기며 후진타오 시기(2003~2012)와 시진핑 1기(2013~2017)의 분석에 그치는 상황이다. 2016년 이래로 냉각된 한중관계, 2018년 촉발된 미중의 무역갈등, 2020년 확산한 '코로나19', 2022년 일어난 러시아의 우크라이나 침공과 2022~2023년 중국의 국내 정치 변화가 초래한 한중관계, 국제질서 변동을 고려한다면, 2017년 이후 중국공산당 중앙정치국 정책결정자 그룹의 문제 인식과 집단 논의의 고찰, 분석이 더욱 절실하다고 판단한다.

앞서서 말했던 것처럼 시진핑 시기의 중국은 불확실하고 예측이 어려워졌다. 근래에 국제정치적 혼란과 불안정성에 경제적 어려움까지 더해져 우리로서는 가능한 하나의 단서라도 보태어 중국의, 특히 정책결정자 그룹의 인식과 시각을 이해하고 나아가 그것에 기반하여 그들의 중요한 정책결정 방향을 가늠해야 한다. 상술한 국내외 연구의 현황과 이러한 현실적 필요에 근거해 본문은 중국의 집체학습 제도를 고찰하고, 시진핑 제1기~제2기 집체학습 현황과 의미를 분석할 것이다. 전체 구성은 다음과 같다. 첫째, 본문의 배경과 목적을 밝히고, 둘째, 중앙정치국 집체학습의 현황과 의미를 고찰하며, 셋째, 시진핑 제1기~제2기 현황과 의미를 나누어 살펴보고, 넷째, 앞서서 서술한 내용을 정리하면서 그 의미와 시사점을 찾아보고자 한다.

II. 중국공산당 중앙정치국 집체학습

1. 이론적 근거

중국공산당 중앙정치국 집체학습은 그 제도 형성에 분명한 이론적 근거가 있다. 마르크스, 엥겔스와 레닌이 직접적인 방식으로 집체학습을 제안하거나 언급하지는 않았다. 다만 그들은 역사와 철학의 시각에서 무산계급 정당의 학습을 매우 중시하였고, 관련하여 일련의 유의미한 사상과 저술을 남겼다. 이러한 사상과 저술은 중요한 가치가 있으며, 중국은 이것이 중국공산당 중앙정치국 집체학습에 이론적 토대가 되었다고 주장한다. 이어서 중국공산당 역대 지도자들도 혁명과 건설, 개혁개방 과정에서 다양한 배경과 목표를 위하여 학습에 관련한 자신의 인식과 관점을 제시한 바 있었다. 중국은 이들도 중국공산당 중앙정치국 집체학습의 제도적 형성과 유지에 유의미한 사상적, 현실적 기초가 되었다고 주장한다.

우선, 마르크스 엥겔스의 학습에 관련한 이론이다. 마르크스 엥겔스는 인간은 자유롭고 충분하며, 전면적으로 발전해야 하는데 이를 위해서 학습이 중요하다고 생각하였다. 그러한 이유로 그들은 첫째, 인간은 자유로운 상황에서 정신적 측면도 만족시켜야 한다며, 특히 무산계급은 학습을 통해서 자유로이 발전해야 착취에서 벗어나 세계를 바꿀 수 있다고 주장하였다. 둘째, 학습을 통해 지식을 얻고 이로써 세상을 바꾸어야만 문제를 해결할 수 있다고 주장하였다. 셋째, 인식과 실천이 상호결합한 학습방법을 강조하였다. 그들은 학습을 통해서 지식을 얻으며, 지식은 실천을 이끌고, 실천은 다시금 지식의 발전을 추동할 것이며, 새로운 지식이 다시 실천으로 이어지는 선순환을 반복해야 세상을 바꿀 수 있다고 설명하였다.

다음으로 레닌 이론이다. 레닌은 무산계급 정당의 학습을 강조하였다. 그는 마르크스 엥겔스의 학습 이론을 참고, 러시아 혁명과 사회주의 건설의 과정에서 얻은 경험을 더해 자신의 학습이론을 만들었다. 그는 학습이란 개인능력 제고 외에도 무산계급 정당의 건설에 관련되는 것이라 보았다. 그러한 이유로 첫째, 학습은 무산계급 혁명과 사업의 전제라고 보았다. 사상이 통일되야 행동의 의지로 바뀌고 무산계급 혁명이 성공할 수 있다고 생각했기 때문이다. 둘째, 학습은 무산계급 의무라고 보았다. 무산계급 혁명은 도전적 과제로 구성원은 이론과 경험을 갖추어야 공산주의자 혁명가로서 자격이 있다고 생각하였다. 셋째, 현실적 이유로 대중은 사회민주 의식을 이해하기 어려워 주입식 교육이 필요하다고 주장하였다.

중국공산당 주요 지도자 역시 마르크스주의 기초에 중국의 현실을 결합하였다. 그들은 사회주의 혁명, 건설, 개혁개방 등의 시대적 변화에 따라서 학습에 관련한 다양한 시각과 이론을 제시하였다. 중국은 이러한 시도로 새로운 시대를 반영해 중앙정치국 집체학습 제도의 완성도 제고에 기초가 되었다고 보았다. 첫째로 마오쩌둥 경우에는 지식을 갖춘 간부가 당의 핵심이 되어 전체를 이끌 수 있다고 말하며, 학습을 당 건설의 핵심적 위치에 상정해 강조하였다. 그리고 실사구시 학풍을 강조한다. 나아가 직접 경험과 간접 경험을 결합하는 학습 방법을 주장하였다. 현실적 이유로 타인의 경험에서 교훈을 얻어내야 하지만 이로써 만족하기 어려운 부분은 직접적인 참여와 경험으로 실천의 과정에서 이들을 승화시켜야 한다고 강조하였다.

둘째로 덩샤오핑 경우는 개혁개방 정책을 시행하며 학습을 강조한다. 우선 개혁개방 시대에 등장하는 문제를 해결하기 위해서 학습해야 한다고 보았으며, 특별히 영도간부 그룹이 솔선수범해야만 대중들을 이끌고 개혁개방 임무를 완수할 수 있다고 주장하였다. 더불어 개혁개방 시대에 필요한 전문적인 학습이, 특별히 경제학과 과학기술, 관리학적 전문성이 필요해 상응하는 학습을 시행해야만 한다고 생각하였다. 셋째로 장쩌민의 경우는 중앙을 포함한 각급 간부가 학습을 통해 역량을 키워 자신은 물론 당과 인민에 대해 책임감 있는 모습을 보여야 한다고 주장하였다. 이와 관련 마르크스주의는 간부 소양과 평가 기준이라 하며 기본으로 학습을 강조하는 동시에 현실을 반영해 창조적으로 이론과 현실을 결합해야만 한다고 보았다.

넷째로 후진타오 경우는 '학습형 정당 건설'과 '학습형 사회 형성'을 강조하면서 중앙정치국 집체학습을 하나의 제도로 발전시켰다. 그 목적은 고위 간부와 전체 당원에 학습을 하나의 규칙이자 습관으로 만들려 한 것이다. 그러한 이유로 정당의 순수성, 선진성 등을 강조하며 학습형 정당 건설을 목표로 규정하고, 이의 제도화와 규율화에 노력하였다. 나아가 이러한 학습은 현실의 문제와 결부돼 실질적 문제에 도움이 되어야 한다고 보았다. 다섯째로 시진핑 경우에는 신시대로의 전환을 언급하면서 영도간부에 더욱 높은 자격과 역량을 요구하였다. 학습을 당과 국가 발전에 대사로 규정하면서 자신뿐 아니라 국가 발전을 위해 학습하라고 요구하였다. 그는 학습 방향을 제시하였고 문제해결에 도움 되는, 꾸준한 학습을 강조하였다.

2. 역사적 발전

중국공산당은 창당의 이래로 학습의 전통을 유지해왔다. 초기는 마르크스주의를 통해서 중국을 관찰, 분석하려는 흐름이 주를 이루었다.

그리고 혁명, 건설, 개혁개방 시기는 시대의 흐름과 환경의 변화에 따라서 관련한 당원의 자주적 학습과 고위 지도자 단체 학습을 중시했으며 이로써 정당 전체가 무장할 것을 강조하였다. 공산주의 혁명과 전쟁의 시기에도 중앙은 수차례 학습 운동을 조직, 혁명 승리를 위한 사상적 기초를 마련하였다. 신중국 수립의 이후는 신중국 건설을 위한 학습과 새로운 정권 안정을 강조하였고, 개혁개방 이후에는 집체학습 제도의 건설이나 간부의 학습을 강조하여 새로이 직면한 문제의 해결에 더욱 노력할 것을 요구하였다. 시대에 따라서 형식과 내용은 다르나 학습의 중시와 강조는 일관되었다.

자세히 보자면 신민주주의 혁명의 과정에 중국공산당은 당원과 간부의 학습을 고도로 중시하였다. 항일전쟁 시기는 내부를 중심으로 교조주의, 현실과 유리되는 이론에 대응하여 마오쩌둥 중심의 학습 대회를 개최하고 당원 간부의 소양 및 역량을 제고하려 하였다. 이로써 중국공산당 전체의 사상적, 정치적, 조직적 통일을 도모하려고 노력한 것이다. 초기의 중국공산당 당원은 마르크스주의 이론에 대한 학습을 특히 중시하였다. 중국공산당 규모를 확대하며 가능한 모든 역량을 결집하고 우수한 노동자 및 농민들 중 당원을 모집하기 위하여 중앙은 상하이, 광저우, 후난성 등의 여러 지역에 당교(党校)를 수립하였고, 집중적으로 마르크스주의를 학습시켰다. 이러한 일련의 노력은 혁명사업을 위한 영도간부의 육성을 목표한 것이다.

신중국 수립의 이후에 공산당 업무의 중심은 농촌에서 도시로 바뀌었다. 마오쩌둥은 공산당 전체에 도시의 관리와 건설을 배우라 요구하였고, 이로써 정치경제질서 안정과 도시안정업무 전개를 도모하였다. 실제로 당시의 중국은 농업국에서 공업국으로 전환을 하려는 역사적 변화의 시기에 있었다. 그러한 이유로 집정의 역량을 높이기 위해서 중앙은 신중국 성립의 초기에 중앙 조직과 고위급 대상 다양한 집체학습 활동을 부정기적으로 진행하였다. 당시의 현실을 보자면 중국은 생산의 회복과 발전이 시급한 상황이었다. 그러나 관련한 지식과 경험이 부족해 참고할 모델이 필요하였다. 국제정치적 고려와 사회주의적 선례가 필요했기에 중국은 '소련으로부터 배우기', 즉 소련의 사회주의건설 방식을 배우기로 결정하였다.

1959년 말부터 1960년 초까지 마오쩌둥은 당의 영도간부를 조직, 특별한 집체학습 활동을 전개한다. 주요한 활동은 《정치경제학교과서(政治经济学教科书)》 중에서 사회주의 부분을 학습하는 것이었다. 당시 내부에서 급좌 사상들이 등장, 고위급 간부들은 당내의 정치사상 단결을 목적으로 학습을 진행하였다. 그들은 학습을 통해서 사회주의 경제 발전 규율을 파악해 중국에 적합한 발전의 원리를 찾아보려 노력하였다. 학습하고 토론하며 합리적인 정책결정을 탐색하려는 의도였다. 현실적 문제로 다수가 학습에 참석하거나 공식적 제도로 확립하기는 어려워 마오쩌둥은 소수의 간부를 선택하였고 그들은 집중적 교육을 받았다. 선택받은 이들은 천보다(陈伯达), 후성(胡绳), 덩리췬(邓力群), 톈자잉(田家英) 등으로 알려졌다.

개혁개방 이후에 중앙은 '사회주의 현대화 건설'이라는 새로운 임무를 부여받았다. 학습을 강화하고 모범을 보였으며 수차례 집체학습 활동을 진행하여 중국공산당 중앙정치국 집체학습의 제도를 확립하였다. 주로 세 가지 측면의 학습이 진행되었다. 첫째, 다시금 학습을 중시하였고, 정당정풍(整党整风) 운동을 진행했으며, 그릇된 사상을 바로잡았다. 둘째, 당시의 국내외 상황에 근거한 영도간부의 이론적 학습을 강조하였다. 특히 경제, 과학기술, 법률 등의 학습을 권고하며 중앙의 지도자들은 관련한 집체학습을 하였다. 셋째, 집체학습의 기제를 수립하였다. '어떠한 당을 건설할 것인지', '어떻게 건설할 것인지' 등의 문제를 둘러싸고 학습과 교육을 진행하여 학습형 정당 건설에 참여하면서 학습형 사회 건설을 제기하였다.

시간의 흐름에 따라서 보자면 개혁개방 직후는 과거의 사상적 혼란을 바로잡고 업무의 중심을 경제건설 쪽으로 옮기면서 사회주의 현대화 건설을 강조하였다. 문화대혁명 기간에 공적인 교육과 학습이 사실상 중단되었고, 일부의 당원과 간부는 현대화 건설에 관련한 역량이 부족하였다. 그러한 이유로 초기는 새로운 주제와 전당(全黨)의 학습에 적응이 요구되었다. 새로운 주제는 경제, 과학기술, 법률 등을 말한다. 21세기 진입의 이후는 학습형 정당과 학습형 사회가 강조되었다. 대상은 당원과 간부를 가리지 않았고 중앙은 개인과 정당, 국가를 위해 학습할 것을 제안하였다. 특히 후진타오 시기 집체학습 활동이 제도로 확립되고, 시진핑 시기에 규범화되었으며, 그 주제는 현실적 수요에서 출발하여 사회이슈, 난제, 중점 등을 다루었다.

Ⅲ. 제18기 중앙정치국 집체학습

제18기 중앙정치국 집체학습은 2012년 11월 17일 제1차 학습으로 시작되었고 2017년 09월 29일 제43차 학습으로 정리되었다. 제18기 중앙정치국은 약 5년간 총 43차례 집체학습을 진행하였다. 제1차 집체학습은 중국공산당 제18대 전국대표대회가 끝나고 3일째인 2012년 11월 17일 이루어졌다. 이 회의에서 시진핑 총서기는 "국내외에서 우리가 제1회 중앙영도집체회의를 무엇으로 시작하는지 지켜보고 있습니다. 우리는 '당의 18대 정신을 깊이 있게 학습하고 관철하자(深入学习贯彻党的十八大精神)'를 주제로 좋은 시작을 하고, 걸음을 내디딜 것입니다"라고 밝혔다. 이는 집체학습이 이미 중앙이 대외에 정책적 신호를 보내는 중요한 수단이 되었고 세계의 이목을 감안한 그 주제는 전략적 의미가 있다는 사실을 드러낸 것이다.

중국공산당 제18기 중앙정치국 집체학습은 그 형식과 주제의 측면에서 제16기와 제17기에 해당하는 후진타오 시기와는 다소간 차이가 존재한다. 상술한 것처럼 중국공산당 제18기 중앙정치국 집체학습은 약 5년간 총 43차례 진행되었다. 약 40일에 한 차례의 빈도로 꾸준히 진행한 것이다. 이외에 제18기 중앙정치국 집체학습은 다양한 형식으로 진행됐는데 전문가 강의가 2/3로 다수를 차지하였고, 나머지는 자습과 정치국 구성원의 발표, 내부 토론과 교류, 조사연구 및 강해(講解)와 토론의 연계로 이루어졌다. 아래의 <표 1>은 후진타오와 시진핑 제1기 중앙정치국 집체학습 개최 현황을 정리한 것이다. 제18기 경우는 발표자 숫자가 비교적 많은데, 다수가 발표하고 토론하는 형식의 집체학습 기회가 많았기 때문이다.

<표 1>. 중국공산당 제16~18기 중앙정치국 집체학습 현황

회기	총서기	기간	개최회수	발표자수
제16기	후진타오	2002~2007	44	89
제17기		2007~2012	33	66
제18기	시진핑	2012~2017	43	98
계	-	-	120	253

출처: 양갑용, 「후진타오 시기와 시진핑 시기 집체학습 연구」, 『중국지식네트워크』, 제10권, 2017; 共产党员网 https://www.12371.cn/special/lnzzjjtxx/(검색일: 2022년 09월 16일) 등을 참고하여 작성.

한편으로 학습의 주제가 비교적 다양했다. 제18기 중앙정치국 집체학습은 주로 중대한 이론적 문제나 현실의 과제를 중심으로 진행됐는데 시진핑 정부의 매우 강한 정책적 목표 지향과 전략적 의도가 드러나는 것으로 이는 또한 학습에 치중했던 후진타오 시기와 상이하다. 주요한 방향은 마르크스주의 기본원리, 통치책략, 중점업무소통 등으로 보인다. 구체적으로 마르크스주의, 당의 건설, 국가거버넌스, 의법치국, 경제건설, 사회거버넌스, 생태건설, 도농일체화, 역사, 군사, 개혁개방 등의 단어가 등장한다. 중국의 고등교육기관, 국책연구기관 소속의 저명한 교원이나 연구자가 강의를 진행한 경우가 많았고, 필요에 따라서 특정한 분야나 부문의 전문가 또는 간부들, 지방의 간부나 일선의 인사가 참여한 경우도 있었다.

〈표 2〉 중국공산당 제18기 중앙정치국 집체학습 주제[2]

회기	사상	정치	경제	문화	사회	생태문명	법치	군사	거버넌스	계
18	4	9	8	4	7	2	3	3	3	43

출처: 共产党员网 https://www.12371.cn/special/lnzzjjtxx/(검색일: 2022년 09월 16일)을 참고하여 작성.

관련하여 분야별 빈도를 살펴보면 제18기 중앙정치국 총 43차례 집체학습 중에서 사상과 관련한 학습은 총 4차례, 정치와 관련한 학습은 총 9차례, 경제와 관련한 학습은 총 8차례, 문화와 관련한 학습은 총 4차례, 사회와 관련한 학습은 총 7차례, 생태문명과 관련한 학습은 총 2

---

[2] 중국공산당 제16기~제17기 중앙정치국 집체학습 형식과 주제의 경우에는 양갑용, 『후진타오 시기와 시진핑 시기 집체학습 연구』, 『중국지식네트워크』, 제10권, 2017; 유희복, 『중국공산당 중앙위원회 정치국 집체학습의 대내외적 함의에 관한 연구』, 『중국학연구』, 제93집, 2017 등의 연구들이 참고 가능하다.

차례, 법치와 관련한 학습은 총 3차례, 군사와 관련한 학습은 총 3차례, 국가나 글로벌 거버넌스와 관련한 학습은 총 3차례 진행되었다. 상술한 수업은 대부분 중국의 정치 중심지 베이징시(北京市) 중난하이(中南海) 화이런탕(怀仁堂)에서 시진핑 중국공산당 총서기가 주재하거나 발표하였고, 오직 한 차례 '혁신이 이끄는 발전전략 실시(创新驱动发展战略实施)'에 관련해 진행한 제9차 학습만 중국의 IT 중심지 중관춘(中关村)에서 진행되었다.

구체적인 주제를 자세히 살펴보면 첫째, 사상에 관련한 학습은 제11차에 '역사유물주의', 제20차에 '변증유물주의', 제28차에 '마르크스주의 정치경제학', 제43차에 '당대세계마르크스주의'를 주제로 진행되었다. 둘째, 정치에 관련한 학습은 제1차에 '당의 18대 정신', 제3차에 '평화발전노선', 제5차에 '청렴과 반부패', 제7차에 '중국특색사회주의', 제8차에 '해양강국건설', 제16차에 '작풍제도(作风制度)', 제24차에 '반부패청렴법규제도', 제26차에 '삼엄삼실(三严三实)'[3], 제33차에 '당내정치생활 및 생태'를 주제로 진행되었다. 전반적으로 제18기 중앙정치국 집체학습의 사상과 정치에 관련한 비중은 후진타오 시기인 제16기~제17기에 비해서 상당히 증가하였다. 이러한 증감은 새로운 정부의 관련한 인식과 중시를 반영한 것이다.

셋째, 경제에 관련한 학습은 제2차에 '개혁개방', 제9차에 '혁신이 이끄는 발전전략', 제15차에 '자원분배 중 시장의 역할', 제19차에 '자유무역구', 제30차에 '13.5시기 중국경제사회발전', 제31차에 '일대일

---

[3] 2014년 3월 19일, 중국공산당 시진핑 총서기가 안후이 대표단 심사 중에 제시한 것으로 당 간부의 도덕 및 행동 준칙을 의미한다. 구체적 내용을 보자면 삼엄(三严)은 '严以修身(엄이수신)', '严以用权(엄이용권)', '严以律己(엄이율기)'이며, 삼실(三实)은 '谋事要实(모사요실)', '创业要实(창업요실)', '做人要实(주인요실)'이다.

로', 제38차에 '공급측구조개혁', 제40차에 '국가금융안보'를 주제로 진행되었다. 제18대 즈음에 글로벌 환경이 급변해 중국의 경제는 복잡한 환경에 처한다. 중앙은 관련한 문제의 인식과 대응을 위해서 학습을 하였고, 이러한 배경에 근거해 다양한 전략과 정책이 실제로 시행되었다. 넷째, 문화에 관련한 학습은 제12차에 '문화소프트파워', 제13차에 '사회주의핵심가치관 및 중화전통미덕', 제25차에 '항일전쟁', 제29차에 '중화민족애국주의정신'에 관한 주제로 진행되었다. 대부분 애국심 고취와 소프트파워가 제고가 중요한 주제이다.

다섯째, 사회에 관련한 학습은 제10차에 '주거보장과 공급시스템건설', 제14차에 '국가안전 및 사회안정', 제22차에 '도농발전일체화체제(城乡发展一体化体制)', 제23차에 '공공안전시스템', 제32차에 '인구노령화', 제36차에 '인터넷강국전략', 제39차에 '빈곤구제'를 주제로 진행되었다. 시진핑 시기 민생과 사회안정에 관련한 학습의 빈도는 후진타오 시기에 비해서 절반에 가깝게 줄어들었다. 여섯째, 생태문명(生态文明)에 관련한 학습은 제6차에 '생태문명건설', 제41차에 '녹색발전 및 생활방식'을 주제로 두 차례가 진행되었다. 특히 생태문명을 중시하였던 제17기 중앙정치국 집체학습의 총 5회에 비하면 60% 정도가 급감한 상황이다. 이러한 추세는 사회(민생)와 환경에 관련한 시진핑 시기의 인식과 관심을 가늠하는 합리적 지표이다.

일곱째, 법치에 관련한 학습은 제4차에 '의법치국', 제21차에 '사법체제개혁 및 사법공정성보장', 제37차에 '역사상 법치와 덕치'를 주제로 진행되었다. 여덟째, 군사에 관련한 학습은 제17차 '세계군사발전추세 및 중국군사혁신추진', 제34차에 '국방군대개혁심화', 제42차에 '군대규모구조역량편성개혁, 중국특색현대군사역량체계'를 주제로 진행되었다. 아홉째, 국가와 글로벌 거너넌스에 관련한 학습은 제18차에 '중국역사상의 국가거버넌스', 제27차에 '글로벌거버넌스 구도와 시스템', 제35차에 'G20 및 글로벌 거버넌스 시스템변혁'을 주제로 진행되었다. 법치와 군사, 국가와 글로벌 거버넌스에 관련한 학습은 전체의 비중을 보자면 크지는 않지만 후진타오 시기와 시진핑 시기까지 나름대로 꾸준하게 이어지는 집체학습 주제이다.

정리하자면 중국공산당 제18기 중앙정치국 집체학습은 2012년 11월 17일부터 2017년 09월 29일까지 총 43회 진행되었다. 이는 집체학습이 정례화되는 제16기~제17기 후진타오 시기와 비교하면 크게 차이나지 않는다. 그러나 자세히 살펴보면 시진핑 시기는 나름대로 차이를 보인다. 우선 집체학습 형식의 변화이다. 시진핑 시기는 발표자 숫자가 상당히 늘었다. 시진핑 주석이 주재하는 형식이며 비교적 다수가 발표하고 토론하는 경우가 많았기 때문이라 전해진다. 이는 과거에 후진타오 시기는 학술적인 주제와 관련하여 화자가 강의하는 방식이 많았지만, 시진핑 시기에 들어서 총서기 본인이나 정부의 당국자가 참여해 특정한 주제를 둘러싸고 발표, 토론하는 정책지향 또는 문제해결 성격이 두드러진 것이 이유라는 설명이다.

제18기 중앙정치국 집체학습의 주제에 두드러지는 특징을 살펴본다면 우선, 정치와 사상에 관련한 학습의 빈도가 상당히 증가하였다. 물론 제16기~제17기 후진타오 시기도 동시대를 본다면 사상, 정치, 전략 등의 주제는 다른 주제에 비해 빈도가 높기에 그에 대한 중앙의 높은 관심과 중시를 짐작할 수 있다. 그러나 시진핑 시기는 이러한 상황을 감안하여 보더라도 사상, 정치, 전략 등에 관련한 비중이 특별히 두드러진다. 오히려 그간 상당히 높았던 경제, 금융, 산업 등에 관련한 주제의 빈도가 다소 낮아지면서 시진핑 정부의 관심과 중시가 어느 분야에 기울어져 있는지 가늠해볼 수 있는 중요한 단서가 되었다. 이어지는 제19기와 비교해도 시진핑 1기의 정치적 안정과 개혁을 고려한 사상적 기초와 배경의 학습이 특별히 많았다.

또한 제18기 중앙정치국 집체학습은 향후 시진핑 시기의 전략적, 정책적 방향을 가늠하게 하는 정치적 지향과 구상이 등장하였다. 상술한 것처럼 중국은 급격한 국력의 부상이 있었고 21세기, 특히 시진핑 시기에 들어서 강대국으로서의 정체성 변화를 겪게 되었다. 이러한 흐름에서 중앙은 관련한 학습을 통해서 새로운 변화를 이해, 분석하고 앞으로 나아가기 위한 목표와 개념을 제시하며 지도부 사이에 공감대 형성에 노력하였다. 이후 시진핑 1기, 나아가 10년을 이끄는 '중국의 꿈(中国梦)' 비전이 등장하였고, '두 개의 백 년(两个一百年)'이라는 시간표가 등장했으며, '중화민족의 위대한 부흥(中华民族伟大复兴)'이라는 구체적 목표가 등장하였다. 그리고 이를 위한 제도, 거버넌스, 법치 등 뒷받침하는 것들이 이어서 제시되었다.

관련하여 특별히 세계인의 이목을 집중시킨 주제는 '개혁개방', '평화발전', '해양강국', '혁신이 이끄는 발전전략', '소프트파워', '실크로드 및 해상실크로드', '인터넷강국' 등이었다. 이러한 주제는 대내외적 메시지를 포함한 것이다. 상술한 것처럼 중국은 새로운 시기에 강대국으로의 부상을 목표로 하였고, 이러한 맥락에서 강대국이 갖추며 따라가야 하는 다양한 역량, 노선을 계획하고 이를 위한 정책을 수립하려 하였다. 우선은 개혁개방 정책을 유지하며 평화로운 발전을 지향하는 것으로 보이지만, 세계를 대상으로 종합적인 구상을 제시하고, 글로벌 강대국이 필요한 해양강국, 과학기술강국, 문화강국 등의 역량을 추구한다. 중앙은 이후에 이러한 의지가 반영된 정책을 실제로 제시하고 현실에 행보로 옮기면서 세계를 긴장시켰다.

Ⅳ. 제19기 중앙정치국 집체학습

제19기 중앙정치국 집체학습은 2017년 10월 27일 제1차 학습으로 시작되었고 2022년 07월 28일 제41차 학습으로 정리되었다. 제19기 중앙정치국은 약 5년간 총 41차례 집체학습을 진행하였다. 제19기 중앙정치국은 과학기술 발전을 중시하고 동시에 '현장체험식', '조사연구식' 등 다양한 형식의 학습을 시도하였다. 그 규모나 형식의 측면을 보자면 후진타오 시기의 제16기~제17기, 시진핑 시기의 제18기와 크게 차이가 없기에 후진타오 시기 규범화되고 정례화되었던 중국공산당 집체학습 전통이 시진핑 1기를 지나서 2기까지 잘 유지되고 있음을 알 수 있다. 제19기 중앙정치국 집체학습 주제를 살펴보면 사상, 정치, 경제, 사회, 문화, 생태문명, 법치, 군사, 안전, 외교 등의 광범위한 주제를 다양하게 다루고 있음을 알 수 있다.

〈표 3〉 중국공산당 제19기 중앙정치국 집체학습 주제

회기	사상	정치	경제	문화	사회	생태문명	법치	군사	거버넌스	계
18	4	9	8	4	7	2	3	3	3	43
19	1	8	5	3	10	3	6	5	-	41
계	5	17	13	7	17	5	9	8	3	84

출처: 共产党员网 https://www.12371.cn/special/lnzzjjtxx/(검색일: 2022년 09월 16일)을 참고하여 작성.

우선 사상과 관련한 학습을 보자면 중국은 중국특색사회주의가 신시대에 진입했다고, '당 건설'에 있어 새로운 환경과 임무에 직면했다고 판단하였다. 시진핑 시기를 다시금 본다면 대부분 학습은 초심과 사명을 다짐하며 당의 건설을 강화하는 내용이었다. 실제로 제18기와

제19기의 첫 학습은 각각 당의 18대와 19대의 정신을 학습하고 관철하는 주장을 다루었다. 나아가 시진핑 주석은 여러 차례 당의 각급 간부들이 관련한 학습에 노력하라고 강조하였다. 이러한 맥락에서 약 10년의 기간 중 중앙정치국은 '역사유물주의', '변증유물주의', '마르크주의 정치경제학', '당대세계마르크스주의사조', '공산당선언'과 같은 사상과 관련한 총 5차례의 집체학습을 진행하였고 이로써 마르크스주의에 대한 관심과 중시를 드러내었다.

관련하여 역사의 학습도 이뤄졌다. 시진핑 총서기는 제18기 중앙정치국 제7차 집체학습에서 중국특색사회주의를 이야기하며 "역사는 가장 좋은 교과서이다. 당사(黨史)와 국사(國史)의 학습은 중국특색사회주의 유지이자 발전이며, 당과 국가 사업이 나아가는 데 필수적인 과목이다"라고 밝혔다. 이에 따라 제19기 중앙정치국은 제15차 및 제31차에서 각각 '초심과 사명을 유념하고 자아혁명을 추진하라', '홍색 자원을 활용하고 홍색 혈통을 지켜가라'를 주제로 학습을 진행하였다. 또한 항일전쟁승리 70주년과 5.4운동 100주년 즈음을 기념하여 제18기 중앙정치국 제25차 집체학습은 '중국인민항일전쟁 회고와 사고', 제19기 중앙정치국 제14차 집체학습은 '5.4운동의 역사적 의미와 시대적 가치'를 주제로 진행하였다.

구체적인 내용을 살펴보면 시진핑 시기는 '당의 건설'이라는 주제를 둘러싸고 총 8차례의 집체학습을 진행하였다. 특히 정치와 관련 '당내의 정치 생활과 생태를 정돈, 정화하라', '당의 정치건설 강화'를 주제로 총 2차례 학습이 진행되었다. 조직 노선과 관련 '신시대 당의 조직 노선을 깊이 학습하여 깨닫고 관철하라'는 주제의 학습이 진행되었다. 작품(作风)과 관련하여 '작품제도건설을 강화하고 개진하라', '삼엄삼실(三严三实)을 실천하라'는 주제로 총 2차례 학습이 진행되었다. 그리고 또한 반부패 운동이 힘을 얻으며 관련한 '중국 역사상의 반부패와 청렴제창', '반부패와 청렴제창법규제도건설강화', '감히 부패하지 못하도록, 부패할 수 없도록, 부패할 생각이 들지 않도록 만들자'를 주제로 총 3차례 학습이 진행되었다.

한편 시진핑 시기 대내외 환경의 변화에 맞추어 새로운 경제발전 이념과 그 실천에 관한 학습이 진행되었다. 특히 2016년과 2021년은 각각 '13.5', '14.5' 경제개발규획 시작의 해로 제18기 및 제19기 중앙정치국은 관련한 학습을 진행하였다. 제18기 중앙정치국은 제15차, 제19차, 제38차 등 총 8차례에 걸쳐서 경제에 관련한 집체학습을 진행하였다. 또한 제19기 중앙정치국은 중국경제가 이미 고질량발전단계(高质量发展阶段)에 진입했다고 판단하였다. 관련하여 제3차에서는 '현대화 경제체계건설' 학습을 진행하여 그 중요성을 강조하였고, 제18차에서는 '법에 따라 중국자본의 건강한 발전을 규범화하고 이끌자'라는 주제로 학습을 진행하여 중요한 생산요소로서 자본이 긍정적인 역할을 수행하도록 만들어야 한다고 주장하였다.

시진핑 시기는 녹색발전과 생태문명을 새로운 발전의 주요요소라 생각하였다. 때문에 시진핑 시기 약 10년 기간에 제18기 중앙정치국은 '생태문명건설을 대대적으로 추친하자', '녹색발전 및 생활방식 형식을 촉진하자'라는 등의 내용으로, 제19기 중앙정치국은 '새로운 형세 아래에 중국생태문명건설을 강화하자', '탄소피크(碳达峰)와 탄소중립(碳中和)의 목표 실현에 노력하자'는 등의 내용으로 집체학습을 진행하였다. 시진핑 시기의 중국은 생태환경 보호의 영역에서 역사적, 대대적, 종합적 변화를 겪게 되었고, 이에 아름답고 깨끗한 환경이 곧 경제적인 이익을 창출할 수 있다는 생각이 많은 사람의 공감을 얻게 만들고자 하였다. 제18기 중앙정치국은 '해양강국'을 이야기하면서 해양에 대한 관심을 촉구하기도 했다.

관련하여 중국은 스스로 현재 백 년 만의 변혁을 겪고 있다고 판단하며, 과학기술 혁신을 생존의 관건으로 규정하였다. 이에 따라 중국공산당 제18기 중앙정치국은 제9차에서 '혁신이 이끄는 발전전략을 실시하자', 제36차에서 '네트워크강국전략실시'라는 주제로 학습을 진행하였다. 제19기 중앙정치국은 제2차에서 '국가빅데이터전략실시', 제12차에서 '전매체시대 매체융합발전', 제24차에서 '중국디지털경제의 건강한 발전을 추동하자'를 주제로 학습을 진행하였다. 또한 제4차 산업혁명과 그 기회를 인식, 중시하여 제9차에서 '인공지능발전현황과흐름', 제18차에서 '블록체인기술발전현황과흐름', 제24차에서 '양자과학기술연구및응용전망'을 주제로 학습을 진행하였다. 시대적, 경제적 흐름을 반영한 중앙의 관심과 비전을 보여준다.

중국은 중국특색사회주의를 유지, 보완하기 위해서 거버넌스 현대화를 강조하고 있다. 시진핑 시기에 중앙정치국은 '중국 역사상의 법치와 덕치', '중국 역사상의 공무집행(吏治)', '신중국 국가제도 및 법률제도 형성과 발전' 등을 주제로 집체학습을 실시하였다. 중국 역사의 경험, 교훈에 기초해 국가 거버넌스 체계와 능력 현대화를 추진하려는 의도였다. 또한 중국이 국가 거버넌스 현대화에 긍정적인 요소로서 '의법치국(依法治国)', 즉 법치를 강조하고 있다. 시진핑 시기 10년 사이에 중앙정치국은 '의법치국전면추진', '사법체제개혁심화, 사법공정성보장', '중국헌법및전면의법치국추진', '국가감찰체제개혁심화', '민법전실시', '중국지식재산권보호강화업무', '중국특색사회주의법치체계건설' 등의 주제로 학습을 진행하였다.

또한 중국은 강대국 성장을 지향하며 문화에 관심을 가지고 노력해 왔다. 제18기 중앙정치국은 제12차 '국가문화소프트파워를 제고하자'

라는 학습을 통하여 문화경쟁력을 제고하고 사회주의 문화강국을 향해서 나아가자고 주장하였다. 제19기 중앙정치국 제30차 '중국국제선전능력건설강화'라는 학습을 통하여 국제선전능력을 제고하고 국력에 걸맞은 발언권을 쟁취하며 중국을 세계에 알리자고 주장하였다. 한편 제18기 제13차는 '사회주의핵심가치관을 기르고 중화전통미덕을 알리자', 제29차는 '중화민족애국주의정신의 역사적 형성과 발전', 제19기 제23차는 '중국고고(考古) 최신발견과 의미', 제39차는 '중화문명뿌리찾기'를 주제로 학습하여 중국의 역사문화를 이해하고 강조하며 문화강국으로 거듭나려는 의도를 드러내었다.

이외에 시진핑 총서기는 '모든 이들이 살만한 세상을 만드는 것이 우리 일의 시작이자 끝이다'라고 밝힌 바 있다. 이를 위해 중국은 민생과 사회 안전에 관심을 가지고 나름 신경 쓰는 모습을 보이고 있다. 민생에 관련한 학습을 보자면 우선 제18기 중앙정치국 제10차에서 '주거보장과 공급시스템', 제22차에서 '도농발전일체화', 제39차에서 '빈곤구제'를 주제로 집체학습을 실시하였다. 제19기 중앙정치국 제8차에서 '농촌진흥전략', 제28차에서 '전민사회보장체계'를 주제로 집체학습을 실시하였다. 사회의 안정과 안전에 관련한 내용을 보자면 제18기 제32차에서는 '인구노령화', 제19기 제37차에서는 '중국인권발전노선', 제19차에서는 '중국응급관리체계 및 능력건설', 제26차에서는 '국가안전'을 주제로 학습을 실시하였다.

시진핑 시기의 중국은 강대국을 지향하고 있기에 이를 위한 강한 군사력은 필수라고 상정하고 관련한 투자와 노력을 아끼지 않았다. 관련한 집체학습을 보자면 대표적으로 제18기 중앙정치국 제17차에서 '세계군사발전의 새로운 추세 및 중국군사혁신추진'을 주제로, 제19기 중앙정치국 제32차에서 '당의 인민군대에 대한 절대적 영도를 유지하고 건군 백 주년 분투 목표의 실현에 노력한다'를 주제로 학습하였다. 이 외에 지난 10년간 중앙정치국은 '국방 및 군대개혁 심화', '군대규모구조역량편성개혁추진, 중국특색현대군사역량체계구축', '군대유상복무전면중지', '군사정책제도개혁추진', '국방강화 및 군대현대화건설', '신시대인재강군전략실시' 등의 주제로 국방개혁과 역량제고에 관한 집체학습을 꾸준히 진행하였다.

시진핑 정부는 새로이 취임한 이후에 대외관계, 외교에 관련한 학습을 진행하였다. 초기의 경우는 평화로운 부상을 통해서 강대국으로 원만한 성장을 바랐기에 관련한 학습이 진행되었다. 우선, 제18기 중앙정치국 제3차에서는 '평화발전노선을 굳건하게 걸어가자', 제27차에서는 '글로벌 거버넌스 구조와 시스템', 제31차에서는 '역사상의 실크로드와 해상 실크로드', 제35차에서는 'G20 정상회의 및 글로벌거버넌스시스템개혁'을 주제로 집체학습을 진행하였다. 시진핑 총서기는 국제정치 현실을 고려하여 평화로운 국제환경을 조성하고 스스로 발전의 기회를 쟁취하며 이로써 세계평화를 촉진하자고 주장하였다. 다만 대외관계, 외교와 관련되는 학습은 대부분 제18기에 행해졌으며 제19기 경우는 직접적으로 연결되는 집체학습이 사라졌다.

V. 나오며

흔히 중국과 중국을 이끄는 공산당, 그리고 그 제도와 정책 결정은 폐쇄적이라고 한다. 특히 상세한 정책적 변화나 결정의 과정과 관련해 외부 사람이 그 안에서 어떠한 안건이 어떠한 과정을 거쳐서 일어나는

지 투명하게 관찰하기 어렵다. 이는 대부분의 중국인과 공산당원 역시 마찬가지 상황으로 생각된다. 그러나 정책적 결정은 어떠한 국가라도 관련한 문제인식, 의제설정, 정보수집, 목표설정, 내부논의, 정책도출 등과 같은 일련의 과정과 행위자가 분명히 존재한다. 그러한 맥락에서 중국의 정치체제 특성상 우리가 구체적인 과정을 투명하게 관찰할 수는 없겠지만 아주 작더라도 관련한 의제의 내용과 전후나 인과를 가늠하게 할만한 단서는 존재한다. 대표적 단서가 중국공산당 중앙정치국 집체학습(集体学习) 제도이다.

한편 최근의 중국은 어느 때보다 불확실하고 예측이 불가능하다. 덩샤오핑의 이래로 정치 체계가 잡혀있었다. 주요 지도자는 임기와 은퇴 연령까지 규정한 틀이 있었으며, 차기와 차차기 후계자 선정이나 육성도 예측과 전망이 가능한 범위에서 움직였다. 중국공산당 중앙위원회, 중앙정치국 및 상무위원회 내부에는 상이한 노선과 파벌이 공존하여 나름의 견제와 균형이 존재했었다. 그렇지만 시진핑 시기련의 조정과 정리를 거치며 체계와 규칙이 무너졌다. 2022년 10월 중순 열렸던 중국공산당 전국대표대회에서 시진핑이 3번째로 총서기에 선출되었고, 새로운 중앙위원회, 중앙정치국 및 상무위원회 구성이 확정되었다. 그 어느 때보다도 더욱 필요하나 경험과 규칙에 근거해 현재를 판단하거나 향후를 전망하기가 어려워졌다.

또한 근래에 국제정치적 혼란과 불안정성에 경제적 어려움까지 더해져 우리로서는 가능한 하나의 단서라도 보태어 중국의 인식과 시각을 이해하고 나아가 그것에 기반하여 그들의 중요한 정책결정 방향을 가늠해야 했다. 이러한 현실적 필요와 국내외 연구의 한계에 근거해 본문은 중국의 집체학습 제도를 고찰하였고, 시진핑 제1기~제2기 집체학습 현황과 변화를 분석하였다. 전반적으로 보자면 집체학습의 전통은 계승됐으나 나름의 변화도 관찰되었다. 효용성은 별개로 형식적인 측면은 대부분 유지된다. 대부분 한 달 반 정도의 간격을 두고 정기적으로 개최됐으며, 중앙정치국 구성원과 관련자들이 중국의 정치 중심인 베이징시 중난하이 화이런탕에서 모여 학습하였다. 초기에 목표한 규범화와 정례화에 성공한 것이다.

그러나 자세한 내용에서는 상당한 변화가 관찰되었다. 시진핑 1기인 제18기 중앙정치국 집체학습은 새로운 정부가 들어선 초기라 정권의 공고화 문제와 관련한 사상의 학습이 빈도가 높았다. 시진핑 시기 10년 사상에 관련한 학습은 총 4차례 있었는데, 대부분인 3차례의 학습이 제18기 중앙정치국 학습에서 이루어졌다. 그리고 시진핑 시기는 특별히 정치에 관련한 학습이 많았다. 제16기~제17기 후진타오 시기에도 정치에 관련한 학습은 비교적 빈도가 높지만, 시진핑 시기는 이러한 특성을 감안하여 살펴봐도 기타의 영역에 비해서 그 빈도가 월등히 높았다. 이는 시진핑 정부가 과거에 달성한 경제적 성공을 근거로 사회주의 강대국이라는 정치적 비전과 목표, 구체적인 전략을 구상, 목표한 데에 그 이유가 있을 것이다.

반면 경제에 관련한 학습의 빈도는 낮아져 시진핑 정부의 관련한 관심과 의중을 가늠할 수 있다. 덩샤오핑 개혁개방 이후로 경제는 꾸준히 중국의 최우선 목표이자 과제였다. 후진타오 시기에는 집체학습 주제에서 가장 높은 영역별 빈도를 자랑하고 있었지만, 시진핑 시기에는 급격히 줄어든다. 주요한 대내외 경제 이슈나 문제도 정치, 전략에 엮이며, 특히 제19기는 주요 영역이 아닌 기타와 같은 빈도로 낮아졌다. 다른 영역으로 문화, 생태문명, 거버넌스 등의 학습이 진행되었다. 이들은 비교적 빈도가 낮기에 기수별 변화가 크게 두드러져 보이지는 않지만, 정치경제적 목표와 관련한 주제를 제외한다면 전반적 흐름은 비중이 줄어들었다. 시진핑 시기에 중앙의 관심은 정치, 전략, 법치 등의 영역에 치우친 것으로 보인다. 특별히 제19기 경우는 정치적, 사회적 안정에 집중한 것으로 보인다.

2022년 10월 중순 제20기 중앙위원회, 중앙정치국 및 상무위원이 확정되었다. 지난 10년 대내적, 대외적 요인으로 여러 가지 어려움이 있었으며, 이번 시진핑 총서기 연임에 돌발사건이 겹치면서 현재 중국은 여러 면에서 불안정한 상황이다. 때문에 제20기 중앙정치국 집체학습은 초기에 정권의 공고화, 사회적 단결과 통제를 위하여 관련한 사상과 정치적 학습의 빈도가 높아질 것으로 보인다.[4] 이러한 맥락에서 당분간 순수 민생, 문화, 환경 등의 하위정치 이슈나 대외적인 이슈는 현재의 수준과 노선을 유지하는 정도에 머무를 것으로 생각한다. 그런데 이는 또한 중국의 주요 비전, 목표, 노선 등으로 이어지기 마련이라 향후 5~10년 중국의 방향과 행보를 가늠하는 데에 중요한 단서로 작용할 것이기 때문에 지속적으로 관심을 가지고 지켜볼 필요가 있다.

---

[4] 중앙정치국 제20기 집체학습은 2023년 4월 10일 기준, 2022년 10월 '당의 20대 정신을 학습, 관철하자(学习贯彻党的二十大精神进行)'를 주제로 한 차례, 2023년 1월 '신발전구도를 조속히 구축하자(加快构建新发展格局)', 2월 '기초연구를 강화하자(加强基础研究)', 3월 '시진핑신시대중국특색사회주의사상을 학습, 관철하자(学习贯彻习近平新时代中国特色 社会主义思想)'를 주제로 세 차례, 총 네 차례의 학습이 진행되었다(共产党员网 https://www.12371.cn/special/lnzzjjtxx/(검색일자: 2023-02-16)). 실제로 새로운 시진핑 임기의 공고화를 위한 정치, 사상 학습과 새로운 발전전략과 비전 제시를 위한 학습이 진행된 것으로 보인다.

참고문헌

양갑용(2017), 후진타오 시기와 시진핑 시기 집체학습 연구,『중국지식네트워크』, 제10권.

유희복(2017), 중국공산당 중앙위원회 정치국 집체학습의 대내외적 함의에 관한 연구,『중국학연구』, 제93집.

杜琳琳(2017),《十八大以来中共中央政治局集体学习研究》，山东: 山东师范大学.

邵　铃(2020),《新世纪以来中共中央政治局集体学习制度研究》，四川: 西南科技大学.

崔　猛(2022), 党的十八大以来中央政治局集体学习的特征及规律探析,「中共山西省委党校学报」, 第45卷 第3期.

何虎生(2021), 中央政治局集体学习制度与学习型政党建设,「人民论坛」, 2021年11月下.

李亚男·王久高(2019), 中央政治局集体学习制度研究,「思想教育研究」, 第12期 总第306期.

吕红娟(2017), 中国共产党人依靠学习走到今天, 也必然要依靠学习走向未来,「中国党政干部论坛」, 2017.03.

习近平(2022), 在二十届中央政治局第一次集体学习时的讲话, 「奋斗」, 2023(02).

[i1] 共产党员网, 中共中央政治局集体学习, 共产党员网, https://www.12371.cn/special/lnzzjjtxx/ (검색일자: 2022-09-16).

[i2] 新华网(2022), 84次中央政治局集体学习锚定"国之大者", 新华网, (2

022-10-15),

https:// baijiahao.baidu.com/s?id=1746725515685639109&wfr=spider&for=pc(검색일자: 2022-11-10).

[i3] 新华社(2007), 第十六届中共中央政治局历次集体学习, 中国政府网, (2007-10-10),

http://www.gov.cn/govweb/test/2009-02/25/content_1242187.html (검색일자: 2022-11-10).

[i4] 新华网(2012), 第十七届中共中央政治局集体学习, 共产党员网, (2012-06-14),

https://fuwu. 12371.cn/2012/06/13/ARTI1339550806704640.shtml (검색일자: 2022-11-10).

제2부 러시아

5장

8대 국가두마 선거가 러시아 엘리트 정치 동학에 미치는 영향

연 담 린
(한신대학교 유라시아연구소)

Ⅰ. 들어가며
Ⅱ. 주요 개념과 연구방법
Ⅲ. 8대 국가두마 선거와 러시아 정치 엘리트 구조의
　　변화 및 지속 요인
　1. 8대 국가두마 선거와 러시아 정치 엘리트 구조의
　　 변화 요인
　2. 8대 국가두마 선거와 러시아 정치 엘리트 구조의
　　 지속 요인
Ⅳ. 나오며

05

8대 국가두마 선거가 러시아 엘리트 정치 동학에 미치는 영향*

연 담 린

한신대학교 유라시아연구소

Ⅰ. 들어가며

2021년 9월 치러진 8대 국가두마 선거(총선)에서 집권 여당인 통합러시아당(United Russia)은 국가두마(State Duma)[1] 의원정수 450석 가운데 324석을 석권함으로써 개헌선(constitutional amendments)인 301석을 여유롭게 넘겼다. 통합러시아당의 압도적 승리는 푸틴체제의 공고화를 의미하며, 향후 5년간 여당 주도의 '법에 의한 지배(rule by law)'가 가능해

---

* 이 글은 국제·지역연구(서울대 국제학연구소) 제32권 2호(2023)의 글을 일부 수정 및 보완한 것임.
1) 러시아의 의회제도(연방의회)는 상원인 연방회의(Federation Council)와 하원인 국가두마(State Duma)로 운영되고 있다. 본 논문에서는 하원인 국가두마의 엘리트 충원과 순환을 다루고 있기 때문에 하원을 지칭하는 러시아 표현인 국가두마라는 용어를 사용한다.

졌음을 의미한다.2) 8대 총선은 푸틴과 현(現) 체제에 대한 합법적 권위를 재확인하는 계기의 공간이라는 인식을 심어 주었다.3)

현재의 통합러시아당이 과거 소련 공산당과 같은 지위를 갖지는 못하지만, 기능적으로는 상당히 유사한 방식으로 러시아 정치시스템을 주도하고 있다.4) 소련을 이끌었던 통치이념인 사회주의적 레닌주의는 오늘날 러시아를 이끄는 보수주의적 푸틴주의(Putinism)로 재탄생되고 있다. 체제전환 이후 형성된 푸틴 시대의 특징은 질서와 안정의 강조, 러시아 강대국화 주장 등 국가중심주의와 관련이 있다.5)

8대 총선에서 통합러시아당은 러시아의 사회와 정치 부문을 배타적으로 통제하는 실체적 지위를 달성했다. 즉, 통합러시아당의 당론과 정강정책은 입법부 장악을 통한 러시아 사회 통제의 완전한 독립변수로써 기능한다. 특히 8대 총선으로 푸틴 집권 이후 형성·유지되어온 엘리트 정치 동학의 변화에 관심이 집중되었다. 구체적으로는, 연방주의(Federalism)와 재중앙집권화(Recentralization)로 형성된 중앙과 지방간의 수직적 위계질서체계(the hierarchy of the power vertical)의 변화 가능성이 그 대표적인 것이다.6) 즉, 지방, 특히 극동지역을 중심으로 한 반정부 시위, 반정부 운

---

2) 법치주의를 정부의 권력행사에 법적 한계를 설정하는데 기여하는 것(법의 지배, rule of law)으로 보는지 혹은 반대로 법에 의하여 국민의 권리를 제한하는 원리(법에 의한 지배, rule by law)로 보는지는 민주사회와 그렇지 않은 사회를 구별하는 중요한 척도라고 할 수 있다. 김현철, "법치주의의 이론과 실제: 최근 한국 헌정의 경험을 중심으로," 『국가법연구』 제14권 3호 (2018), p. 1.
3) Tatiana Stanovaya, "How the Duma Elections Could Decide United Russia's Fate," Carnegie Moscow Center, Sep. 17, 2021.
4) Clementine Fauconnier, "United Russia's Political Recruitment in the Russian Regions and 'the Strengthening of the Power Vertical': The Case of Novgorod Region," in Lena Jonson and Stephen White (Eds.), Waiting For Reform Under Putin and Medvedev, 2012, pp. 170-189.
5) Charles E. Ziegler, "Russia as a Nationalizing State: Rejecting the Western Liberal Order," International Politics 53-5 (2016), pp. 555-573.
6) Vladimir Gel'man and Sergei Ryzhenkov, "Local Regimes, Sub-national Governance and the 'Power Vertical' in Contemporary Russia," Europe-Asia Studies 63-3 (2011), pp. 449-465.

동가 나발니(Alexey Navalny)의 세력 규합, 크림반도 병합에 대한 전(全)사회적 열광의 퇴색, 2018년 정년연장에 따른 연금개혁의 부정적 여파, 장기간 경기침체와 국민의 삶의 질 하락, COVID-19 펜데믹(Pandemic)에 따른 보건 위기, 통합러시아당에 대한 낮은 지지율 등으로 인해 푸틴 집권 이후 러시아 엘리트 정치의 기본 골격인 연방주의와 중앙집권체제가 흔들릴 수 있다는 가능성이 제기되었다.7)

기실 이러한 논쟁이 발생한 시점은 푸틴 집권 초기로 거슬러 올라간다. 푸틴이 90년대 정치적 유산으로 물려받은 분권화된 정치체제와 러시아연방의 붕괴를 회피할 수 있었던 요인은 연방주의 구조의 확립에 있었다.8) 옐친의 주권 칙령(take as much sovereignty as you can swallow)과 주권 퍼레이드(parade of sovereignties)는 러시아의 과도한 분권화를 가져왔으며 러시아 연방의 통합을 위협했다.9) 푸틴은 이러한 정치적 지방 분권화를 극복하기 위해 공격적으로 반(反)연방 정책(anti-federalpolicy)을 추진했다. 이러한 정책은 단일 국가(unitary state)를 수립하려는 의도로 받아들여졌다.10) 2000년 이후 러시아 중앙정부는 지역 엘리트에 대한 통제를 성공적으로 수행했으며, 수직적 권력(power-vertical) 구조를 수립함으로써 연방주의 원칙(the principles of federalism)을 확립했다.11)

---

7) 장세호, "2021년 러시아 총선 평가와 향후 정세 전망," 『INSS 전략보고서』 제142호(2021a), p. 27.
8) Thomas E. Graham, "Fragmentation of Russia. In Russia after the Fall," in Andrew C. Kuchins (ed.), Russia After the Fall (Washington D.C.: Carnegie Endowment for International Peace, 2002), pp. 39–61.
9) Darrell Slider, "Putin's Vertical Challenge: Center-Periphery Relations," in Stephen K. Wegren (ed.), Russia's Policy Challenges: Security, Stability and Development (NY: M.E. Sharpe, 2003), pp. 123–140.
10) Nikolai Petrov and Darrell Slider, "Putin and the Regions," in Dale R. Herspring (ed.), Putin's Russia: Past Imperfect, Future Uncertain (MD: Rowman and Littlefield, 2003), pp. 237–258.
11) Cameron Ross, "Putin's Federal Reforms," in Cameron Ross (ed.), Russian Politics Under

정치적 지방분권화는 러시아 연방주의에 대해 위협으로 작용하는 것이 분명하다. 따라서 2000년 이후 정치적 지방분권화가 연방주의에 어떠한 영향을 미치고 있는지 분석하는 것은 중요한 의미를 갖는다. 학자들마다 지방분권화가 연방체제의 지속성을 담보하는 기재라고 보는 견해와 연방체제는 연방주의를 원칙으로 하기 때문에 지방의 권력을 약화시켜서 중앙정부에 모든 권한을 집중시켜야 한다는 견해가 엇갈리고 있다.[12] 중요한 것은 현재 푸틴이 추진하고 있는 연방주의는 친(親) 대통령 정당인 통합러시아당이 중앙과 지방에서 확고한 위치를 차지함으로써 지속적으로 확장·강화되어야 한다는 점이다. 푸틴이 초대통령(super-presidential)의 권한을 누리고 있지만, 지방에 대한 통제는 푸틴체제의 한 축을 담당하고 있는 의회가 권력 정당(power-party)으로 기능할 때 가능하다. 이런 측면에서 푸틴의 통제 하에서 단일한 친(親) 대통령적 집권당이 성공적으로 수립되었으며, 국가두마를 비롯해서 러시아의 89개 연방주체(지방)에 지역구를 두고 있는 거대 정당이 연방주의를 떠받치고 있다. 이 권력 정당은 당 조직을 이용하여 연방 전체에 걸쳐 크렘린의 이익을 대변하고 강화함으로써 현대 러시아의 연방주의 성격에 영향을 미치고 있다.[13]

그렇다면 2021년 8대 총선은 과연 중앙집권화된 연방주의를 위협하는가? 통합러시아당은 자신들이 목표로 한 개헌선을 어떻게 통과할 수 있었는가? 8대 총선을 분석했을 때, 러시아 엘리트 정치의 동학이 변화

Putin.(Manchester and New York: Manchester University Press, 2004), p. 155.
12) 지방분권화를 지지하는 대표적 학자로는 파노프와 로스(Panov and Ross, 2019: 355-380), 연방주의를 지지하는 학자는 살리코프(Salikov, 2020: 127-152) 등이 있다.
13) Andrew Konitzer and Stephen K. Wegren, "Federalism and Political Recentralization in the Russian Federation: United Russia as the Party of Power," The Journal of Federalism 36-4 (2006), p. 504.

되었는가? 본 논문은 바로 이러한 질문에 답하기 위해 기획되었으며, 2021년 총선을 중심으로 정치엘리트 내부의 변화를 분석하고 있다.

정치엘리트 연구 중 통합과 분화를 통한 유형화 작업은 과학적 연구방법론으로 체계적인 분석 기능을 수행해 왔다. 통합과 관련한 주요 분석 틀로는 '분화와 통합의 정도에 기반한 엘리트 유형(Elite typology based on the extent of differentiation and unity)' 모델을 예로 들 수 있다.14)

이 모델을 통해 통합과 분화의 정도를 분석함으로써 러시아 정치체제와 엘리트 유형의 특성을 규명할 수 있다는 데 의의가 있다. 체제전환기에 있는 러시아의 정치체제 특성상 정치 엘리트 내부의 변화를 관찰하는 것은 쉬운 일이 아니다. 따라서 <그림 1>과 같이 유형 구분을 통해 러시아 정치 엘리트 구조의 변화 및 지속 가능성을 가늠해 볼 수 있다. 이 모델은 통합과 분화의 정도에 따른 강약(强弱)과 광협(廣狹)뿐만 아니라 순환의 방식과 범위를 대응시키는 방식으로 구성되어 있으며, 각각의 범주에 특정 체제와 엘리트 유형을 대응시킨다는 점에서 강점이 있다.15)

---

14) 이 모델과 관련하여 Dahrendorf(1979: 218-221); Higley and Burton(1997: 153-168); Higley and Lengyel(2000); Steen and Gel'man(2003) 참조.
15) 이 모델은 정치체제와 엘리트 간의 문제, 즉 구조와 행위자 차원에서 어느 요인이 더욱 핵심적인 변수이고, 두 요인 간의 관계를 어떻게 설정해야 하는지에 대한 문제를 안고 있는 것도 사실이다. 이 모델을 활용한 연구로는 주장환(2021: 207-225) 참조.

<그림 1> 분화·통합·순환에 따른 정치체제와 엘리트 유형

분화정도/ 순환의 방식 \ 통합정도/ 순환의 범위	강함/넓음	약함/좁음
넓음/점진	동의형/ 견고한 민주주의	분절형/ 불안정한 민주주의
좁음/급진	이념지향형/ 전체주의	분리형/ 권위주의

자료: Higley and Lengyel(2000: 7), Steen and Gel'man(2003: 15), 주장환(2022: 37)의 내용을 필자가 재정리함.

<그림 1>에서 보듯이, 통합과 분화의 정도에 따라 4가지 유형의 체제와 정치 엘리트로 분류가 가능하다.[16] 러시아는 소련 시절 '이념지향형의 전체주의'에서 옐친 정부 시절 '분절형의 불안정한 민주주의'를 거쳐 현재 '분리형의 권위주의'로 유형이 변화되어왔다. 푸틴 시기에 정착되고 있는 분리형(Divided type)의 권위주의(Authoritarian) 유형은 약한 통합 정도와 좁은 분화 수준을 특징으로 한다. 이 유형의 엘리트들은 소수정예의 조직으로 내부 결속력이 높으며, 2개 이상의 경쟁적인 진영을 형성하고 있다. 각 그룹의 엘리트들은 정해진 틀 안에서만 경쟁할 수 있다. 또한 승자독식 시장처럼 권력을 장악한 진영은 모든 권한을 독점한다.[17]

그렇다면 과연 분리형의 권위주의체제에서 러시아의 정치 엘리트 내부 변화는 어떻게 측정할 수 있으며, 또 어떤 방향으로 변화하고 있

---

[16] 이와 관련하여 Higley and Lengyel(2000: 6-9); Steen and Gel'man(2003: 12-14); 주장환(2022: 35-37) 참조.
[17] 연담린, "구조와 행위자 차원의 러시아 엘리트 정치 변화에 관한 연구," 『슬라브연구』 제38권 4호(2022), p. 75.

는가? 선험적으로 권위주의체제에서 엘리트 정치의 특성은 과두제를 기반으로 하며, 과두들의 리더에게 권력이 상대적으로 집중되고 강화되는 경향성을 보일 것으로 추정할 수 있다. 기존 연구에서 이러한 선험적 추정은 증명된 바가 있다.[18] 이 연구는 귀납법적 방법론 기반의 역사적 경험을 통한 학술 차원의 현상 발견이라는 의의뿐만 아니라, 특정 정치 엘리트 유형과 엘리트 구조와의 대응, 엘리트 내부의 변화에 관한 논의 진전에 주요 연구 사례로 제시될 수 있다. 이것이 본 연구를 추동하는 연구 이유라고 할 수 있다.

본 연구는 상술한 연구 목적 달성을 위해 2021년 치러진 국가두마(하원) 의원선거를 분석하여 러시아 엘리트 정치구조의 변화를 구체적으로 살펴본다. 2장에서는 본 연구의 분석틀, 즉 러시아 엘리트 정치 유형 전환을 측정하기 위한 주요 개념과 이론적 틀을 제시한다. 2장에서 제시되는 분석틀은 통시적·공시적 비교분석이 가능하며, 푸틴 4기에 형성되고 있는 정치체제 내에서의 변화를 입체적으로 규명할 수 있다는 점에서 강점을 갖는다. 이를 바탕으로 3장에서는 러시아 정치 엘리트 구조의 변화와 지속 요인을 2021년 총선 시점을 기준으로 분석한다. 3장 1절에서는 2021년 총선으로 인한 변화 요인을, 3장 2절에서는 2021년 총선으로 인한 지속 요인을 살펴본다. 4장은 결론으로써 연구결과의 요약과 정리, 함의와 시사점, 그리고 향후 연구과제 등을 제출한다.

---

[18] 이와 관련하여 주장환(2017: 87-120); 주장환·연답린(2022: 163-202); 연답린(2022: 61-101) 참조.

II. 주요 개념과 연구방법

본 연구에서 중요하게 인식되는 개념은 엘리트 정치의 구조와 행위자이다. 행위자는 정치 엘리트를 의미한다. 보편적으로 정치 엘리트에 대한 정의는 국가 및 초국가적 기구의 정치 결과에 꾸준히 영향을 줄 수 있는 불균등한 힘을 가진 세력으로서 동일한 가치로 단결되어 있으며 비교적 안정적인 단위체라고 할 수 있다.[19] 구조는 행위자인 정치 엘리트의 행동을 제한하고 규정하는 공식·비공식 규범과 제도, 이데올로기와 규칙을 의미한다.[20] 중요한 것은 이러한 구조와 행위자들이 서로 상보관계일 뿐만 아니라 순차적 구조(sequential structure)를 띤다는 것이다. 즉, 구조의 종속변수로서 행위자들의 행동이 제약되며, 그 결과 구조의 변화를 추동한다. 또한 특정 엘리트 정치의 구조와 행위자는 서로 대응하는 경향성을 띠게 된다.[21]

이러한 엘리트 정치의 구조와 행위자의 개념적 정의 하에 본 연구에서는 러시아 정치 엘리트를 주요 분석 대상으로 삼고 있다. 러시아 정치 엘리트 또한 종속변수와 독립변수로 구별하여 설명할 수 있다. 독립변수의 측면에서 보면, 이들 정치엘 리트 그룹은 교체나 계층화에 따른 정책의 결정에 참여한다. 즉, 푸틴 사단(Putin's elite groups)의 다양한 그룹이 행정부와 입법부, 국영기업 등을 장악함으로써 그들 내부에서 발생하는 권력 배분 및 승계의 룰(rule)을 정한다. 이들이 정한 정

---

19) Heinrich Best and John Higley (eds.), The Palgrave Handbook of Political Elites (London: Palgrave Macmillan, 2017), p. 3.
20) Joseph Fewsmith, Rethinking Chinese Politics (Cambridge: Cambridge University Press, 2021), pp. 7-8.
21) 주장환·연담린, "체제전환기 중·러 엘리트 정치 구조 변화에 대한 비교분석: 다른 과정, 같은 결과," 『분석과 대안』 제6권 3호(2022), p. 168.

책 결정은 국내 및 대외정책에 결정적인 영향력을 행사한다고 볼 수 있다.22) 종속변수의 측면에서 보면, 이들 정치 엘리트들은 소련 시기의 노멘클라투라(Nomenklatura)와 비견되어 체제 전환 이후 러시아에서 올리가르히(Russian oligarchs) 세력을 구축했다.23) 한편 이들 정치엘리트들은 국가주의 정치체제를 유지하면서 푸틴체제에서 가장 큰 지분을 가진 실로비키(Siloviki) 세력으로 등장했다.24)

따라서 러시아의 정치 엘리트 연구를 통해 엘리트 그룹의 역할과 그들 내부의 변화를 관찰하고 새로운 흐름을 파악하는 작업은 푸틴 집권 이후 지속되어 온 러시아식 과두제와 엘리트 구조를 분석할 수 있다는 점에서 중요한 학문적·정책적 함의를 갖는다.25) 그런 차원에서 윈터스(Jeffery Winters)의 과두제 모델은 2021년 총선 결과를 분석했을 때, 러시아 엘리트 정치의 동학이 변경되었는가라는 질문에 경험적이고 실증적으로 답할 수 있는 분석틀이라고 판단된다.26)

다음으로 본 연구에서 가장 중요하게 다루고 있는 주제는 과두제(Oligarchy)이다. 일반적으로 과두제는 경제력·군사력·정치적 영향력 등을 지닌 소수의 사회구성원들에게 권력이 집중된 정부 형태를 의미하며, 플라톤과 아리스토텔레스의 정치체제 구분에서 시작되었다고 볼 수 있다. 아리스토텔레스는 과두제를 귀족제가 타락한 형태로 금권정치

---

22) 이들 그룹의 역할과 관련한 연구로는 Willerton(2019: 18-37); White(2008); Remington(2008); Steen(2003: 37-38); Brancaleone(2021); Gel'man and Tarusina(September 2000: 311-329); Sakwa(2003: 11-33) 등이 있다.
23) 이들 정치엘리트들의 올리가르히화(Oligarhization)와 관련하여 Snegovaya(2022); Snegovaya and Petrov(2022: 329-348); Kryshtanovskaya(1995: 6-26); Shinar(October 2015: 583-596) 참조.
24) 실로비키그룹과 관련하여 Soldatov and Rochlitz(2018: 83-108); Treisman(Winter 2007: 141-153); Renz(2006: 903-924) 참조.
25) 연담린(2022), p. 65.
26) 과두제 모델과 관련하여 Winters(2011) 참조.

(Plutocracy)와 거의 동의어로 사용하고 있으며,27) 플라톤은 철인(哲人) 정치에서 타락한 형태로 법률이 준수되지 않는 불공정한 체제라고 보고 있다.28) 과두제에 대한 인식과 개념은 미헬스(Robert Michels)에 의해 연구되면서 새롭게 정의되기 시작했고, 과두제의 철칙(Iron Law of Oligarchy)이라는 개념이 제시되었다.29) 한편, 윈터스는 과두제에 대한 개념적 엄밀성을 제고시키기 위한 연구를 진행했으며, 과두제를 특정 체제나 제도가 아니라 하나의 정치전략(political strategy)으로 정의했다. 이 개념에 따르면, 과두제는 소수의 엘리트가 다수의 대중을 통치하기 위한 수단으로써 그들이 만들어 낸 정치적 전략이라는 것이다. 미헬스의 과두제 철칙과 마찬가지로 윈터스 또한 과두제라는 정치전략이 시대와 사회, 체제를 막론하고 어디서든 존재할 수 있다고 본다. 소수의 엘리트가 이러한 전략을 추구하는 근본적인 요인은 경제적 탐욕에 있으며, 정치적 불평등성에 대한 불만은 2차적 요인으로 보고 있다.30)

윈터스의 연구에서 중요하게 다뤄지는 부분은 과두제의 유형화에 있으며, 특히 강제력 행사에 있어서 과두들의 역할을 구분함으로써 통치의 본질을 파악할 수 있다는 점에서 매우 유용한 분석틀이라고 할 수 있다. 다만 과두제의 범위를 지나치게 넓게 확장한다던가 협소한 경제주의적 관점을 적용하는 등의 한계도 존재하지만, 과두제 내에서의 변화를 측정할 수 있다는 점에서 그 효용적 가치는 매우 높다고 할 수 있다.

---

27) Aristotle, Politics, Translated by Benjamin Jowett (Kitchener: Batoche Books, 1999), pp. 182-185, 205-207.
28) F. M. Cornford, The Republic of Plato, Translated by F. M. Cornford (Oxford: Oxford University Press, 1941), pp. 273-278.
29) 미헬스에 따르면, 아무리 민주적인 조직이라도 조직운영의 전략적·기술적 필요성에 의해 소수의 엘리트가 지배하는 과두제가 필연적인 철칙으로 나타난다고 주장한다. Michels(1915: 377-392).
30) Jeffery A. Winters, Oligarchy (Cambridge University Press, 2011), pp. 146-149.

윈터스의 과두제 유형을 살펴보면, Y축은 체제 내에서의 합의 (collegiality)와 제도화(institutionalization) 정도를, X축은 과두들의 강제력(coercion)에 대한 개입의 정도와 방식을 의미한다. 2×2 매트릭스를 4가지 유형으로 분류하면 다음과 같다.31)

〈그림 2〉 Winters의 과두제 유형

통치의 본질	강제력 합의/제도화	강제력 행사에 있어서 과두들의 역할	
		높음/무장된/개인적	낮음/무장해제된/외재적
	집단적/제도적	지배하는 과두제	시민의 과두제
	개인적/분절적	서로 싸우는 과두제	술탄제적 과두제

자료: Winters(2011: 34), 주장환(2017: 93)의 내용을 필자가 재정리하여 작성함.

<그림 2>에서 제시하고 있는 4가지 유형은 기본적으로 이념형에 기반하고 있으며, 역사적으로 존재했던 경험 사례들을 통해 통시적·공시적 비교가 가능하다. 첫 번째는 '지배하는(ruling)' 과두제 유형이다. 이 유형에 속한 과두들은 권력을 유지하고 확대하기 위해 강제력 행사에 있어서 매우 높은 개입 정도와 독자적 물리력을 기반으로 자신들을 방어할 수 있도록 무장된 상태를 유지한다. 또한 집단화된 통치 구조로 인해 특정 사안에 대해 강한 결집력을 보여준다. 따라서 과두들 간에 존재하는 합의된 규범과 행동의 코드를 통해 경쟁과 타협이 이뤄지며, 높은 합의 정도와 제도화의 수준을 지니고 있다. 대표적인 역사적 사례로는 고대 그리스·로마시기의 집정관 지도체제를 들 수 있다. 두 번

---

31) 해당 분석틀 및 이하 내용과 관련하여 Winters(2011: 41-271) 참조.

째는 '시민의(civil)' 과두제로 과두들의 강제력 행사에 대한 개입 정도가 낮고 방어적 수단이 무장해제되어 있으며, 직접적인 통치 행위에 관여하기가 어렵다. 따라서 특정 과두가 권력을 독점한다거나 주도권을 쥘 수 없기 때문에 제도화되고 합의된 규칙이나 법률에 의해 통치 행위가 이뤄지게 된다. 즉, 통치의 본질은 충분히 높은 단계의 제도화와 집단화의 수준에 도달했다고 할 수 있다. 또한 과두들은 그들의 권력 대부분을 제도화된 권위체에 양보한다. 역사적인 예로 싱가포르나 말레이시아와 같은 연성 권위주의 체제를 들 수 있으며, 민주주의 체제인 미국과 한국 등도 이 유형에 속한다고 볼 수 있다. 셋째, '서로 싸우는(warring)' 과두제 유형은 과두들의 강제력에 대한 높은 개입 정도와 낮은 합의의 정도를 특징으로 한다. 과두들은 물리력을 증강하고자 하는 강한 의지를 갖고 있기 때문에 개별적 방어막을 구축하여 권력을 추구한다. 따라서 극도로 개체화되어 분절적이다. 즉, 과두들 간의 합의 정도는 매우 낮을 뿐만 아니라 경쟁과 협력의 룰에 의한 제도화 수준도 저조한 상태에 머물러 있다. 또한 각종 자원과 이권을 둘러싼 경쟁과 갈등이 주기적이고 지속적으로 분출되기 때문에 이들 중에 누군가가 최고 지위의 권력을 잡더라도 그 기간은 짧고 자주 교체된다. 역사적으로 중국의 군벌시대가 이 유형에 속한다. 마지막으로, '술탄제적(sultanistic)' 과두제 유형이다. 이 유형은 강제력의 수단이 특정 과두에 의해 독점되어 있으며 그 행사 또한 지배적인 특징을 가지고 있다. 통치의 본질은 제도화라기보다 개인화·분절화되어 있다. 특정 과두의 리더는 마치 술탄(Sultan)과 같이 사적·공적 강제력의 수단을 통해 다른 과두들을 무장해제시킬 수 있는 권력을 가지고 있으며 효과적으로 제압한다. 무장해제된 다른 과두들은 최고 정책 결정 단위에서 배제되어 있기 때문에 지배 과두와 다른 과두들은 주인-대리인(master-agent relationship)의 관계를 형성한다. 역사적 사례 국가로 수하르토(Haji Mohammad Soeharto)의 인도네시아가 있다.32)

그렇다면, <그림 2>의 분석 모델을 통한 연구에서 각 범주의 측정 기준과 근거는 무엇인가? 첫 번째는 엘리트집단 내부에서의 전환 분석이라고 할 수 있다. 소수에 의한 지배로 규정되는 과두제는 범위의 불명확성도 있지만 정치체제 중 가장 불안정한 형태로 변화 가능성 또한 매우 높은 것으로 인식된다. 중요한 것은 이러한 과두제가 민주주의 체제나 개인 독재의 불평형 상태로 전환될 가능성도 있지만, 과두제 내에서의 변화 가능성이 매우 높다는 점이다. 따라서 위 모델을 통해 과두제 내부에서의 전환 및 변화의 흐름을 파악할 수 있고, 또 러시아 과두제의 최신 변화를 분석할 수 있을 것으로 기대된다.

둘째, 과두제의 제도화(Institutionalization)와 관련한 문제이다. 즉, 과두제 체제가 안정적으로 운영되는지와 그 정도를 측정하는 것이다. 구체적으로 특정 시기 및 공간의 차원에서 과두제를 유지하는 제도와 관습 그리고 게임의 룰을 기반으로 하는 집단적 지도체제의 원칙이 얼마나 잘 실천되는지가 측정의 기준이 된다. 가령, 이 분석틀에 따라 소련 시기의 과두제를 분석하면 다음과 같다. 윈터스의 분석틀에 따르면, 소비에트연방의 수립 이후 1924년부터 1954년까지 스탈린 집권 시기를 제외하면 소련 시기 전반은 술탄제적 과두제로 볼 수 있다. 이 시기의 정치 엘리트는 맑스와 엥겔스, 레닌의 사상을 지도 이념으로 채택하여 이념적·조직적으로 통일성을 강조했다. 이들 정치 엘리트는 공산당이라는 단일 정치 조직에 의해 선출되었으며 소련 사회의 유일한 정치 엘리트 그룹을 형성했다. 특히 파벌주의에 대한 엄격한 배격을 원

---

32) 주장환, "중국 엘리트 정치 동학의 변화? 혹은 지속?: 제19기 중국 공산당 중앙위원회를 중심으로," 『현대중국연구』 제19권 1호(2017), p. 94.

칙으로 하는 소련 공산당의 당규는 어떠한 행정적·지역적 차이로 인한 내부적 분화를 용인하지 않았다. 따라서 정치 엘리트들은 단일한 사상과 신념체계로 무장되었으며, 권력 유지에 총력을 기울였다. 또한 중앙에서부터 지방까지 전일적으로 짜인 하나의 엄격한 계서체계에 모든 정치 엘리트들이 동원되었다. 정책 결정은 고도로 중앙 집중화되어 있었으며, 고위급 당-국가 지도자(party-state leaders)들을 제외한 엘리트 그룹들의 자율성은 극도로 제한되었다.[33] 이러한 엄격한 중앙집권적 계서체계가 유지될 수 있었던 요인은 엘리트 충원과 임명을 담당하는 노멘클라투라시스템의 작동에 있었다. 또한 이러한 시스템은 강력한 이데올로기적 교육과 소비에트식 사회화를 통해 상식화된 소련 공산당의 행동 규범에 의해서도 가능했다.[34]

셋째, X축과 Y축의 본질적 현상에 관한 규정이다. 구체적으로 각 유형의 정도와 위치 설정을 위한 측정의 기준을 어떻게 설정할 것인가의 문제이다. 윈터스의 모델에서 강제력 행사에 있어서 과두들의 역할을 표시하고 있는 X축은 다른 말로 표현하면 과두들 간의 관계라고 할 수 있다. 즉, 과두제 본래의 속성을 따른다면 과두들 간의 관계는 기본적으로 평형 상태를 형성해야 한다. 하지만 체제 내에서의 변동 가능성 및 체제의 내재적 불안정성을 고려한다면 불평형 상태로의 변화 가능성도 상존한다. 만약 과두들 간의 불평형 관계가 극단적으로 표출될 경우 상술한 분석틀을 벗어난 새로운 형태의 개인 독재나 민주주의가 출현할 수도 있다.[35] 따라서 <그림 2>의 술탄제적 과두제와 시민의 과두제는

---

33) Richard Sakwa, Soviet Politics: An Introduction (London: Routledge, 1989), pp. 225-226.
34) Gerald M. Easter, Reconstructing the State: Personal Networks and Elite Identity in Soviet Russia (New York: Cambridge University Press, 2000), pp. 14-16.
35) 본 연구 분석틀에서는 독재체제를 규정할 수 있는 기준이 없다. 따라서 극단적 형태의 불평형 상태로 발전한 체제를 분석하고 규정하고자 할 때 새로운 분석틀이 요구된다.

극단적인 형태라고 볼 수 없으며, 둘 다 과두들 간의 평형관계가 와해되었다는 점에서 동일하지만 전자는 과두들을 압도하는 강력한 지도자가 존재하고 후자는 개인이나 집단이 아닌 더욱 강력한 법률이나 제도 등에 의해 체제가 운영된다는 차이점이 있다. 즉, 과두들 간의 명시적인 갈등과 대립의 표출 정도와 빈도, 그리고 지도그룹 내의 상이한 과두들 간의 권력 분배 상황을 통해 그들 내부의 관계를 측정할 수 있다. 한편, 통치의 본질을 표시하는 Y축은 과두들 간의 경쟁과 타협이라는 규칙이 존속하는지가 가장 유력한 측정 기준이다. 여기서 말하는 규칙이란 성문화된 헌법이나 법률을 포함해서 비제도적인 정치 관례 등을 뜻한다. 가령 이러한 규칙의 준수가 자주 와해된다면 이는 서로 싸우는 과두제 유형이라고 할 수 있으며, 반대의 경우는 세력 균형이 유지되는 지배하는 과두제라고 할 수 있다. 즉, 통치의 본질은 엘리트 정치와 관련된 제도화 수준과 깊이 연관되어 있음을 알 수 있다.[36]

이상에서 언급한 바와 같이 본 연구에서 제시하는 분석틀을 활용한다면, 러시아 정치엘리트의 구조뿐만 아니라, 정치체제의 최신 변화를 규명하는데도 일정한 효용성을 갖는다고 판단된다. 상술한 방식의 분석 기준을 토대로, 3장에서는 엘리트 정치 동학의 영역이라고 할 수 있는 권력 분배와 승계 그리고 권력 작동의 규범 및 절차와 관련된 공식·비공식 제도를 중심으로 이러한 주장의 논리적 근거를 제시한다. 즉, 이러한 제도가 유지되는지 여부와 만약 변화했다면 그 방향성은 어디고, 어떻게 평가해야 하는지 살펴본다.

---

36) 주장환, "체제전환기 국가, 엘리트 연구: 쟁점과 제안," 『국제지역연구』 제26권 1호(2022), pp. 34-35.

Ⅲ. 8대 국가두마 선거와 러시아 정치 엘리트 구조의 변화 및 지속 요인

3장에서는 러시아 엘리트 정치구조의 전환을 살펴본다. 구체적으로 2021년 8대 총선을 중심으로 권력 구조가 어떻게 변화했고, 또 무엇이 유지되고 있는지 분석한다. 중요한 점은 분석 대상을 친(親) 푸틴 정당인 통합러시아당을 중심으로 권력 배분과 승계의 작동 원리, 즉 러시아식 '비공식의 제도화(Informal Institutionalization)'를 분석한다. 통합러시아당 의원들만 대상으로 정치 엘리트 유형을 분석한 이유는 권위주의적 정치 속성을 지니고 있는 러시아의 상황을 감안하면, 모든 권력은 푸틴을 중심으로 하는 엘리트 그룹, 그중에서도 의회 권력은 여당인 통합러시아당이 장악하고 있기 때문이다. 의회 권력을 장악한 통합러시아당은 푸틴체제의 한 축을 담당함으로써 푸틴이 추구하는 '법에 의한 지배', 즉 법의 독재(Dictatorship of Law)를 가능하게 만드는 세력으로서 절차적 정당성을 제공해 주고 있다.37)

1. 8대 국가두마 선거와 러시아 정치 엘리트 구조의 변화 요인

2012년 12월 12일 푸틴 대통령이 연례교서(Presidential Address to Federal Assembly)에서 국가두마 선거법 개정의 필요성을 언급한 이후 2014년 2월 24일 새로운 선거법 개정안이 발효되었다. 개정된 선거법에 따르면, 국가두마 의원 450명 중 50%는 기존의 방식과 같은 비례

---

37) 연담린(2022), p. 79.

대표(정당명부식 비례대표제, Party list using the largest remainders(Hare-Niemeyer)) 방식으로, 나머지 50%는 지역구(소선거구 상대다수제, Single-member district(SMD)) 방식으로 선출되는 '혼합형 선거제도(Mixed unconnected system)'가 도입되었다. 따라서 절차적으로 봤을 때 러시아는 두 가지 선거제도가 가진 장점들을 혼합한 이상적인 제도를 운용하고 있다고 볼 수 있다.[38] 즉, 정당명부식 비례대표제가 갖는 높은 비례성의 장점과 소선거구 상대다수제가 갖는 선거구 대표성의 장점이 조화를 이룬 제도라고 할 수 있다.[39] 그런 차원에서 소선거구 상대다수제를 채택한 러시아의 선거제도는 다인(多人) 선출 선거구보다 높은 비례성을 기대할 수 있다. 비례대표제의 의석 배분 방법에서도 러시아가 채택하고 있는 헤어 기준(Hare quota)식 최대잔여제(Largest remainder method)는 생-라게(Sainte-Lague)식 혹은 동트(D'Hondt)식 최고평균제(Highest averages method)에 비해 비례성이 높은 결과를 도출할 수 있다.[40]

중요한 것은 이러한 선거제도의 실행력과 실제적으로 내재된 의도를 파악하는 것이다. 혼합형 선거제도는 실질적으로 1인 2표 방식으로 후보자 개인과 정당에 투표하는 제도로 이러한 선거방식은 거대 정당에 유리할 수밖에 없다. 하나의 선거구에서 단 한 명의 의원을 선출하는 소선거구제는 특정 지역에서 안정적인 지지 기반과 인지도가 없는 군소 정당에게는 불리한 제도일 수밖에 없다. 특히 2007년과 2011년

---

[38] David M. Farrell, Electoral Systems: A Comparative Introduction (New York: Red Globe Press, 2011), p. 163.
[39] Е. Иванова, "Избирательные системы на выборах в государственную Думу Федерального Собрания российской Федерации," Вестник Международного института экономики и права 2 (2017), p. 15.
[40] Farrell(2011), pp. 101-109.

총선은 100% 정당명부식 비례대표제로만 선거가 진행됐기 때문에 거대 정당들은 인지도를 축적할 시간이 충분했다. 반면 약소 정당들은 2016년부터 새롭게 도입된 혼합형 선거제도로 치러지는 총선에서 전국적으로 지역구를 관리하고 운영하는 데 어려움을 겪을 수밖에 없었다. 통합러시아당의 경우 정당명부식 비례대표제가 시행되었던 2007년 총선부터 지역 명부 작성에 있어 시험적으로 코커스(caucus)제도를 운영했다.41) 한편, 2016년 총선을 준비하면서부터는 정당명부식 비례대표제와 1인 선출 상대다수제의 후보자를 선정하기 위해 통합러시아당의 정식 당원뿐만 아니라 비당원이 모두 참여하는 예비경선 방식인 프라이머리(primaries)제도를 시행했다. 그 결과 전체 유권자의 약 9.5%를 차지하는 2,777명이 통합러시아당의 개방형 예비경선에 참여함으로써 탄력적으로 지역구 선거를 준비할 수 있었다.42)

또한 소선거구제는 사표가 발생할 가능성이 높기 때문에 거대 정당의 과대대표 현상이 발생할 수밖에 없다. 소선거구제의 특성상 최대 득표(plurality)를 기록한다면 유권자의 50% 이상 지지를 받지 못하더라도 당선될 수 있는 구조이다. 따라서 낙선한 후보들의 표는 모두 사표가 되고, 최종적으로 정당 득표율과 의회 내 의석율의 차이는 더욱 심화되는 구조이다. 즉, 승리한 정당이 과도하게 많은 의석을 차지함으로써 승자독식의 구조가 형성되는 것이다.43)

한편, 러시아 선거제도는 제도적 차원에서도 중대한 결함을 안고 있

---

41) 코커스란 일종의 당원대회로써 정식 당원(Party member)만 참석하여 각 당의 대선후보를 선출할 대의원을 뽑는 절차를 말한다. 이와 관련하여 Вилков(2014: 74-79) 참조.
42) 장세호, "러시아 제7기 국가두마 선거와 선거제도 개편의 제도효과," 『Acta Eurasiatica』 제8권 2호(2017), pp. 7-13. 크렘린의 대통령 행정실은 예비경선 과정에서 이른바 '공정한 게임'을 지속적으로 강조했지만, 실질적으로는 자신들의 입맛에 맞는 후보를 결정하는 하향식 필터링 메커니즘으로 활용했다는 비판을 받기도 한다. 이와 관련하여 Sakwa(2016: 26) 참조.
43) Farrell(2011), p. 140.

다. 혼합형 선거제도는 선거구가 초래하는 비(非)비례성을 보정해주는 장치의 유무에 따라 혼합형 비례제(MMP: mixed-member proportional)와 혼합형 다수제(MMM: mixed-member majoritarian)로 구분된다. 러시아의 경우 혼합형 선거제도는 지역구 선거와 비례대표 선거가 각각 병렬적으로 시행되고, 그 결과를 총합함으로써 의회를 구성하는 혼합형 다수제를 도입하고 있다. 하지만 이러한 혼합형 다수제에서는 위에서 살펴본 혼합형 선거제도에서 발현될 수 있는 높은 비례성을 확보할 수 없다는 단점이 있다. 혼합형 비례제의 경우에만 정당명부식 비례대표제와 소선거구 상대다수제가 서로 연동되어 정당의 지지율에 의해 전체 의석수가 결정될 수 있다. 즉, 선거구의 대표성과 높은 비례성을 동시에 발현하고, 혼합형 선거제도의 취지를 극대화하기 위해서는 정당 득표율에 비해 부족한 의석수를 정당명부 의석으로 보상받을 수 있는 혼합형 비례제가 실행되어야 한다.[44]

새로운 선거법에 따라 2021년 9월 17일부터 19일까지 3일간 8대 총선이 치러졌다. COVID-19 팬데믹(Pandemic)의 확산 속에서 치러진 8대 총선은 2016년 제7대 총선과는 달리 유권자의 보건과 위생상의 안전을 명분으로 신규 제도들이 도입되었다. 첫 번째로 3일간의 선거기간이라는 사상 초유의 방식 적용으로 하루 안에 선거를 치르던 일몰제가 깨졌다. 둘째, 2020년 선거법 개정으로 전자투표와 우편투표 등 원격투표 제도가 폭넓게 시행되었다.[45] 셋째, 정규 투표소의 설치가 어

---

[44] Farrell(2011), pp. 133-164.
[45] 전자투표는 쿠르스크주, 무르만스크주, 니즈니노브고로드주, 로스토프주, 야로슬라블주, 모스크바, 세바스토폴 등 7개 지역에서 실시되었다. 모스크바 카네기센터 콜레스니코프(Andrei Kolesnikov) 선임연구원은 8대 총선에서 선보인 전자투표가 2024년 대선을 염두에 둔 실험적인 성격이 강하다고 지적하면서, 선진적인 제도가 아니라 정부 지지자들을 위한 시스템이라고 비판하고 있다. Kolesnikov et al.(2021).

렵거나 교통 및 통신 상황이 열악한 지역에서는 옥외 투표소를 설치하여 투표를 진행하였다. 넷째, 총선 투표일 45일 전부터 투표 전날 오후 2시(지역별 시간 기준)까지 관련 당국 홈페이지를 통해 신청서를 제출한 유권자에 한해 실제로 체류하는 지역에서 부재자투표를 할 수 있도록 허용했다. 다섯째, 러시아 중앙선거관리위원회는 투표 전날 모든 선거운동을 금지했던 이른바 '침묵의 날(День тишины)' 규정을 폐지했다.46) 이외에도 각 정당이 한 지역구에서 한 명의 후보만을 지명하도록 규정했으며, 외국대리인(Foreign Agent) 및 극단주의 관련 조직원의 피선거권을 제한하고, 추천인 서명의 확보 절차와 검증을 강화하는 일련의 조치들을 시행했다.47)

이러한 선거법과 선거절차의 변화는 러시아 정치 엘리트 구조에도 영향을 미쳤다. 변화의 측면에서 다음과 같은 사항들을 꼽을 수 있다. 첫째, 통합러시아당의 경우 7대 총선에서 유일한 '연방 비례의원'으로 메드베제프(Dmitry Medvedev)를 지명했다.48) 하지만 8대 총선에서는 쇼이구(Sergei Shoigu) 국방장관이 1순위에 올랐으며, 그 다음으로 세르게이 라브로프(Sergei Lavrov) 외무장관, 데니스 프로첸코(Denis Protsenko) '코무나르카(Kommunarka)' 병원장, 옐레나 슈멜료바(Elena Shmeleva) 전(全)러시아인민전선(All-Russia People's Front) 공동대표,49) 안나 쿠즈네초바(Anna Kuznetsova) 대통령 직속 아동권리보호전

---

46) 장세호, "2021년 러시아 국가두마 의원 선거 평가 : 민심의 왜곡과 여당의 과대대표," 『슬라브학보』 제36권 4호(2021b), p. 343.
47) "Что изменится на выборах в Госдуму РФ в 2021 году - Биографии и справки," ТАСС, 18 Июня, 2021; Владимир Кулагин, "Главное о выборах в Госдуму 2021 года," Газета.Ru, 4 августа, 2021.
48) 비례의원은 '연방 비례의원(общефедеральный список)'과 '지역 비례의원(список по одномандатным избирательным округам)'으로 구분된다. 연방 비례의원은 전국구 의원을 의미하며, 지역 비례의원은 해당 지역구의 의원을 의미한다.

권대표 등에게 순번이 배정되었다. 즉, 7대 총선에서 1순위였던 메드베제프가 8대 총선에서는 제외되었던 것이다. 연방 비례의원 명부에서 메드베제프 통합러시아당 대표가 배제된 것을 두고 여러 가지 해석이 있었으며, 일각에서는 이를 '굴욕'으로 평가하기도 했다. 실제로 여당 대표임에도 불구하고 메드베제프는 총리직 상실 이후 푸틴과 당 지도부 및 주요 연방 비례의원 지도부와의 회의에 불참하는 등 총선 캠페인을 주도하지 못했다.50)

   총선에서 연방 비례의원은 상징적 의미를 갖는다. 즉, 인지도 높은 인물들을 전면에 배치하여 유권자들로 하여금 친근감 및 호감도를 갖게 함으로써 선거에서 유리한 구도를 선점하는 효과가 있다. 기실 연방 비례의원을 지명하는 것은 하나의 요식행위로써 실질적으로 연방비례 의원에 지명된 인물이 선출되는 경우는 드물다. 이들에게 할당된 비례의석은 각 지역구 의원들에게 배분된다. 또한 8대 총선에서 연방 비례 1순위로 무력부서 출신 엘리트인 국방장관 쇼이구가 지명되었다는 것은 푸틴사단 중 실로비키의 권한이 여전히 건재하며 막강하다는 의미이며, 푸틴 집권 4기로 접어들면서 더욱 강화된 권위주의적 체제 속성을 직접적으로 보여주는 사례라고 할 수 있다.

---

49) 전(全)러시아인민전선은 친(親) 푸틴 성향의 연합체로, 정당, NGO, 기업 등 통합러시아당과 뜻을 같이하는 단체들과 푸틴을 지지하는 개인들로 구성되어 있다. 2011년 당시 총리였던 푸틴에 의해 만들어졌으며, 목적은 여당인 통합러시아당에 새로운 아이디어, 제안, 인재를 제공하는 것이다.
50) 장세호(2021b), p. 345.

〈표 1〉 제8대 국가두마 선거 결과

구분	통합러시아당	공산당	러시아정의당	자유민주당	새로운 사람들
정당 득표율 (7대 정당 득표율)	49.82% (54.2%)	18.93% (13.34%)	7.46% (6.22%)	7.55% (13.14%)	5.32% (신규 정당)
의석수: 지역/비례 (7대 총선 의석수)	324석 : 198/126 (343석 : 203/140)	57석 : 9/48 (42석 : 7/35)	27석 : 8/19 (23석 : 7/16)	21석 : 2/19 (39석 : 5/34)	13석 : 0/13

러시아정의당의 풀네임은 '러시아정의당-진실을 위하여(A Just Russia-For Truth)'임.
출처: 러시아 중앙선거관리위원회 홈페이지(http://www.cikrf.ru).

둘째, <표 1>에 따르면 7대 통합러시아당 의원수가 343명이었던 반면 8대에서는 324명으로 축소되었다. 표면적으로 19명의 의석수가 줄었다고 말할 수 있지만, 실질적으로 이러한 변화는 통합러시아당의 의회 권력에 대한 장악력 약화를 의미한다고 할 수 있다. 이러한 판단의 근거는 두 가지로 둘 수 있다. ① 통합러시아당은 8대 총선 이전에 지지율 하락을 겪고 있었고, 그러한 지지율을 반등시키기 위해 제도적·비제도적 방법들을 동원하였다. 기실 통합러시아당은 이번 총선 중반까지 각종 여론조사에서 30% 미만의 저조한 지지율을 기록하고 있었다. 여당의 이러한 저조한 지지율에는 '크림 병합에 대한 전(全) 사회적 열광(Crimean consensus)'의 퇴색과 2018년 정년연장에 따른 연금개혁의 부정적 여파가 직접적 영향을 미쳤다고 할 수 있다. 또한 서방의 경제제재로 인한 장기간의 경기침체와 국민의 삶의 질 하락, COVID-19 팬데믹으로 인한 사회적 활력 저하와 보건 위기 등도 부정적 요인으로 작용했다고 할 수 있다. 특히, 2008년 이후 러시아의 고질적 경제문제 해결 방안을 둘러싸고 엘리트 간의 대립과 갈등이 지속적

으로 표출되고 있었으며, 통합러시아당에 대한 국민들의 피로감 증가와 지지율 하락이 발생하고 있었다.51)

② 7대와 8대를 비교했을 때, 통합러시아당의 재선 의원 비율은 52%(324명 중 168명)로 절반 이상의 비율을 나타내고 있다.52) 이는 순환률 차원에서 50%에 가까운 새로운 인물들이 의회에 진입했다는 차원에서 민주적 과정으로 해석할 수도 있다. 기존의 정당명부식 비례대표제에 따르면, 후보자 명단 작성 시 유권자들이 영향력을 행사할 수 없는 '폐쇄형 명부(closed list)'를 추진해왔다. 이러한 정당 중심의 선거제도에서는 크렘린이나 정당 지도부와의 개인적인 인연, 혹은 체제에 대한 충성도가 높은 후보자가 공천을 받을 수 있는 중요한 척도였다. 하지만 후보 중심의 선거제도 하에서 정당은 선거에서 승리하기 위해 해당 지역의 유권자에게 더 매력적인 인물을 공천할 수밖에 없다. 즉, 후보자 공천에 있어 정치인 개인의 능력과 경력이 중요한 기준으로 작용하게 된 것이다. 또 지역구 의원들과 선거구에서 출마하는 후보자들은 정당 지도부와의 관계보다 유권자와의 관계가 재선 혹은 당선에 더욱 중요한 요인일 수밖에 없다. 따라서 정당 중심의 선거제도보다 후보 중심의 선거제도가 정당 내 민주주의적 요소를 더욱 강화한 제도라고 할 수 있다.53) 한편, 이러한 해석과는 반대로 기존 의원들에 대한 국민들의 반감이 상대적으로 높았다는 것을 확인할 수 있다. <표 2>의 엘리트 유형을 살펴보면, 일반관료 의원수는 7대에 110

---

51) W. Zimmerman, R. Inglehart, E. Ponarin, Y. Lazarev, B. Sokolov, I. Vartanova and Y. Turanova. Russian Elite-2020 (Valdai Discission Club Analytical Report, 2013), p. 42.
52) 이 수치는 한신대 유라시아연구소 홈페이지에 게시된 러시아 엘리트 DB를 기반으로 필자가 계산한 것임. 한신대 유라시아연구소 홈페이지 http://www.hei.re.kr/HANSIN 참조.
53) 장세호·김시헌, "선거제도 개편을 통한 러시아 정치 엘리트의 지배력 유지 전략," 『분석과 대안』 제7권 1호(2023), pp. 23-24.

명에서 8대 96명으로 감소했다. 일반관료는 국가두마 및 지방의회 출신 의원들을 지칭하는 표현으로써, <표 2>의 수치는 국가두마 의원을 대상으로 산출된 결과이다. 통합러시아당의 경우, 7대 지역구 의원은 203명이었던 반면, 8대에는 198명으로 축소되었다. 비례의원의 경우 7대 140명이었던 반면, 8대에는 126명으로 축소되었다. 기존 통합러시아당 소속 의원이 50% 정도 교체되었다는 것은 기존 의원들에 대한 불신 및 피로감 현상이라고 해석할 수 있다. 실질적으로 최근 통합러시아당의 지지율을 보면 39.3%로 8대 총선 득표율인 49.82%와는 차이가 큰 것을 확인할 수 있다.54)

<표 2> 7대와 8대 국가두마 통합러시아당 의원 엘리트 유형 비교

국가두마 유형	7대 의원수	7대 비율(%)	8대 의원수	8대 비율(%)
기술관료	53	15	42	13
일반관료	110	32	96	30
군인	28(3/1)*	8	28(3/1)*	9
전문관료	81	24	85	26
기업출신관료	57(1)**	17	56(4)**	17
기타	18	5	17	5
총합	343	100	324	100

* 괄호 안의 숫자 중 앞의 숫자는 KGB 출신 군인을, 뒤의 숫자는 FSB 출신 군인을 의미함.
** 괄호 안의 숫자는 올리가르히 출신 기업인을 의미함.
참조: 사망 및 사퇴로 인한 의원직 승계·위임은 배제하였음(총선 당시 의원정수를 기준으로 함).
출처: 한신대 유라시아연구소 홈페이지에 게시된 러시아 엘리트 DB를 기반으로 필자가 작성함.

셋째, 새로운 정당이 원내에 진입했다. 특히, 8대 총선에 처음 참여

---

54) 통합러시아당 지지율과 관련하여 러시아 여론조사기관 WCIOM(Electoral rating of political parties: https://wciom.com/our-news/ratings/rating-of-political-parties) 참조.

한 '새로운 사람들(New People)'당은 법적 최소요건(legal threshold)인 원내 진입장벽을 뚫고 비례대표 득표율 5.32%로 13석을 획득하여 국가두마 진출에 성공했다. 반면 지역구 투표에서는 당선자를 배출하지 못했다. 2020년 지방선거에 처음 등장했던 새로운 사람들당은 8대 총선에서 원내 교섭단체 구성 권한을 확보하게 된 것이다.[55] 새로운 사람들당의 원내 진입은 러시아 정치의 새로운 가능성과 더불어 러시아 정치시스템의 민주적이고 자유주의적인 요소를 보여준다고 할 수 있다. 기존의 100% 정당명부식 비례대표제에서는 정당만이 선거에 참여할 권한이 있었다. 즉, 정당의 공천 없이 일반 국민은 후보 등록을 할 수 없었다. 하지만 개정된 선거제도에서 러시아 국민은 정당의 공천 없이도 무소속 후보로 단일 선거구 출마가 가능하게 된 것이다.[56] 이는 혼합형 선거제도를 재도입하며 푸틴 정권이 내세운 기치인 직접 민주주의 활성화에 부합하는 결과라고 할 수 있다. 또한 2011년에 개정된 정당법에 따라 정당의 설립 요건이 대폭 완화되면서 2016년 7대 총선 이후 러시아 정계에서 새로운 인물 혹은 정치세력의 출현 가능성이 높아졌다고 할 수 있다.[57]

하지만 이와는 반대로 새로운 사람들당을 여당인 통합러시아당의 위성정당으로 보는 시각도 있다. 가령, 8대 총선에서 새로운 사람들당 지분의 연방비례 1번으로 당선된 알렉세이 네차예프(Alexey Nechaev) 당 대표는 통합러시아당 산하 기구인 전(全)러시아인민전선 중앙본부 위원 출신이다. 그는 2022년 9월 러시아가 장악한 우크라이나 돈바스 지역 병합을 기념하여 전(全)러시아인민전선이 주최한 행사인 '우리는

---

[55] 장세호(2021b), p. 348.
[56] 8대 총선의 경우 지역구 투표에서 5명의 무소속 후보가 당선되었다.
[57] 장세호·김시헌(2023), p. 24.

자국민을 버리지 않는다(Своих не бросаем)'에 참석하기도 했다.58) 모스크바 카네기센터의 스타노바야(Tatiana Stanovaya) 전문위원은 '새로운 사람들'당을 본질적으로 크렘린의 강력한 지원으로 탄생한 일종의 '관제 교란정당(administrative spoiler party)'으로 보기도 한다. 즉, 크렘린의 국내정책 담당자들은 반(反)체제 야권을 무너뜨리고 조직적 반대파를 제압하기 위해 다양한 교란정당을 조직하고 있다는 것이다.59) 한편, 모스크바 카네기센터의 콜레스니코프(Andrei Kolesnikov) 선임 연구원은 '새로운 사람들'당의 원내 진출을 도시 중산층의 변화에 대한 요구를 반영한 결과라고 분석하면서도, 여기서 변화라는 의미는 "급진적이지 않은 체제 내 전환(within the system and not radical)"을 의미한다고 평가했다.60)

이러한 분석의 근거는 통합러시아당에 대한 국민들의 피로감과 거부감을 반감시키기 위한 수단적 선택으로 해석하기도 한다. 기실 각 선거구별로 1명의 당선자를 1차 투표로 결정하는 지역구 선거가 '소선거구 상대다수제'로 치러진 것도 절대적으로 여당에 유리하게 작용했다고 볼 수 있다. 14개 정당이 참여한 8대 총선은 일여다야(一與多野) 구도로 치러졌으며, 이런 구조적 특성은 기득권 정당인 통합러시아당에 추가적 혜택을 제공한 것으로 보인다. 이러한 이유 때문에 이른바 '싹쓸이'에 대한 부담으로 오히려 통합러시아당은 체제야당(in-system parties)을 활용하여 일부 지역구를 양보한 것으로 알려지고 있다. 정치학자 키네프

---

58) Мария Королева, "Репортаж «Медузы»," Meduza, 24 сентября, 2022 at https://meduza.io/feature/2022/09/23/esli-prizovut-s-radostyu-poydu (검색일: 2023. 2. 2).
59) Татьяна Становая, "Административно-партийная система. Как выборы закрепили новый тип российских партий," Московский Центр Карнеги, 20 Сентября, 2021.
60) Andrei Kolesnikov, Tatiana Stanovaya, Angela Stent and Denis Volkov, "Expert Survey: Will the Outcome of Russia's Elections Impact Its Foreign Policy?" Russia Matters, September 24, 2021.

(Alexander Kynev)에 따르면, 통합러시아당은 8대 총선에서 총 225개 지역구 가운데 220개 지역구에서 후보를 지명했고, 그 가운데 30여 개 지역구에서만 실질적 경쟁을 벌인 것으로 평가하고 있다.[61]

결과적으로, 통합러시아당의 경우, 7대 비례의원은 140명이었던 반면, 8대에는 126명으로 축소되었다. 이는 상대적으로 다른 정당들에 의석이 배분되었다는 것을 의미한다. 특히 새로 원내에 진입한 새로운 사람들당이 13석의 의석을 차지함으로써 권력 배분이 조정되었음을 확인할 수 있다.

2. 8대 국가두마 선거와 러시아 정치 엘리트 구조의 지속 요인

러시아 정치 엘리트 구조의 지속 요인에 대한 이해를 위해서는 러시아 권력 구조, 즉 푸틴을 중심으로 하는 엘리트 그룹이 어떻게 형성되어 있는지 분석하는 작업이 선행되어야 한다고 본다. 그 이유는 2000년 푸틴 대통령의 집권과 동시에 새로운 정치 엘리트 그룹이 형성되기 시작했으며, 이들이 권력을 승계하고 배분하는 규칙을 정함으로써 러시아 정치의 비공식 제도화를 정착시켰기 때문이다. 이렇게 형성된 비공식의 제도화는 권력의 승계와 배분이라는 엘리트 내부의 룰이 작동하는 메커니즘을 가능하게 하고 있으며, 이러한 경향성은 권위주의적 정치체제의 공고화라는 러시아식 과두제를 정착시키고 있다.[62]

---

61) Александр Кынев, "До выборов осталось чуть больше месяца," Meduza, 6 августа, 2021.
62) 러시아의 권위주의 정치체제 공고화와 관련하여 연담린(2022: 67-71) 참조.

<표 3> 푸틴사단과 엘리트 그룹[63]

자유주의자 그룹	제1그룹	드미트리 메드베제프, 드미트리 코작, 빅토르 주브코프, 알렉세이 밀러
	제2그룹	게르만 그레프, 알렉세이 쿠드린, 안드레이 일라리오노프
	제3그룹	예브게니 프리마코프, 발렌티나 마트비엔코, 일리야 클레바노프, 레오니드 레이먼, 유리 쉡첸코, 세르게이 미로노프, 미하일 카시야노프
	제4그룹	미하일 미슈스틴, 안드레이 벨로우소프, 드미트리 로고진
실로비키		세르게이 쇼이구, 이고리 세친, 니콜라이 파트루셰프, 세르게이 스테파쉰, 세르게이 이바노프, 빅토르 체르케소프, 빅토르 이바노프, 보리스 그리즐로프, 유리 자오스트롭스키, 니콜라이 보브롭스키, 알렉산드르 베스팔로프, 세르게이 체메조프, 미하일 프라드코프
전문관료 집단		세르게이 라브로프, 뱌체슬라프 볼로딘, 블라지슬라프 수리코프, 세르게이 소뱌닌, 이고리 이바노프, 알렉산드르 아브라모프, 아나톨리 추바이스
실로바르히		블라디미르 포타닌, 로만 아브라모비치, 올렉 데리파스카, 바지트 알렉페로프

출처: Kryshtanovskaya and White(2005), Treisman(2007), Kasčiūnas at al.(2014), Fomin(2022), 이선우(2007), 박상남 외(2007) 등을 참조해 필자가 재구성.

첫째, 자유주의자 그룹은 푸틴이 상트페테르부르크시 행정부 근무 시절(1991년~1996년) 동료들이 주축을 이루고 있으며, 기술관료(Technocrat) 및 경제전문가와 전직 경제인들이 포함된다. 이 그룹을 대표하는 인물로는 총리와 대통령직을 역임한 메드베제프와 마트비엔코(Valentina Matvienko) 상원의장, 미슈스틴(Mikhail Mishustin) 총리

---

63) 푸틴체제 내에 존재하는 러시아 엘리트 그룹은 학자들마다 구분하는 것이 다르다. 이와 관련하여 Brancaleone(2021); Fomin(2022); Willerton(20119: 18-37); Покатов(2019: 71-97); Становая(2020) 등 참조.

등이 있다.64) 이들의 정치적 성향은 자유민주주의에 가깝다. 이들이 경제적 차원에서 자유주의를 지지한다고 해서 국가의 개입을 배제하는 것은 아니다. 기본적으로 이들은 시장경제 연착륙과 시장의 원활한 작동을 위해 국가의 역할이 필요하다는 데 공감한다.65) 또한 시민에 대한 공공재 공급, 세제 개혁, 공적부문에서의 안전 보장, 재산권과 계약보호권 등을 요구한다. 동시에 자유주의자들은 외자유치를 통해 경제성장의 추동력을 확보해야 한다고 믿기 때문에 세계경제 질서에 편입하는 것을 주장한다.66)

제1그룹은 상트페테르부르크시 행정부 근무 당시 직접적으로 같이 일한 경험이 있는 인물들로 푸틴의 전폭적인 신임을 받는 그룹이다. 대표적인 예로, 메드베제프는 2007년 푸틴의 후임으로 지명되었으며, 러시아연방 제1부총리(2005년~2008년) 시절 우선적국가프로젝트(Приоритетные национальные проекты)를 성공적으로 수행하면서 2인자 자리를 공고히 했다. 이 프로젝트의 핵심은 '교육·보건·주택·농업·인구의 5개 분야에 대해서 시급한 현안을 해결하고 각 부문별 인프라 확충을 통해 현대화하는 것이 목표이다. 이러한 목표 달성을 위해 2006년에는 연방 예산의 10%에 해당하는 45억 불을 투자했으며, 2008년에는 120억 불로 증액되었다.67)

---

64) Ian Bremmer and Sarnual Charap, "The Siloviki in Putin's Russia: Who They Are and What They Want," The Washington Quarterly 30-1 (2006/2007), pp. 83-92.
65) Lilia Shevtsova, "Vladimir Putin's Political Choice: Towards Bureaucratic Authoritarianism," in Alex Pravda (ed.), Leading Russia: Putin in Perspective (Oxford: Oxford Univ. Press, 2005), p. 235.
66) S. Mohsin Hashim, "Putin's Etatization Project and Limits to Democratic Reform in Russia," Communist and Post-Communist Studies 38-1 (2005), p. 32.
67) 우선적국가프로젝트와 관련하여 다음 싸이트 참조.
https://национальныепроекты.рф/projects.

제2그룹 또한 페테르부르크 행정부 시절의 인맥으로 푸틴의 경제통으로 알려져 있다. 대표적인 예로, 쿠드린은 2000년부터 2011년까지 러시아연방 재무장관으로 있으면서 안정적 재무 관리, 세금 및 예산 개혁 시행, 자유 시장경제체제로의 전환을 성공적으로 이끌었으며, 옐친 시절에 축적된 상당한 대외 부채의 대부분을 갚았다.68) 또한 연방 예산을 흑자로 전환시켰다.69) 하지만 메드베제프 대통령 시절 경제 및 국가 발전의 핵심 문제에 대해 의견차가 발생하면서 경질되었다. 그럼에도 당시 총리였던 푸틴은 쿠드린에 대해 "유익하고 필요한 사람(полезный и нужный нам человек)"이라는 언급과 함께 푸틴사단에 남아있을 것을 시사했다.70)

제3그룹은 페테르부르크 출신의 인물들로 푸틴이 중앙정계에 입문하기 전부터 중앙정관계에서 자리를 굳힌 그룹이다. 그들은 푸틴의 참모 및 자문그룹으로 분류할 수 있다. 이 그룹의 대표적 인물인 프리마코프(Evgeny Primakov)는 자신의 총리 후임으로 푸틴을 천거했으며, 중앙정계에서 성공할 수 있도록 조력자 역할을 한 인물로 오랜 정치적 경륜과 지략을 겸비한 엘리트이다. 그는 2011년에 만든 이너서클 '머큐리클럽(Mercury Club)'을 통해 분석보고서를 작성하여 푸틴의 정책 결정에 도움을 주기도 했다.71)

제4그룹은 비록 페테르부르크 출신은 아니지만 중앙정재계에서 실력을 쌓은 인물들로 전문성과 푸틴의 신임을 받아 발탁된 그룹이다.

---

68) "Russia's Foreign Debt Down 31.3% in Q3 - Finance Ministry," РИА Новости, 31 октября, 2006.
69) "Что сделал Алексей Кудрин," Коммерсантъ, 26 сентября, 2011.
70) "Путин: Кудрин - полезный и нужный человек," Регнум, 7 октября, 2011.
71) Анна Велигжанина, "Ельцин попросил Примакова отказаться от поста президента." Комсомольская правда, 1 июля, 2015.

대표적인 인물로는 현(現) 총리인 미슈스틴을 들 수 있다. 그는 소속 정당이 없는 순수 기술관료 출신으로 정치 경력이나 자신의 세력을 갖고 있지도 않다. 다만 시스템공학 전공자로서 국세청장 재임 시절 기존의 복잡한 세금 체계를 단순화·현대화하는 한편, 보다 러시아 기업에 친화적인 세무 정책을 펼치면서도 비리에 대해서는 엄단하는 모습을 보인 것으로 평가받고 있다.

둘째, 실로비키 그룹이다. 실로비키는 푸틴사단 중 가장 큰 지분을 가진 분파로 성장한 그룹이다.[72] 대표적인 인물로 현(現) 국방방관 쇼이구(Sergei Shoigu)를 들 수 있다. 푸틴 본인이 KGB(Committee for State Security, 국가보안위원회) 출신이었기 때문에 올리가르히보다는 정보부나 군부 인사들을 발탁하여 권력의 요직에 대거 등용하기 시작했다.[73] 푸틴 시기 러시아의 주요 정책 결정 과정을 장악해온 실로비키들은 힘(power)을 바탕으로 형성된 집단으로 충성도(loyalty)가 매우 높은 것이 특징이며, 이념적으로도 단일한 의식으로 무장되어 있다. 이들은 군부, 내무부(경찰), 연방보안국(FSB), 사법기관 등 무력 및 안보부처(Force and Security Ministries)에 포진된 권력 엘리트집단으로서 푸틴의 정책을 강력히 뒷받침하고 있다.[74] 이들 대부분은 오랜 기간 소련에서 경력을 쌓으면서 최고(最高) 엘리트 지위까지 오른 인물들이기 때문에 스탈린-브레즈네프 이상(Ideology)에 대한 향수를 가지고 있다. 현재 러시아 최고 지도부의 60% 이상은 소비에트 노멘클라투라[75]

---

72) 실로비키(Силовики)라는 용어는 '힘'을 의미하는 러시아어 단어 'сила(sila)'에 어근을 두고 있으며, '힘을 가진 집단(силовые структуры)'이라는 문구에서 파생되었다.
73) 박상남 외, 『푸틴의 러시아: 권력과 시장 그리고 비즈니스』 (파주:한울, 2007), p. 73.
74) Bettina Renz, "Putin's Militocracy? An Alternative Interpretation of Siloviki in Contemporary Russian Politics," Europe-Asia Studies 58-6 (2006), p. 903.
75) 노멘클라투라(номенклату́ра)는 소련 내에 존재했던 당직자 및 관료 선출 방식, 또는 특권 계급을 의미한다. 노멘클라투라는 1917년 러시아혁명으로 소련이 수립된 지 10년 후 스탈린 집

출신이며 권력층에서 체키스트(Chekist)[76]들은 훨씬 넓게 포진되어 있다.[77] 소비에트식 교육을 받은 이 엘리트들은 모스크바가 구소련 전체 공간에 대한 소유권을 주장할 수 있다는 신념을 갖고 있기 때문에 이들 국가들에 대한 강제력뿐만 아니라 지배력을 증강하기 위해서는 전쟁도 가능하다고 생각한다.[78] 또한 이들 그룹의 가장 큰 정치적 목적은 강대국 러시아의 재건과 유라시아의 통합이다. 한편, '권위주의적 자본주의 국제질서(ACIO, Authoritarian-capitalist international order)'를 기반으로, 경제적으로 민족주의적이고 반시장적인 성향이 강하기 때문에 해외 직접투자를 제한하는가 하면 전략산업 국유화에 대한 의지가 강하다.[79] 따라서 에너지 부문에 대한 국유화는 경제보다 안보 등 정치적 논리에 따라 움직이고 있다.[80]

셋째, 전문관료 집단이다. 이들은 기본적으로 행정부 출신의 관료들을 지칭한다. 푸틴이 중앙정계에 진출하여 인연을 맺은 그룹으로 러시아연방 행정부에서 경력을 쌓은 전문관료들이다. 이들은 시장의 자율적인 작동보다는 법과 제도적 개혁을 통한 국가의 역할을 중시한다.[81]

권기에 국가를 이끌 소련공산당 간부와 정부 관리들의 리스트를 가리키는 말이었다. 이후 흐루쇼프 집권기인 1960년대부터 노멘클라투라의 의미가 '특권 계급'이라는 부정적인 의미로 전환되었다.

76) 체키스트(Chekist)는 체카(Чека, ВЧК) 요원들을 지칭하는 말로 소련 정치경찰의 대명사가 되었으며, KGB와 같은 소련 정보기관 요원의 시초라고 할 수 있다. 체카는 1917년 10월 혁명 이후 수립된 소비에트 연방 내에서 반혁명 및 방해 공작 활동과 그에 대한 모든 시도를 근절하는 것을 목적으로 설립되었다.

77) Maria Snegovaya and Kirill Petrov, "Long Soviet Shadows: The Nomenklatura Ties of Putin Elites," Post-Soviet Affairs 38-4 (2022), pp. 329-348.

78) Maria Snegovaya, "They are From the Soviet Union: How Putin's Elite Nomenklatura Origins Led to War," The Insider, May 6, 2022 at https://theins.ru/en/opinion/maria-snegovaya/250988 (검색일: 2023. 02. 11).

79) '권위주의적 자본주의 국제질서'와 관련하여 Kang(2020: 1-27) 참조.

80) Keith C. Smith, "Security Implication of Russian Energy Policies," CEPS Policy Brief 90 (2006).

즉, 국가 주도의 경제성장을 기본적인 원칙으로 규정하고 있다는 것이다. 대표적인 인물은 외무부 장관 라브로프(Sergei Lavrov)와 대통령행정실 부실장 겸 보좌관을 역임한 수르코프(Vladislav Surkov)를 들 수 있다. '회색 추기경(Gray Cardinal)'이라는 별명을 갖고 있는 수르코프는 '주권 민주주의(Sovereign democracy)'의 개념과 통합러시아당의 지도 이념(ideology)을 창시한 것으로 유명하다. 러시아 정계에서는 그를 통하지 않고는 어떤 일도 진행되지 않는다고 할 정도로 막강한 권력을 행사했다. 수르코프가 맡았던 가장 큰 업무는 우크라이나를 러시아에 편입시키는 것으로 알려져 있다.[82]

넷째, 실로바르히(Silovarchy) 그룹이다. 푸틴 집권기의 올리가르히는 옐친 시절에 권력을 사유화했던 올리가르히와는 구별되어야 한다. 옐친 대통령 당시의 올리가르히들을 '민간올리가르히(private oligarchy)'라고 부르며, 푸틴 집권기의 올리가르히들을 '국가올리가르히(state oligarchy)'라고 부른다.[83] 국가올리가르히들은 푸틴체제에 순응한 자들로 실로바르히라고 불리며 '푸틴사단'의 한 축을 담당하고 있다.[84] 이들은 정치적 생존을 위해 푸틴을 지지한 세력으로 자신들의 부를 지키기 위해 푸틴이 제시한 원칙, 즉 '정치에 관여하지 않고 조세의 의무를 다한다'는 합의를 철저히 이행하는 그룹이다. 이러한 원칙에 저항하거나 위배한 과두재벌들은 권력과 재산이 박탈되어 국외로 추방되거나 구속되었다.[85] 대표적인

---

81) Bremmer and Charap(2006/2007), p. 84.
82) "Сурков рассказал о несуществующей Украине и «упрямых хохлах»," Лента, 8 марта, 2020. 수르코프는 2020년 2월 18일 대통령 보좌관직에서 물러났다.
83) 올리가르히의 구별과 관련하여 Lewin(2016) 참조
84) 실로바르히(silovarchy)는 실로비키(siloviki)와 올리가르히(oligarchy)의 합성어로 무력부서 출신의 경제부문에 진출한 엘리트로 이해할 수 있다. 이와 관련하여 Treisman(Winter 2007: 142) 참조.
85) Mashall I. Goldman, The Piratization of Russia (London and New York: Routledge, 2003), pp.

인물들로 구신스키(Vladimir Gusinsky), 베레좁스키(Boris Berezovsky), 호도르콥스키(Mikhail Khodorkovsky) 등을 들 수 있다. 반면에 아브라모비치(Roman Abramov), 마무트(Alexander Mamut), 데리파스카(Oleg Deripaska), 알렉페로프(Vagit Alekperov), 포타닌(Vladimir Potanin) 등은 푸틴과 우호 관계를 유지하고 있는 과두재벌들이다. 더욱이 아브라모비치와 데리파스카는 2000년에 설립한 '러시아 알루미늄(Rusal)'을 통해 러시아 알루미늄 시장의 75%를 점유하기도 했다.86) 이들 실로바르히들은 푸틴의 친위대로 변모하면서 러시아 경제의 한 축을 담당하고 있다.

  이상에서 살펴본 것처럼 푸틴 집권기 동안 다양한 엘리트 그룹이 권력을 분점하면서 파워 엘리트(Power Elite)로 성장해 왔다. 그중에서도 푸틴의 신임을 가장 많이 받고 있는 그룹은 실로비키라고 할 수 있다. 그렇다고 해서 실로비키가 모든 권력을 장악했다는 것을 의미하지는 않는다. 위에서 상술한 것처럼 2000년에서 2008년에 이르는 푸틴 집권기 동안 핵심 권력 엘리트 내에서도 실로비키 주류와 비주류, 페테르부르크 자유주의자, 전문관료집단 등 다양한 스펙트럼의 파벌 그룹들이 존재한 것을 확인할 수 있다.87) 그럼에도 불구하고 '이념지향적 엘리트 유형(Ideology-oriented elite type)'의 통합 수준까지는 아니어도 옐친 시기보다는 정치 엘리트 집단 내의 통합 수준은 높아졌다고 할 수 있다.88) 그 근거로 푸틴은 2000년과 2004년, 2012년, 2018년 네 차례 대선에서 모두 결선투표까지 가지 않고 높은 득표율로 당선되었으며, 집권당인 통합러시아당은 압도적인 지지로 국가두마를 장악한 것

    131-141.
86) Andrew Barnes, Owning Russia (Ithaca and London: Cornell Univ. Press, 2006), p. 194.
87) White, Stephen. Politics and the Ruling Group in Putin's Russia. New York: Palgrave Macmillan, 2008. pp. 67-75.
88) 엘리트 유형 분류와 관련하여 연담린(2022: 74-75) 참조.

을 확인할 수 있다.

　이러한 경향성은 8대 총선에서도 반복되어 나타나고 있다. 8대 총선에서 통합러시아당은 49.82%의 득표율로 국가두마의 324석을 차지하였다. 계속되는 지지율 하락으로 인해 8대 총선에서 고전을 면키 어려울 것이라는 예상과는 달리 국가두마의 72%를 장악하는 기염을 토했다. 통합러시아당의 선전을 통해 8대 총선을 분석해 보면 다음과 같은 특징들이 나타난다. 첫째, 8대 통합러시아당 의원들 중 무력부서 출신들이 상대적으로 다수 당선되었다. 본 논문에서는 러시아 정치 엘리트 유형을 6가지로 분류하고 있으며, <표 2>에서 보는 것과 같이 무력부서 출신 엘리트는 '군인'으로 유형 분류하고 있다. 8대 통합러시아당 의원 중 무력부서 출신은 28명이며, 소련 국가안보위원회(KGB) 출신은 3명, 그 후신인 러시아 연방보안국(FSB) 출신은 1명이었다. 이 수치는 8대 통합러시아당 의원 324명 중 9%에 해당하는 것으로, 특수분야 경력을 감안하면 상당히 높은 수치라고 할 수 있다. 이러한 경향성은 7대에서도 반복되어 나타나고 있으며, 러시아 정치 엘리트 그룹 중 무력부서 출신들의 권력 배분율이 상당히 높은 것을 확인할 수 있다. 특히, 그들의 정치적 영향력은 비율 대비 월등히 높을 것으로 예상할 수 있다. 이는 러시아 정치의 권력 정점에 있는 푸틴 대통령이 KGB 출신이라는 점을 감안하면, 비공식의 제도화가 정착되어 있는 러시아의 정치 풍토상 충분히 납득가는 부분이다. 두 번째로, 전문관료와 일반관료의 비율이 여전히 높은 것을 확인할 수 있다. <표 2>에서와 같이 전문관료는 26%로 85명에 달하며, 일반관료는 30%로 96명 의원들이 당선됨으로써 총 56%인 181명으로 통합러시아당 전체 의석의 절반이 넘는 수치이다. 이들 전문관료와 일반관료의 비율이 높다는 것은 친(親)크렘린 엘리트들의 권력 장악력이 여전히 높다는 것을 의미한다.

이들은 행정부와 의회에 포진되어 경력을 쌓음으로써 지속적으로 권력을 재생산하기 때문이다. 세 번째는 기업출신관료들이 지속적으로 의회에 진출하고 있다는 것이다. 8대 총선에서도 7대와 마찬가지로 의석의 17%를 차지함으로써 56명의 의원들이 당선되었다. 그중에서도 4명은 이른바 '올리가르히(실로바르히)'라고 불리는 과두재벌들로 이들은 포브스(Fobes)지가 선정한 러시아 기업인 200대 그룹에 속하는 인물들이다.[89] 이들은 주로 여당의 금전적 스폰서 역할을 수행하면서 선거비용이나 통합러시아당 산하 기관들을 후원하고 있다. 대표적인 인물로는 광물회사 '우랄스틸(Ural steel)' 대표이사 출신 안드레이 스코치(Andrei Skoch)를 들 수 있다.[90]

그렇다면 통합러시아당을 중심으로 하는 엘리트 구조의 지속은 어떤 요인에 의해 작동하고 있는가? 첫째, 통합러시아당과 야당과의 권력 분배 및 승계의 규칙이다. 야당의 대표적 주자라고 할 수 있는 러시아정의당(A Just Russia – For Truth)은 외형적으로는 사회민주주의 노선을 표방하며 중도 우파적 성향의 여당인 통합러시아당과 차별된 야당의 모습을 보이고 있다고 할 수 있다. 하지만 본질적으로는 제1야당인 공산당(Communist Party)을 견제하며 이들의 표를 일정 부분 흡수하여 여당 중심의 일당 우위 의회 체제를 유지하기 위한 크렘린의 전략이라고 해석하는 시각이 있다.[91] 실제로 2004년 당시 푸틴의 곁을 지키기 위해 대통령 선거에 출마했다고 밝힌 상원의장 미로노프(Sergey Mironov)가 러시아정의당의 초대 당대표에 취임함으로써 이와

---

[89] 이들의 이름은 다음과 같다: 겐나지 파닌(Геннадий Олегович Панин), 아르카디 포노마료프(Аркадий Николаевич Пономарёв), 레오니드 시마놉스키(Леонид Яковлевич Симановский), 안드레이 스코치(Андрей Владимирович Скоч).
[90] 통합러시아당과 올리가르히와의 관계 관련 내용은 Markus(2022: 270-292) 참조.
[91] Thomas Remington, Politics in Russia (New York: Routledge, 2016), p. 178.

같은 사실은 더욱 명확하게 드러났다. 한편 러시아정의당은 2007년 5대 총선에서 약 7.7%의 득표율을 기록함으로써 크렘린이 허용할 수 있는 선에서 그 세력을 유지해왔고 할 수 있다.92)

두 번째, 푸틴 대통령의 전폭적인 지지 및 유세 활동이다. 8대 총선을 3개월 앞둔 2021년 6월 19일 통합러시아당 1차 전당대회에서 푸틴 대통령은 "국가 발전의 핵심 방향을 대표"하는 인물들이라며 연방 비례대표 명부 상위 5인을 소개했다. 동 당 대회에서 통합러시아당은 1차 총선 정책을 제시했는데, 이는 푸틴 대통령의 연례 국정연설을 기반으로 작성되었으며, 국민의 삶의 질 제고를 중심으로 하는 사회·경제적 영역에 초점이 맞춰져 있었다. 한편, 8월 24일 2차 전당대회에서 푸틴은 군인에게 1만 5천 루블(약 25만 원), 연금수급자에게 1만 루블(약 16만 원), 취학연령의 자녀가 있는 가족에 1만 루블(약 16만 원)의 보조금을 지급하겠다고 발표했다.93)

세 번째, 총선에 참여를 희망하는 정당과 개인은 정부가 규정하는 몇 가지 조건을 충족해야 한다. 대표적인 예로, 정당의 경우 직전 총선에서 비례대표 득표율이 3% 이상이어야 하며, 러시아 연방주체 중 하나 이상의 지역의회에서 의석을 가지고 있어야 한다. 개인(무소속 입후보자)의 경우 참여를 희망하는 선거구 유권자의 3% 이상의 추천인 서명을 확보해야 한다.94) 이러한 조건은 개인의 출마를 엄격히 제한하는 반면 중앙과 지역에서 조직적 세력을 가지고 있는 통합러시아당에게는 상당히 유리하다고 할 수 있다.95)

---

92) 장세호·김시헌(2023), p. 16. 그 이후 치러진 6, 7, 8대 총선에서 러시아정의당은 각각 13.64%, 6.22%, 7.46%의 득표율을 기록했다.
93) 장세호(2021b), p. 345.
94) 장세호(2021a), p. 2.
95) Nicklaus Laverty, "The 'Party of Power' as a Type," East European politics 31-1 (2015), pp.

네 번째, 지역구 투표를 포함한 혼합형 선거제도의 재도입이다. 혼합형 선거제에 기반한 2016년 선거법은 8대 총선에서도 통합러시아당에 철저히 유리하게 작용했다. 통합러시아당은 중앙·지방정부 차원의 지원에 힘입어 견고한 지역적 토대를 구축해왔으며, 조직 및 재정적 측면에서 다른 야당들과는 차원이 다른 지역구 선거 자산을 확보할 수 있었다. '소선거구 상대다수제'와 일여다야(一與多野) 구도의 구조적·제도적 특성은 최대 정당으로서 통합러시아당에 유리할 수밖에 없다. 또한 정당명부식 비례대표제는 5% 원내 진입장벽을 두고 있으며, 이를 초과한 정당에만 의석을 배분하고 있다. 8대 총선에서 5% 진입장벽을 넘지 못한 정당들이 획득한 약 11%의 득표율에 해당하는 25개의 의석은 상위 5개 정당들이 획득한 득표율에 따라 배분이 이뤄졌다. 즉, 정당명부식 비례대표제로 거의 절반에 가까운 표를 획득한 통합러시아당은 추가로 14석을 부여받아 5개 정당 중 가장 큰 수혜를 받았다.[96]

다섯 번째, 8대 총선 과정에서 재야 비판세력의 활동을 제약하는 규정이 대폭 강화되었다. ① '외국대리인' 관련 규정 강화로 외국으로부터 자금을 지원받는 후보는 외국대리인 기능 수행에 관한 정보를 선거 홍보물을 통해 유권자에게 의무적으로 공지하도록 했다. ② 유죄 판결을 받은 사람에 대한 피선거권이 제한되었다. ③ 극단주의 조직에서 활동한 경력이 있는 사람들에 대한 피선거권이 제한되었다. 동시에 대표적인 반정부 인사인 나발니(Alexey Navalny) 및 소볼(Lyubov Sovol)과 관련된 단체와 반정부 성향의 미디어에 대한 억압을 강화했다.[97]

71-87.
96) 장세호(2021b), pp. 352-353.
97) 이태림, "2021년 러시아 총선의 함의와 정국 전망," 『IFANS 주요국제문제분석』 제27호 (2021), p. 8.

이상에서 살펴본 바와 같이, 푸틴 대통령은 2020년 개헌 국민투표와 마찬가지로 8대 총선도 자신과 현 체제에 대한 합법적 권위를 재확인하는 공간으로 인식했다.[98] 하지만 비공식의 제도화에 기반한 권력 유지 행태는 선거결과 왜곡이라는 비민주적 경로를 답습하게 만들었으며, 통합러시아당의 '과대대표' 모습을 반복하여 드러냈다.[99] 지지율 하락과 반정부 시위 등으로 푸틴체제에 대한 위기를 느낀 러시아 정치 엘리트들은 정권 유지를 위해 제도 변경과 외부의 위기를 활용하는 행태를 반복하며 권력의 안정적 재생산을 유도한 것이다. 결국 8대 총선은 '경쟁의 최소화'와 '권력의 안정적인 재생산'을 위한 수단으로 작용함으로써 엘리트 정치구조의 지속을 견인하고 있다고 할 수 있다.

Ⅳ. 나오며

본 연구는 2021년 8대 국가두마 선거(총선)를 중심으로 러시아 정치 엘리트 구조의 변화 과정을 분석하고 있다. 본 연구의 목적은 특정 정치 엘리트 유형과 엘리트 구조와의 대응을 통해 엘리트 내부의 권력 배분 및 승계의 작동 원리를 규명하는 것이다. 이러한 연구 목적 달성을 위해 2021년 치러진 총선을 분석하여 러시아 엘리트 정치구조의 변화를 측정했다. 즉, 통치의 본질과 강제력 행사에서 과두들의 역할에 따른 과두제 유형 분석 모델을 활용하여 체제 전환의 종속변수인 정치

---

98) Stanovaya(September 17, 2021).
99) Anton Troianovski, "In Russia Election Results, Online Votes Sweep Putin Opponents Aside," The New York Times, September 20, 2021.

엘리트 전환을 규명하였다. 3장에서 살펴본 바와 같이 2021년 총선은 러시아 정치 엘리트 구조의 변화와 지속 요인을 동시에 갖고 있다. 8대 총선의 가장 큰 의의는 기존의 권력 강화 및 공고화 과정이 고착화되고 있었다는 것이다. 그렇다면 이러한 요인들을 어떻게 평가할 수 있을까? 2장에서 제시한 윈터스의 분석틀에 따르면, 두 가지 측면에서 분석이 가능할 것이다. 첫째, 평가의 초기, 즉 총선 이전의 상황은 '지배하는' 과두제로 나타났다. 둘째, 이 유형에서 통치의 본질과 강제력 행사에서 과두들의 역할이 어떠한 방향으로 변화되었는지 살펴본다.

분석 결과 푸틴 집권 이후 지속되어온 러시아식 과두제와 엘리트 구조, 즉 '경쟁의 최소화'와 '권력의 안정적인 재생산'을 통한 비공식의 제도화라는 엘리트 정치 구조가 지속되고 있었다. 즉, 푸틴사단을 구성하는 다양한 그룹이 행정부와 입법부, 국영기업 등을 장악함으로써 그들 내부에서 발생하는 권력 배분 및 승계의 룰을 정하고 있으며, 이들이 정한 정책 결정은 국내 및 대외정책에 결정적인 영향력을 행사하는 것으로 나타났다.

중요한 점은 본 논문의 핵심 문제의식이기도 한 과두제 내에서 어떤 변화가 있었는가 하는 점이다. 첫째, 통치의 본질과 관련한 부분이다. 즉, 통치의 본질이 집단적·제도적 방향으로 변화되었는지, 아니면 개인적·분절적 방향으로 변화되었는지 측정할 수 있다. 이와 관련하여 가장 중요한 측정 기준은 여당인 통합러시아당의 최대 정당 지위를 유지 및 공고화해주는 혼합형 선거제도의 도입이다. 3장에서 살펴본 것처럼 2016년 7대 총선부터 도입된 혼합형 선거제도는 중앙과 지방정부 차원의 지원에 힘입어 견고한 지역적 토대를 구축해온 통합러시아당에게 절대적으로 유리한 제도이다. 러시아가 도입한 혼합형 선거제도는 지역구 선거와 비례대표 선거가 각각 병렬적으로 시행됨으로써 그 결과에 따라 의회를 구성하는 '혼합형 다수제' 방식이다. 이러한 혼합형 다수제는 정당명부식 비례대표제와 소선거구 상대다수제가 서로 연동되어 전체 의석수가 정당의 지지율에 의해 결정되는 높은 비례성의 원칙을 담보할 수 없다. 이러한 제도적·구조적 차원에서 절대 우위에 있는 통합러시아당은 이른바 '싹쓸이'에 대한 부담으로 일부 '체제야당'을 동원하여 지역구를 양보함으로써 권력 배분을 조정하는 기술적 '체제내 전환'을 유도했다. 이러한 특권적 지위와 더불어 8대 총선에서 도입된 신규 제도들은 비공식의 제도화라는 러시아식 과두제의 공고화를 추동하고 있다는 차원에서 권력승계 과정이 개인적·분절적 방향으로 전환되고 있다고 평가하기에 충분해 보인다.

둘째, 강제력 행사에 있어서 과두들의 역할 측면이다. 이 경우 중요한 점은 과두들 간의 세력균형이 와해되었는가 하는 것이다. 즉, 특정 과두의 권한이 상대적으로 강화되었는지 측정해야 한다. <그림 2>에 따르면, 술탄제적 과두제 유형으로 분류할 수 있다. 이러한 측정 기준은 특정 과두의 리더가 다른 과두들을 사적·공적 강제력의 수단으로 무장해제시킬 수 있는 권력이 있는가 하는 점이다. 푸틴은 직접 통합러시아당 전당대회에서 연방 비례대표 명단을 공개하면서 국가 발전의 핵심 방향을 천명했다. 또한 총선 정책을 직접 발표하면서 통합러시아당의 리더가 누구인지 명확하게 대중들에게 인식시켰다.

위의 내용을 종합해보면, 상대적으로 특정 과두의 권한이 강화되었으며, 통치의 본질은 개인적·분절적 방향으로 변화했다고 평가할 수 있다. 즉, 러시아의 정치 엘리트 구조는 관료제와 과두제의 속성을 모두 지닌 푸틴사단에 의한 권위주의 체제로 정의가 가능하다. 이러한 평가의 근거는 다음과 같다. 첫째, '법의 독재' 강화이다. 푸틴은 통치기간 헌법의 개정 및 수정을 통한 '법에 의한 지배'를 국정운영의 기조로 삼고 있는 듯 보이지만, 실질적으로는 법을 사유화해 '극장정치(Theatre Politics)'를 구축하고 있다고 할 수 있다. 2020년에는 헌법 수정을 통해 장기집권의 가능성을 열어 놓기도 했다.

둘째, '비공식의 제도화'이다. 즉, 권력이 제도화되지 못하고 제도가 권력화되어 버린 '러시아식 정치 제도화(Informal Institution Building in Russian Politics)'를 의미한다. 다시 말해, 푸틴사단 내부의 엘리트 순환과 관련하여 경쟁과 타협이라는 게임의 법칙이 안정적으로 유지되면서 엘리트 내부의 파벌 정치에 의한 비공식적 부문이 활성화되었다는 것을 의미한다.100) 셋째, 푸틴주의(Putinism)로 상징되는 러시아 국가운영의 사상적 특색이 이데올로기화(ideologization)되었다. 푸틴주의는 권위주의적 속성을 지닌 정치 리더십의 일종이나 러시아 정치체제를 구성하는 하나의 요소라기보다는 고유한 러시아식 통치 운영원리라고 할 수 있다. 즉, 푸틴주의는 러시아라는 국가체제를 운영하는 이데올로기로써, 소련의 통치이념이었던 레닌주의에 비견되는 현대 러시아의 통치이념이 되고 있다.101) 넷째, 계급적 지배체제가 공고화되고 있다. 모스카(Gaetano Mosca)에 따르면, 진보한 사회와 후진적 사회 모두 지배계급과 피지배계급이라는 두 계급으로 나뉜다. 지배계급은 소수인 반면, 권력을 독점하고 모든 정치적 기능을 수행함으로써 권력에 수반되는 모든 특권을 누린다. 반면 피지배계급은 다수이지만 지배계급에 의해서 통제와 지배를 받는다.102) 러시아의 경우 아직까지 계급

---

100) Vladimir Gel'man, "The Unrule of Law in the Making: The Politics of Informal Institution Building in Russia," Europe-Asia Studies 56-7 (2004), pp. 1021-1040.
101) Анатолий Степанов, "Путин сформулировал национальную идеологию," Русская народная линия, 5 октября, 2022 at
https://ruskline.ru/news_rl/2022/10/05/putin_sformuliroval_nacionalnuyu_ideologiyu (검색일: 2022. 10. 7).
102) Gaetano Mosca, The Ruling Class (New York: McGraw-Hill Book Co., 1939), p. 50.

적 지배체제의 모순을 답습하고 있을 뿐만 아니라, 이러한 경향성이 더욱 강화되는 방향으로 진행되고 있는 것으로 보여진다. 다섯째, 푸틴 사단의 관료화(Bureaucratization)이다. 관료적 국가 행정은 그것이 가장 숭고한 인간성과 최선의 의도, 그리고 최상의 지성으로 운영된다고 하더라도, 관료주의라는 '현상(Erscheinung)'을 제거한다고 해서 '필연적 허상(Unvermeidliche Illusion)'이 사라지는 것은 아니다.103) 관료제는 리더를 향한 권력의 집중으로 인해 일반 대중은 낮은 자주성을 가지며, 리더의 판단과 지시를 기다릴 뿐이다. 이러한 현상은 결국 '과두제의 철칙'이라는 정형화된 경향성을 띠게 된다. 즉, 위임받은 자가 위임한 자들을 지배하며, 선출된 자가 선출한 자들을 지배하고, 대의원이 유권자들을 지배하게 된다. 민주주의의 제도를 채택한 다양한 국가들에서 과두제가 출현하는 것은 사회주의건 아나키즘이건 어떠한 사회에서든 필연적으로 나타나는 유기적 경향성을 띤다.104) 여섯째, 실로비키의 권력 독점 현상이다. 상술한 것처럼 정치 엘리트들은 조직의 규모가 확대될수록 효율성을 증대하기 위해 관료제를 선호하게 되고, 또 그러한 방향으로 국가를 운영하려는 의지를 발현하게 된다. 조직의 효과적 통제와 기능을 위해서는 중앙에 권력이 집중되어야 하며, 결국 이렇게 집중된 권력은 소수에 의해 장악되는 악순환이 반복된다. 권력

---

103) 맑스(Karl Marx)에 따르면, 본질은 현상(Erscheinung)과 필연적 허상(Unvermeidliche Illusion)으로 구분할 수 있다. 한편, 본질은 현상과 필연적 허상을 동시에 내포하고 있다. 중요한 것은 본질 속에 내포한 필연적 허상을 간파한다고 해서 본질의 현상이 소멸되는 것은 아니다. 왜냐하면 이러한 현상은 심리적 요인이 아니라 실재(實在)적으로 본질의 속성으로 이미 내제되어 있기 때문이다. 따라서 이러한 필연적 허상은 본질이 소멸되지 않는 한 계속해서 존재할 수밖에 없다. Marx(1887) 참조.
104) Robert Michels, Political Parties: A Sociological Study of the Oligarchical Tendencies of Modern Democracy, Translated into English by Eden Paul and Cedar Paul (New York: The Free Press, 1915), p. 391.

을 장악한 소수의 과두들은 그들의 권력을 유지하고 증대시키기 위해 필요한 모든 수단을 사용하게 된다.[105]

위에서 살펴본 것처럼 푸틴체제 내부의 엘리트 순환과 권력 배분은 경쟁과 타협이라는 게임의 규칙을 통해 안정적으로 작동하고 있으며, 엘리트 정치의 공식적 부문보다 파벌정치의 비공식적 부문이 활성화되었다고 평가할 수 있다. 종합하자면, 푸틴사단은 최고위 정치 지도부를 형성함으로써 자신들의 권력 수단으로 러시아 정치를 통제할 수 있는 영향력을 강화했다고 할 수 있다. 이러한 분석 결과를 <그림 2>에 대입하여 도식화하면 다음과 같다.

〈그림 3〉 러시아 과두제의 변화(2021년 총선을 중심으로)

		강제력 행사에 있어서 과두들의 역할	
		강제력 높음/무장된/개인적	낮음/무장해제된/외재적
통치의 본질	합의/제도화		
	집단적/제도적	지배하는 과두제	시민의 과두제
	개인적/분절적	서로 싸우는 과두제	술탄제적 과두제

그렇다면 이러한 결론은 어떠한 함의를 제공하고 있는가? 첫째, 체제 전환 과정에 있는 러시아 정치 엘리트 구조의 변화와 지속 요인을 분석함으로써 러시아의 정치체제가 어떻게 변화되었는지 규명했다는데 중요한 의미가 있다. 특히 러시아 정치 엘리트들의 권력승계와 배

---

105) Ghia Nodia, "Democracy's Inevitable Elites," Journal of Democracy 31-1 (2020), pp. 75–87.

분의 규칙을 극명하게 보여줄 수 있는 총선을 통해 엘리트 내부의 변화를 추적했다는 측면에서 유의미하다고 할 수 있다. 둘째, 2021년 8대 총선은 '경쟁의 최소화'와 '권력의 안정적인 재생산'을 위한 수단이었다는 점이다. 러시아의 정치 엘리트들은 권력을 유지하기 위한 방법으로 비(非)가시적인 권력 행사인 무의사결정전략(Non-Decision Making Strategy)을 종종 구사하곤 한다.106) 무의사결정전략에 동원되는 수단은 '권력의 행사'뿐만 아니라 '정책의 조작'과 '폭력의 동원과 사용' 등을 포함한다.107) 이 중에서도 8대 총선을 통해 가장 극명하게 사용된 수단은 '정책의 조작'이었다. 정책의 조작은 주로 정책의 결정과 집행의 과정에서 나타나게 된다. 즉, 권력의 상층부에 위치한 지배 엘리트들은 기존의 제도와 정책을 수정 및 보완하여 대중의 요구에 대하여 민주적 절차에 의해 새로운 제도를 도입한 것처럼 비춰지게 하지만, 실질적으로는 어떠한 의미 있는 변화도 일어나지 않거나 오히려 자신들의 권력을 더욱 강화하는 방향으로 전환하게 만든다. 그런 의미에서 8대 총선은 '후기 푸틴체제'를 지탱하는 중요한 헌정질서 요인으로 작용하고 있으며, 러시아 정치 엘리트 집단에 합법성과 정당성을 부여해 주고 있다고 할 수 있다. 셋째, 체제 전환 이후 러시아 정치의 핵심 부분이라고 할 수 있는 선거제도와 다당제가 올바로 작동하고 있지 않다는 점이다. 러시아의 정치는 민주적 절차에 의한 선거제도 운영과 다양한 정당의 참여를 보장하고 있지만 공정한 경쟁과 정부와의 독립성, 특히 여당인 통합러시아당이 과연 독립적 헌법기관으로서 기능하고 있

---

106) 무의사결정전략이란 엘리트에 의해 특정 국가의 지배적인 사회적 가치나 정치제도가 조작됨으로써 오직 상대적으로 안전한 문제만이 정책 의제로 설정되도록 유도하는 것을 의미한다. 이와 관련하여 Bachrach and Baratz(1962: 948-949) 참조.
107) P. Bachrach and M. Baratz, "Decisions and Nondecisions: An Analytical Framework," The American Political Science Review 57-3 (1963), pp. 632-642.

는지 판단하기 어려운 부분이 있다. 러시아의 선거제도는 '혼합형 다수제'로써 선거구의 대표성과 높은 비례성을 기대하기 어려운 제도이다. 즉, 후보들의 선거 참여 권리 측면에서는 동등하다고 할 수 있지만, 선거 경쟁의 측면에서 보면 정부 여당의 압도적인 자원 동원으로 인해 비(非)동등한 체계라고 할 수 있다. 이는 러시아의 선거 과정이 불공정하다는 시비를 지속적으로 제기하게 만든다.[108] 이러한 시비는 결국 선거 권위주의(electoral authoritarian regime)라는 비판에 직면하게 만든다.[109] 스케들러(Andreas Schedler)에 따르면, 전형적인 선거 권위주의 체제에서는 통치자와 야당 사이에 '투쟁의 두 가지 수준(two levels of struggle)', 즉 게임 규칙과 그들 내부의 특수한 관계가 존재한다.[110] 러시아의 경우 이러한 패턴을 답습하고 있다고 할 수 있다. 선거제도는 의원을 선출하는 규칙집(rulebook)이 아니라 단지 의회 다수당을 지목하는 생산 수단에 지나지 않는다. 러시아의 선거법에는 몇 개의 계서적 단계가 존재한다. 기본적인 선거법 골격(2002년 기본 보장에 관한 법률)과 정당법(2001년), 그리고 일반 규범을 기반으로 하는 국가두마 및 대통령 선거에 관한 특정 법률로 보완되고 있다. 골로소프(Grigorii Golosov)는 이러한 러시아의 선거제도를 '권위주의적 학습(authoritarian learning)' 과정이라고 지적한다. 즉, 선거법 수정안 초안을 작성하는 사람들의 이익을 극대화하기 위해 선거 규범은 혼합되고

---

108) Oxana Gaman-Golutvina, "Russian Society and Elites in 1989-2009: Transformation Results and Future Perspective," Historical Social Research 35-2 (2010), pp. 47-48.
109) 이선우 교수는 선거권위주의를 하나의 권위주의체제 형태, 혹은 권위주의체제를 유지하기 위한 수단으로 이해하고 있다. 즉, 선거기제를 통해 엘리트 분파들 간의 경쟁과 갈등을 조절하고 이탈 비용을 줄이는 효과가 있다고 판단하고 있다. 이와 관련하여 이선우(2016: 153-178) 참조.
110) Andreas Schedler, The Politics of Uncertainty: Sustaining and Subverting Electoral Authoritarianism (Oxford: Oxford University Press, 2013), pp. 112-140.

일치화 과정을 겪는다는 것이다.111) 이런 차원에서 볼 때, 통치의 본질은 개인화·분절화되었으며 강제력 행사에 있어서 과두들의 역할은 무장해제되고 외재화된 '술탄제적' 과두제라고 할 수 있는 이론적 근거가 존재한다고 판단된다.

그렇다면 본 연구는 어떠한 시사점을 제시하고 있는가? 첫째, 정치 엘리트의 유형이 지배하는 과두제에서 술탄제적 과두제로 변화했으며, 향후 술탄제적 과두제 내에서 엘리트 내부의 권력승계와 배분 규칙에 의해 새로운 좌표들이 형성될 것으로 예측된다. 본 연구에서 분석한 것처럼 적어도 푸틴 집권기의 정치 엘리트들은 권위주의적 경향성을 더욱 강하게 표출할 것으로 보이며, 푸틴을 정점으로 하는 중앙집권적이고 폐쇄적인 의사결정 체계는 지속 내지는 강화할 것으로 보인다.

둘째, 행위자는 소위 구조와 상호작용하면서 사회현상을 만들어내는 주요 요소라고 할 수 있다. 특히 엘리트는 구조의 산물이기도 하며, 구조의 변화에 영향을 미칠 수 있는 존재이기도 하다.112) 본 연구에서는 종속변수로써 러시아 엘리트 정치의 동학을 연구함으로써 러시아 정치 엘리트의 개별 혹은 집단적 특성과 그 변화를 분석하는 데 초점을 맞췄다. 이런 차원에서 기존 연구의 한계점이라고 할 수 있는 구조에 영향을 미치는 존재, 즉 독립변수로써 엘리트를 규정하고 그들의 정책 및 엘리트 집단 간의 갈등과 투쟁에 대한 분석을 주로 연구해온 경향성을 극복했다는 데 의미를 둘 수 있다. 이러한 연구 목적 달성을 위해 러시아 정치 엘리트 변화 연구의 선제 작업인 유형화 관련 분석틀을

---

111) Grigorii Golosov, "Legislative Turnover and Executive Control in Russia's Regions (2003–2014)," Europe-Asia Studies 69-4 (2017), pp. 553-570.
112) 엘리트를 종속변수로 규정한 대표적 연구로는 이스터(Easter, 2000), 독립변수로 규정한 연구로는 하일리와 버튼(Higley and Burton, 2006) 등이 있다.

제공하고 있다. 그 결과 유형화를 통한 일반 이론 수립의 기본 토대를 마련하고 있다. 기실 이러한 관점에서 진행된 연구물들이 존재한다.113) 물론 본 연구에서도 한계점은 존재한다. 가령 8대 총선에 초점을 맞추어 연구를 진행하다 보니 통시적 분석의 미비로 러시아 정치 엘리트 변화의 추세를 파악하고 이를 이론화하는 데 한계가 있었다. 셋째, 정치 엘리트 유형의 변화 방향이 권위주의적인 체제와 어떤 관련이 있는가 하는 점이다. '관료적 권위주의이론'을 내세운 오도넬(Guillermo O'Donnel)에 따르면, 급진적 근대화가 동반하는 정치적 활성화로 인해 경제적인 불안과 사회적인 혼란이 야기되고, 이러한 상황에 대한 구조적인 반응으로 권위주의 정치가 출현하게 된다고 주장한다. 이 이론은 권위주의 체제의 출현이 민주화로 진행하는 과정에서 발생하는 일시적 일탈현상이나 병리현상이 아닌 그 자체가 하나의 지속적인 유형으로 이해하고 있다.114) 본 연구에서도 증명되었듯이 러시아의 정치 엘리트들이 구축하고 있는 권위주의 체제와 권력 독점 현상은 하나의 독립적 유형, 즉 러시아식 '술탄제적 과두제'라고 하는 독특한 정치 현상을 창출하고 있다.

따라서 본 연구는 향후 연구 보완과 지속적인 후속 작업의 필요성을 동시에 제시하고 있다. 구체적으로, 본 연구에서 진행된 체제 전환과 권위주의 체제라는 구조적인 변수가 구체적으로 정치 엘리트 전환에 어떤 방식으로 영향을 미치고 있는지, 그리고 행위자인 정치 엘리트와 어떻게 상호작용하는지에 대한 분석을 더욱 포괄적이고 종합적으로 다

---

113) 이와 관련한 연구로는 주장환(2012: 191-215); 연담린(2022: 61-101) 등이 있다.
114) Guillermo O'Donnell, "Tensions in the Bureaucratic-Authoritarian State and the Question of Democracy," in David Collier (ed.), The New Authoritarianism in Latin America (Princeton University Press, 1979), pp. 285–318.

룰 필요가 있다. 둘째, 본 연구에서 8대 국가두마 의원들을 분석한 결과 사퇴 및 사망으로 인한 의원직 승계·위임에 따른 국가두마 구성의 변화가 잦으며, 그러한 변화를 반영한 통계 분석을 면밀히 할 필요가 있다.115) 셋째, 러시아 정치 엘리트 변화의 추세를 파악하고 이를 이론화할 수 있는 토대를 만들기 위해 본 연구에서 제시한 분석틀을 이용하여 러시아 정치 엘리트의 전환을 통시적으로 살펴볼 필요가 있다.

---

115) 위임 및 승계는 비례 의원의 경우에 이뤄지며, 지역구 의원의 경우 보궐 선거를 치르게 된다.

참고문헌

김현철. "법치주의의 이론과 실제 : 최근 한국 헌정의 경험을 중심으로."『국가법연구』제14권 3호(2018).

박상남 외.『푸틴의 러시아: 권력과 시장 그리고 비즈니스』파주: 한울, 2007.

연담린. "구조와 행위자 차원의 러시아 엘리트 정치 변화에 관한 연구."『슬라브연구』제38권 4호(2022).

이선우. "푸틴 집권기 엘리트그룹의 권력경쟁."『러시아연구』제17권 2호(2007).. "경제위기와 선거권위주의 체제의 안정성: 러시아 푸틴 정권의 사례."『국가전략』제22권 2호(2016).

이태림. "2021년 러시아 총선의 함의와 정국 전망."『IFANS 주요국제문제분석』제27호(2021).

장세호. "러시아 제7기 국가두마 선거와 선거제도 개편의 제도효과."『Acta Eurasiatica』제8권 2호(2017).. "2021년 러시아 총선 평가와 향후 정세 전망."『INSS 전략보고서』제142호(2021a).. "2021년 러시아 국가두마 의원 선거 평가 : 민심의 왜곡과 여당의 과대대표."『슬라브학보』제36권 4호(2021b).

장세호·김시헌. "선거제도 개편을 통한 러시아 정치 엘리트의 지배력 유지 전략."『분석과 대안』제7권 1호(2023).

주장환. "중국 세대별 정치 엘리트 유형 변화에 관한 연구: 제1세대에서 제5세대를 중심으로."『국제정치논집』제52집 1호(2012).. "중국 엘리트 정치 동학의 변화? 혹은 지속?: 제19기 중국 공산당 중앙위원회를 중심으로."『현대중국연구』제19권 1호(2017).. "중국 정치 엘리트 유형 변화에 관한 연구: 제19기 중국 공산당 중앙위원회를 중심으로." 『국제지역연구』 제5권 3호(2021).. "체제전환기 국가, 엘리트 연구: 쟁점과 제안." 『국제지역연구』 제26권 1호(2022).

주장환·연담린. "체제전환기 중·러 엘리트 정치 구조 변화에 대한 비교분석: 다른 과정, 같은 결과." 『분석과 대안』 제6권 3호(2022).

Aristotle. Politics. Translated by Benjamin Jowett. Kitchener: Batoche Books, 1999.

Bachrach, P. and M. Baratz. "Two Faces of Power." The American Political Science Review 56-4 (1962).. "Decisions and Nondecisions: An Analytical Framework." The American Political Science Review 57-3 (1963).

Barnes, Andrew. Owning Russia. Ithaca and London: Cornell Univ. Press, 2006.

Best, Heinrich and John Higley (eds.). The Palgrave Handbook of Political Elites. London: Palgrave Macmillan, 2017.

Brancaleone, Marie. "The Russian Elite in the post-Putin Era." Centre d'étude des crises et conflits internationaux (2021).

Bremmer, Ian and Sarnual Charap. "The Siloviki in Putin's Russia: Who They Are and What They Want." The Washington Quarterly 30-1 (2006/2007).

Cornford, F. M. The Republic of Plato. Translated by F. M. Cornford. Oxford: Oxford University Press, 1941.

Dahrendorf, Ralf. Society and Democracy in Germany. New York: W.W. Norton, 1979.

Easter, Gerald M. Reconstructing the State: Personal Networks and Elite Identity in Soviet Russia. New York: Cambridge University Press, 2000.

Farrell, David M. Electoral Systems: A Comparative Introduction. New York: Red Globe Press, 2011.

Fauconnier, Clementine. "United Russia's Political Recruitment in the Russian Regions and 'the Strengthening of the Power Vertical': The Case of Novgorod Region." in Lena Jonson and Stephen White (Eds.), Waiting For Reform Under Putin and Medvedev, 2012.

Fewsminth, Joseph. Rethinking Chinese Politics. Cambridge: Cambridge University Press, 2021.

Fomin, Ivan. "The Six Types of Putin's Elites." Riddle (May 13, 2022) at https://ridl.io/the-six-types-of-putin-s-elites (검색일: 2023. 1. 12).

Gaman-Golutvina, Oxana. "Russian Society and Elites in 1989-2009: Transformation Results and Future Perspective." Historical Social Research 35-2 (2010).

Gel'man, Vladimir. "The Unrule of Law in the Making: The Politics of Informal Institution Building in Russia." Europe-Asia Studies 56-7 (2004).

Gel'man, Vladimir and Inessa Tarusina. "Studies of Political Elites in Russia." Communist and Post-Communist Studies 33-3 (2000).

Gel'man, Vladimir and Sergei Ryzhenkov. "Local Regimes, Sub-national Governance and the 'Power Vertical' in Contemporary Russia." Europe-Asia Studies 63-3 (2011).

Goldman, Mashall I. The Piratization of Russia. London and New York: Routledge, 2003.

Golosov, Grigorii. "Legislative Turnover and Executive Control in Russia's Regions (2003–2014)." Europe-Asia Studies 69-4 (2017).

Graham, Thomas E. "Fragmentation of Russia. In Russia after the Fall." in Andrew C. Kuchins (ed.), Russia After the Fall. Washington D.C.: Carnegie Endowment for International Peace, 2002.

Hashim, S. Mohsin. "Putin's Etatization Project and Limits to Democratic Reform in Russia." Communist and Post-Communist Studies 38-1 (2005).

Higley, John and Michael Burton. "Types of National Elites in Postcommunist Central and Eastern Europe." International Politics 34-2 (1997).. Elite Foundations of Liberal Democracy. MD: Rowman & Littlefield, 2006.

Higley, John and György Lengyel. Elites after State Socialism: Theories and Analysis. Lanham: Rowman & Littlefield Publishers Inc, 2000.

Kang, Bong-koo. "Understanding the Ukrainian Conflict from the Perspective of Post-Soviet Decolonization." REGION: Regional Studies of Russia, Eastern Europe and Central Asia 9-2 (2020).

Kasčiūnas, L., M. Laurinavičius and V. Keršanskas. "Vladimir Putin's Pyramid of Rule: Who Really Governs Russia?" Eastern Europe Studies Centre (2014).

Kolesnikov, Andrei, Tatiana Stanovaya, Angela Stent and Denis Volkov. "Expert Survey: Will the Outcome of Russia's Elections Impact Its Foreign Policy?" Russia Matters, September 24, 2021.

Konitzer, Andrew and Stephen K. Wegren. "Federalism and Political Recentralization in the Russian Federation: United Russia as the Party of Power." The Journal of Federalism 36-4 (2006).

Kryshtanovskaya, Olga V. "Transformation of the Old Nomenklatura into a New Russian Elite." Sociological Research 34-6 (1995).

Kryshtanovskaya, Olga V. and S. White. "Inside the Putin Court: A Research Note." Europe-Asia Studies 57-7 (2005).

Laverty, Nicklaus. "The 'Party of Power' as a Type." East European politics 31-1 (2015).

Lewin, Linda. Politics and Parentela in Paraiba: A Case Study of Family-Based Oligarchy in Brazil. Princeton: Princeton University Press, 2016.

Markus, Stanislav. Russia's Oligarchs. Cambridge University Press, 2022.

Marx, Karl. Capital: A Critique of Political Economy. Translated by Samuel Moore and Edward Aveling. Moscow: Progress Publishers, 1887.

Michels, Robert. Political Parties: A Sociological Study of the Oligarchical Tendencies of Modern Democracy. Translated into English by Eden Paul and Cedar Paul. New York: The Free Press, 1915.

Mosca, Gaetano. The Ruling Class. New York: McGraw-Hill Book Co., 1939.

Nodia, Ghia. "Democracy's Inevitable Elites." Journal of Democracy 31-1 (2020).

O'Donnell, Guillermo. "Tensions in the Bureaucratic-Authoritarian State and the Question of Democracy." in David Collier (ed.), The New Authoritarianism in Latin America. Princeton University Press, 1979.

Panov, P. and C. Ross. "The Range and Limitation of Sub-National Regime Variations under Electoral Authoritarianism: The Case of Russia." Regional and Federal Studies 29-3 (2019).

Petrov, Nikolai and Darrell Slider. "Putin and the Regions." in Dale R. Herspring (ed.), Putin's Russia: Past Imperfect, Future Uncertain. MD: Rowman and Littlefield, 2003.

Remington, Thomas. "Patronage and the Party of Power: President–Parliament Relations Under Vladimir Putin." Europe-Asia Studies 60-6 (2008).. Politics in Russia. New York: Routledge, 2016.

Renz, Bettina. "Putin's Militocracy? An Alternative Interpretation of Siloviki in Contemporary Russian Politics." Europe-Asia Studies 58-6 (2006).

"Russia's Foreign Debt Down 31.3% in Q3 - Finance Ministry." РИА Новости, 31 октября, 2006.

Ross, Cameron. "Putin's Federal Reforms." in Cameron Ross (ed.), Russian Politics Under Putin. Manchester and New York:

Manchester University Press, 2004.

Sakwa, Richard. Soviet Politics: An Introduction. London: Routledge, 1989.. "Regime Change from Yeltsin to Putin: Normality, Normalcy or Normalisation." Cameron Ross (ed.), Russian Politics under Putin. Manchester: Manchester University Press, 2003.. "Primaries: The Road to More Competitive Elections?" Rethinking Russia 4, 2016.

Salikov, M. "Federalism in Russia: Current State and Emerging Trends." Brics Law Journal 7-4 (2020).

Schedler, Andreas. The Politics of Uncertainty: Sustaining and Subverting Electoral Authoritarianism. Oxford: Oxford University Press, 2013.

Shevtsova, Lilia. "Vladimir Putin's Political Choice: Towards Bureaucratic Authoritarianism." in Alex Pravda (ed.), Leading Russia: Putin in Perspective. Oxford: Oxford Univ. Press, 2005.

Shinar, Chaim. October "The Russian Oligarchs, from Yeltsin to Putin." European Review 23-4 (2015).

Slider, Darrell. "Putin's Vertical Challenge: Center-Periphery Relations." in Stephen K. Wegren (ed.), Russia's Policy Challenges: Security, Stability and Development. NY: M.E. Sharpe, 2003.

Smith, Keith C. "Security Implication of Russian Energy Policies." CEPS Policy Brief 90 (2006).

Snegovaya, Maria. "They are From the Soviet Union: How Putin's Elite Nomenklatura Origins Led to War." The Insider, May 6,

2022 at https://theins.ru/en/opinion/maria-snegovaya/250988 (검색일: 2023. 02. 11).

Snegovaya, Maria and Kirill Petrov. "Long Soviet Shadows: The Nomenklatura Ties of Putin Elites." Post-Soviet Affairs 38-4 (2022).

Soldatov, Andrei and Michael Rochlitz. "The Siloviki in Russian Politics." In Daniel Treisman (ed.), The New Autocracy: Information, Politics, and Policy in Putin's Russia. Washington, D.C.: Brookings Institution Press, 2018.

Stanovaya, Tatiana. "How the Duma Elections Could Decide United Russia's Fate." Carnegie Moscow Center, Sep. 17, 2021.

Steen, Anton. Political Elites and the New Russia: The Power Basis of Yeltin's and Putin's Regimes. London: Routledge Curzon, 2003.

Steen, Anton and Vladimir Gel'man (eds.). Elites and Democratic Development in Russia. New York: Routlede, 2003.

Treisman, Daniel. "Putin's Silovarchs." Orbis 51-1 (2007).

Troianovski, Anton. "In Russia Election Results, Online Votes Sweep Putin Opponents Aside." The New York Times, September 20, 2021.

White, Stephen. Politics and the Ruling Group in Putin's Russia. New York: Palgrave Macmillan, 2008.

Willerton, John P. "Presidency and Executive." In R. Sakwa, H. E. Hale and S. White (eds.), Developments in Russian Politics. Duke University Press, 2019.

Winters, Jeffery A. Oligarchy. Cambridge University Press, 2011.

Ziegler, Charles E. "Russia as a Nationalizing State: Rejecting the Western Liberal Order." International Politics 53-5 (2016).

Zimmerman, W., R. Inglehart, E. Ponarin, Y. Lazarev, B. Sokolov, I. Vartanova and Y. Turanova. Russian Elite-2020. Valdai Discission Club Analytical Report, 2013.

Велигжанина, Анна. "Ельцин попросил Примакова отказаться от поста президента." Комсомольская правда, 1 июля, 2015.

Вилков, А. А. " Возвращение к смешанной избирательной системе на выборах в государственную думу: извлечены ли политические уроки?" Политология 14-1 (2014).

Иванова, Е. "Избирательные системы на выборах вгосударственную Думу Федерального Собрания российской Федерации." Вестник Международного института экономики и права 2 (2017).

Королева, Мария. "Репортаж «Медузы»." Meduza, 24 сентября, 2022 at https://meduza.io/feature/2022/09/23/esli-prizovut-s-radostyu-poydu (검색일: 2023. 2. 2).

Кулагин, Владимир. "Главное о выборах в Госдуму 2021 года." Газета.Ru, 4 августа, 2021.

Кынев, Александр. "До выборов осталось чуть больше месяца." Meduza, 6 августа, 2021.

Покатов, Дмитрий. "Рекрутирование современной российской политической элиты как ротация политической иадминистративно-корпоративной элитных групп." Власть и элиты 6-1 (2019).

"Путин: Кудрин - полезный и нужный человек." Регнум, 7 октября, 2011.

Становая, Татьяна. "Пять путинских элит на фоне транзита." Московский центр Карнеги, February 27, 2020 at http://carnegie.ru/2020/02/27/ru-pub-81158 (검색일: 2023. 1. 10)..

"Административно-партийная система. Как выборы закрепили новый тип российских партий." Московский Центр Карнеги, 20 Сентября, 2021.

Степанов, Анатолий. "Путин сформулировал национальную идеологию." Русская народная линия, 5 октября, 2022 at https://ruskline.ru/news_rl/2022/10/05/putin_sformuliroval_nacionalnuyu_ideologiyu (검색일: 2022. 10. 7).

"Сурков рассказал о несуществующей Украине и «упрямых хохлах»." Лента, 8 марта, 2020.

"Что изменится на выборах в Госдуму РФ в 2021 году - Биографии и справки." ТАСС, 18 Июня, 2021.

"Что сделал Алексей Кудрин." Коммерсантъ, 26 сентября, 2011.

러시아 여론조사기관 WCIOM - Electoral rating of political parties. https://wciom.com/our-news/ratings/rating-of-political-parties.
러시아 우선적국가프로젝트. https://национальныепроекты.рф/projects.
러시아 중앙선거관리위원회 홈페이지. http://www.cikrf.ru.
한신대학교 유라시아연구소 홈페이지. http://www.hei.re.kr/HANSIN.

제2부 러시아
6장

러시아의 '확장된 유라시아 파트너십' 개념과 중러 협력

김 선 래
(한국외국어대학교 러시아연구소)

Ⅰ. 들어가며
Ⅱ. 고전적 유라시아주의와 신유라시아주의
  1. 고전적 유라시아주의
  2. 신유라시아주의
Ⅲ. 확장된 유라시아 파트너십(Greater Eurasian Partnership)
  1. 유라시아 통합 의제로서의 GEP
  2. 유라시아통합의 8가지 원칙
  3. EAEU와 일대일로의 연결
Ⅳ. 중러 경제협력과 동북아
  1. 중러 경제협력
  2. 중러 전략적 협력과 동북아시아
Ⅴ. 나오며

06

러시아의 '확장된 유라시아 파트너십' 개념과 중러 협력[*]

김 선 래
한국외국어대학교 러시아연구소

I. 들어가며

2022년 2월 러시아의 우크라이나 침공으로 시작된 유라시아의 거대한 지각변동은 포스트코로나 이후 세계질서 재편의 서막을 열었다고 보겠다. 소련 붕괴 이후 독립한 러시아는 일극체제라는 변화된 국제질서와 약화된 국력으로 인하여 미국의 일극 헤게모니에 대항하여 그 변화를 모색하기에는 한계를 지니고 있었다. 2000년대 들어오면서 러시아는 국제사회에서 러시아의 위상을 강화하고 미국의 헤게모니에 능동

---

* 이 글은 2022년 5월, 서울대 러시아연구소가 발간하는 『러시아연구』, 제32권 제1호에 게재된 논문을 재편집하여 실었음.

적으로 대처하기 위하여 러시아적 가치를 전면에 내세우면서 다자주의적 국제질서를 추구했다. 러시아는 현재 진행 중인 미중 전략경쟁이 조 바이든 미국 행정부 하에서 더욱 치열해질 것으로 본다. 또한, 중러와 서구가 글로벌 차원에서 그레이트 디커플링(great decoupling)[1]으로 진행되고 있는 현 상황을 장기적 관점에서 바라보고 이에 대응하고 있다. 미국 외교전문지 『포린 폴리시』는 미국과 중국이 40년 밀월을 청산하고 그레이트 디커플링 경쟁을 펼치고 있다고 진단하면서 지난 40년이 지구촌을 하나의 시장으로 묶는 글로벌라이제이션(세계화)의 시대였다면 향후 40년은 미국과 중국의 결별, G2의 헤게모니 다툼이 세계를 찢어놓는 디커플링의 시대가 될 것이라고 예견했다. 러시아를 향한 미국과 서구의 전방위적 압박과 경제제재 조치가 이어지고 있는 가운데 발생한 러시아의 우크라이나 침공은 자유민주주의 세력과 권위주의 세력이라는 양대 진영의 전방위적인 결별이 시작되었다는 것을 의미한다. 이에 러시아는 서구진영의 전방위적인 제재와 압박으로부터 우회하는 헷징전략으로 중국과의 관계를 강화하고 유라시아지역 국가들과 협력을 강화해 나가면서 대응하고 있다.

러시아의 지경학적 전략 개념인 '확장된 유라시아 파트너십(Greater Eurasian Partnership)'[2]은 러시아의 국제정치 지위와 연결된 개념으로 크렘린의 대외경제전략과 국제 정체성이 긴밀하게 연결되어 있다는 것을 보여주는 대표적인 전략 개념이다. 러시아는 세계 경제의 흐름과

---

[1] Scott Ritter, "The Great Decoupling: How Western Sanctions Are Pushing Moscow East," Energy Intelligence, 2022.03.11.
https://www.energyintel.com/ 0000017f-797c-df49-abff-fffdd6cf0000 (검색일: 2022.03.11).
[2] 초기에 러시아는 유라시아 개념을 포스트소비에트 지역에 국한하였으나 GEP(Greater Eurasian Partnership)의 개념은 그 경계를 넘어 리스본에서 블라디보스토크까지를 뜻하는 유럽과 아시아라는 개념으로 확장했다.

국제 역학관계에 대한 변화를 잘 파악하면서 이 전략을 설계하고 추진하고 있다. 그러나 이 개념의 주요 방향인 러시아 강대국주의는 그 추진과정에 있어 무리수로 나타날 수도 있다. 우크라이나 침공도 어떻게 보면 러시아 강대국 건설에 있어서 빼놓을 수 없는 우크라이나의 전략적 가치로 인하여 발생했다고도 보겠다. 러시아는 확장된 유라시아 파트너십의 목표를 위한 아시아의 중요성을 인식하고 있다. 하지만 목표를 달성하기 위한 정치적, 경제적 수단이 한정되어 있는 것이 현실이다. 러시아는 국제정치에 있어서 무역과 투자 그리고 네트워크 강화라는 경제적 측면도 중요하지만, 러시아의 강대국 개념도 중요하다고 보고 있다. 때문에 GEP는 국제적으로 러시아의 강대국 정체성을 보여주는 대표적 개념이다. 이는 1990년대 중반부터 미국 주도의 세계질서인 일극 체제에 대항하여 러시아가 주장해온 다극적 세계질서의 연장선상에서 나타난 전략적 개념이다. 푸틴 정부의 GEP 전략은 러시아의 강대국 열망을 추구하는 개념이라 보겠다.[3] 러시아가 추구하는 新개념인 '확장된 유라시아 파트너십'은 그 사상적 배경이 유라시아주의에서 출발하였다. GEP는 구밀료프의 유라시아주의로부터 1990년대 두긴의 신유라시아주의로 이어져 왔던 내용이 변화하고 확장된 부분도 있지만, 이러한 흐름을 포함하여 유라시아주의를 근간으로 하는 러시아의 지경학적 개념이 국제 전략 개념과 결합하여 GEP가 탄생하였다는 점을 이 논문에서 강조하려고 한다. 그리고 중국과 협력하는 GEP가 추구하는 목적과 그 지향점이 동북아에 미치는 영향과 의미를 파악할 것이다. 본문 2장에서 유라시아주의와 신유라시아주의에 대한 역사적 맥락과 내용을 살펴보며 3장에서 GEP에 대한 내용을 살펴본다. 4장에

---

3) Juliet Johnson and Seçkin Köstem, "Frustrated Leadership: Russia's Economic Alternative to the West," Global Policy, Vol. 7, Iss. 2 (2016), pp. 207–216.

서 중국과의 경제협력 전망과 그 한계를 들여다본다. 그리고 결론으로 러시아가 추구하는 상생과 공영의 GEP가 현재 진행되는 국제질서의 재편과 국제환경의 변화 속에서 어떻게 확장되어 갈지 예측해 본다.

II. 고전적 유라시아주의와 신유라시아주의

1. 고전적 유라시아주의

20세기 초 러시아에서 유라시아, 유라시아주의라는 말이 역사철학적 의미로 나타나기 시작하였다. 유라시아주의는 유라시아 중심의 범국민주의 및 지역주의 사상이다. 대러시아와는 유사하면서도 다르다. 대러시아가 구 러시아 제국 권역 회복에 대한 지정학 중심의 사상이고, 범슬라브주의가 슬라브 중심의 민족주의라면 유라시아주의는 상대적으로 지역 중심주의의 성향이 강하다. 그래서 동유럽이나 슬라브에만 집중하던 과거 러시아의 민족주의에 비해 아시아에도 상당한 비중을 할애한다. 이는 유라시아라는 거대한 권역을 하나로 묶으려는 의도가 숨어 있다. 러시아에서 유라시아주의는 고전적 유라시아주의에서 구밀료프(Л. Гумилёв)의 유라시아주의로 이어져 왔다. 고전적 유라시아주의자인 베르나드스키(Г. Вернадский)는 1932년 "유라시아주의: 선언, 공식화, 테제"에서 "유라시아주의는 러시아-유라시아 세계의 문화적 독특성을 확인하는 정치적, 이념적, 정신적 운동이라고 강조했다.[4]

---

4) 박혜경, "신유라시아 주의의 의미와 한계를 둘러싼 다양한 논쟁들," 『노어노문학』, 제26권 제4

그로 인해 역사관도 기존의 러시아 민족주의 사관과 큰 차이가 있다. 기존의 러시아 민족주의자들은 몽골의 러시아 지배를 '타타르의 멍에'라고 부르며 치욕으로 취급했다. 반면, 유라시아주의 학자들은 오히려 몽골 제국에 상당히 호의적이다.[5] 유라시아주의가 최근의 트렌드라고 보기 힘든 것이, 표트르 대제 개혁 이전의 러시아 귀족들은 몽골-튀르크 문화를 모방하고 이를 즐겼고, 러시아 귀족 가문 일부는 투항한 타타르 나 노가이인 혈통을 물려받았다.[6]

유라시아주의의 본격적인 기원은 20세기부터 시작한다. 물론 유라시아주의가 원래부터 팽창주의 성향이 강했다고는 보기 힘들다. 기존의 범슬라브주의는 러시아 제국과 함께 붕괴했고, 범슬라브주의 이론을 대표하던 도스토예프스키 같은 인물들은 반동분자로 격하되었다. 유라시아주의는 근대 러시아의 범슬라브주의와 마찬가지로 러시아가 서유럽에 가지고 있었던 문화적 열등감을 해소하고, 러시아의 독자성을 강조하려는 경향이 있다. 유라시아 권역을 제패한 소련의 중심 사상은 스탈린주의를 필두로 한 현실사회주의였기 때문에, 유라시아주의나 범슬라브주의 같은 이론은 주류 이데올로기로 받아들여지기 힘들었다.

호(2014), 노어노문학회, p.378.

5) А. Ф. Рихтер, "Исследования о влиянии монголо-татар на Россию," Отечественные записки, Т. XXII, № 62(1825), pp. 1-370.

6) 신범식, 『유라시아주의 이념과 현대러시아정치』, 학술진흥재단 99년도 박사후연수과정 연구보고서(2001), p. 45; 김용환, "몽골-타타르의 멍에에 관한 사학사적 고찰: 문화적 영향을 중심으로," 『슬라브연구』, 제37권 4호(2021), pp. 78-102. Шокарев, Сергей Юрьевич, Тайны российской аристократии, М.: ОЛМА Медиа Групп.(2008) pp. 1-374.
이반 4세는 중앙아시아와의 무역으로 번영하던 아스트라한과 카잔을 정복한 이후 현지 무슬림 타타르인 귀족들을 루스 차르국의 귀족으로 편입시켰으며, 보리스 고두노프 등 적지 않은 타타르인들이 정교회로 개종하며 루스 차르국 현지 사회로 완전히 편입되었다. 보리스 고두노프는 킵차크 칸국으로부터 러시아로 이주하여 코스트로마에서 이파티에프 수도원을 창립한 타타르인 왕자 체트를 통하여 14세기 초기에 칸국에서 코스트로마로 이주한, 지금은 멸종된 가장 유명한 고대의 타타르인 계통 러시아 가족의 일원이었다.

그러나 역설적으로 유라시아주의를 부정하였던 소련이 유라시아주의와 유사한 대외정책을 수립했다.7) 이는 소련의 영토가 중앙아시아 및 시베리아에 걸쳐 있었고 중앙아시아 무슬림 인구의 비중이 많았기 때문이다. 유라시아라는 용어가 지리적으로 유럽과 아시아를 뜻하지만, 러시아에서는 지리적 범주를 넘어 역사, 민족, 경제적 의미로 확장되었다. 유라시아주의자인 사비츠키(П. Савицкий)는 역사적 운명 공동체인 유라시아 민족이 해체되고 경제적 통일성이 무너진 현실 속에서 러시아적 이데올로기 창출을 목표로 삼았다. 유라시아주의의 기반을 다진 학자 레프 구밀료프는 소련 시대의 반스탈린 운동가 시인 안나 아흐마토바의 아들로서, 처음에 그가 주장한 유라시아주의는 오늘날과 같은 형태는 아니었다. 그는 소련 내 튀르크계, 몽골계 소수 민족들의 입지 개선에 초점을 두었으며, 고전적 유라시아주의 철학이 20세기 말 러시아에서 부활하는데 공헌한 사람이다.8) 1992년, 그는 러시아가 구원받는다면 그것은 유라시아 주권으로서 유라시아주의를 통해서 가능하다며 러시아의 유라시아성을 강조했다.9) 그는 유라시아주의 창시자인 사비츠키와 교류하면서 기존의 유라시아주의를 사유에서 과학으로 이끌었다. 구밀료프는 러시아가 역사적으로 민족 국가모델을 취한 적이 없고 국가성에 의해 통일을 이루어 왔다고 강조하였다. 그러면서 통일의 기반은 러시아-투르크-타타르 민족이 주축으로 구성되는 다 민족 간 평등과 형제애라고 주장했다.10) 유라시아주의는 1990년대 두긴

---

7) 배규성, "러시아 대외정책의 새로운 사상적 기초로서 신유라시아주의," 『국제정치연구』, 제6집 1호(2003), pp. 96-98; 정희석, "푸틴정부의 대내외적 정책에서의 유라시아주의적 경향성 분석," 『국제정치연구』, 제17집 1호(2014), pp. 88-113.
8) Л. Н. Гумилев, От Руси к России: Очерки этнической истории, М.: Эко-прос(1994), p. 336.
9) 이병한, "'도둑맞은 혁명', 소련은 왜 망했나?," 『프레시안』, 2017.12.17.,
https://www.pressian.com/pages/articles/179779 (검색일: 2022.04.23).
10) 오원교, "신유라시아주의: 세계화 시대의 러시아적 대안 문화론," 『슬라브학보』, 제20권 1호

(Александр Дугин)에 의하여 신유라시아주의로 변형되고, 이 과정에서 정교회 전체주의와 결합하였다.11) 그 결과 반서방, 반유대주의, 팽창주의, 패권주의 성향이 강해지며 여타 국가주의나 사회 보수주의 성향의 민족주의 사상과 별반 다를 것이 없게 되었다. 이와 달리 현재 진행되고 있는 러시아의 유라시아주의는 고전 유라시아주의의 반유럽주의를 반대서양주의로 치환하고 소비에트 연방을 대체하는 유라시아연합 창조를 위한 새로운 이데올로기가 되었다.12)

2. 신유라시아주의

〈그림 1〉 유라시아의 영역과 유라시아주의

출처: https://triptonkosti.ru/2-foto/karta-evrazii-png-80-foto.html

---

(2005), p.180.
11) Marlene Laruelle, "Aleksandr Dugin: A Russian Version of the European Radical Right?," Russian Eurasianism: An Ideology of Empire, Washington D.C.: Woodrow Wilson Press; The John Hopkins University Press(2008), pp. 107-144.
12) 신범식(2001), pp. 75-78. 배규성(2003), pp. 99-105.

유라시아주의가 본격적으로 주목받기 시작한 것은 러시아연방 수립 이후부터이다. 유라시아주의는 이반 일린의 정교회 전체주의와 결합하여 신유라시아주의로 거듭났다. 특히, 강력한 러시아 민족주의자이자 보수주의자인 블라디미르 푸틴은 국가의 지배적 이념으로서 유라시아주의를 강력하게 지지하고 있다.13) 그래서 러시아에서는 이른바 유라시아주의가 국가 철학으로서 활발하게 연구되고 있다.14) 소련 붕괴 이후 약화된 국가 이념과 정체성 회복을 위하여 강화된 유라시아주의의 정치적 필요성이 대두되었기 때문이라고 보겠다. 즉, 소련 붕괴 이후 도입된 서구모델과 서구 가치인 자유주의에 대항하여 이념적 정치적 현상으로서 유라시아주의가 대두하게 되었다.15) 단순하게 말하자면 러시아 제국 시대의 범슬라브주의가 러시아는 "아시아 무슬림으로부터 유럽을 보호하는 방파제"라는 정체성을 주입했다면, 러시아의 유라시아주의는 "우리는 아시아 대륙의 정복자들을 계승한 사람들로 유럽인과 다르다!"라는 사상을 주입한다. 이를 바탕으로 유라시아주의자들은 러시아가 맹목적으로 유럽(서구 문명)을 따를 것이 아니라 유라시아지역의 맹주가 되어 독자노선을 걸어야 한다고 주장한다. 유라시아주의자들은 러시아 정체성에서 아시아 지분을 적극 수용하여 아시아성을 러시아 역사에서 분리할 수 없는 요인으로 인정한 최초의 러시아인들이다.16) 이들에게 유라

---

13) 이문영, "러시아의 유라시아주의와 제국의 지정학," 『슬라브학보』, 한국슬라브유라시아학회, 제34권 제2호(2019), pp. 199-200; 박상남 외, "정체성으로 본 푸틴의 러시아: 한러 교류 증진을 위한 시사점을 중심으로," 『대외경제정책연구원 전략지역 심층연구』, 20-03(2021), pp. 55-61.

14) 장-마리 쇼비에, "유라시아주의, 러시아판 '문명의 충격'," 『르몽드 디플로마티크』, 2014.06.03.,
https://www.ilemonde.com/news/articleView.html?idxno=2683 (검색일: 2022.04.15).

15) А. Г. Дугин, Геополитика России, (М.: Академический Проект; Гаудеамус, 2012).

16) С. Глебов, "Границы империи как границы модерна: антиколониальная риторика и теория культурных типов в евразийстве", в И. Герасимов, М. Мо- гильнер и А.

시아가 화두가 되는 것은 러시아가 통치하는 광활한 제국을 합법적 표현으로 필연화할 수 있는 전제가 되기 때문이다.17)

고전적 유라시아주의와 비교하면, 현재 진행되고 있는 유라시아주의는 국가연합을 통해 유라시아 권역의 통합을 추구하는 부분과 러시아 정교회를 중심으로 한 종교적 색채가 더 강해졌다. 두긴은 2000년대 러시아 신유라시아주의를 대표하는 이론가로, 구밀료프에 의해 민족(ethnos)으로 이동된 유라시아주의의 지배소를 다시 장소성으로 이동시켰다. 『지정학의 근간(Основы геополитики』(1997), 『탈근대의 지정학(Геополитика постмодерна)』(2007), 『지정학(Геополитика)』(2011) 같은 주요저서들이 보여주듯이, 두긴은 유라시아주의와 지정학을 밀접하게 연결했다.18) 그에 따르면 유라시아주의는 지구상의 모든 민족에게 열려있으며 지역, 민족, 국적과 상관없는 이념적인 플랫폼이 될 수 있다. 이런 맥락에서 대서양주의나 아메리카주의에 반대한다.19) 두긴의 유라시아주의는 유라시아주의와 현실정치의 만남에서 나오는 실용적 유라시아주의라 할 수 있다. 러시아만이 유라시아주의를 내세우는 것은 아니고 일부 친러 성향 국가들도 이에 동조하는 모습을 보인다.20) 대표적으로 유라시아주의를 공식적으로 천명한 카자흐스탄의 누르술탄 나자르바예프 전 대통령이 있다.21) 외에도 터키, 우즈베키스탄,

---

Семенов(ред.), Изобретение империи: Языки и практики, (М.: Новое издательство 2011), p. 294.
17) 이문영(2019), p. 187.
18) 이문영(2019), p. 193.
19) А. Г. Дугин, Евразийская миссия: Программные материалы международ- ного "Евразийского Движения", (М.: Евразия 2005), pp. 8-10.
20) Н. А. Назарбаев, Евразийский Союз: идеи, практика, перспективы, 1994- 1997 гг., (М.: Фонд содействия развитию социальных и политических наук 1997), pp. 1-500.
21) 이지은, "카자흐스탄의 유라시아주의(Eurasianism)와 대외정책," 『한국이슬람학회논총』, 제24-3집, 한국이슬람학회(2014), pp. 117-147.

헝가리, 투르크메니스탄, 중국 등 유라시아 대륙의 국가들도 이러한 사상 및 비슷한 사상이 있다. 중국은 당나라 제국 시절의 실크로드 무역을 독점한 경험을 되살려 시진핑 집권 이후 150년을 목표로 일대일로 정책을 진행하고 있다. 범투란주의 외에 '투르크 평의회'라고 터키와 옛 소련권 및 옛 동구권의 국가들이 운영하는 국제기구가 있다. 이 기구는 범튀르크주의에 더 가까우며 그리스, 루마니아에도 유라시아주의자들이 있다. 서구의 반러시아 세력은 이러한 두긴의 신유라시아주의를 거론하면서 러시아에서 온갖 우경화 정책, 역사 왜곡, 호전적 대외 정책이 실행되고 있다고 비난하고 있다. 서구는 러시아 제국과 소련을 아울렀던 영토를 다시 정복하고자 하는 민족주의 여론의 지지를 등에 업고 푸틴 정부가 유라시아주의를 전면에 내세우고 있다고 비판하고 있다. 두긴이 주장하는 유라시아주의 안에 이러한 내용이 일부 들어 있으나 그것만이 전부는 아니다. 두긴이 주장하는 유라시아주의는 일극체제에 반대하며 그에 대한 대안으로 다극체제 혹은 대안 세계화를 제시한다.[22]

이같이 러시아뿐 아니라 유라시아 전역에 걸쳐 정치, 사회 활동가들이 유라시아주의에 대해 지지를 보내고 있지만, 각 국가가 처해 있는 상황과 유라시아에 대한 이해는 조금씩 다르다고 보겠다. 다수의 국가는 유라시아주의가 소국이든 대국이든 동등한 권위와 상호 협조, 러시아의 주도권을 견제하고 동등한 자격으로 유라시아 전략에 참여하는 것을 보장받으려 한다.[23]

---

[22] А. Дугин, Основы геополитики, (М.: Арктогея-центр 2000), pp. 92-93; "Евразийский взгляд (основные принципы доктринальной евразийской платформы)," Манифест ОПОД «Евразия», Кризис идей в современной России, http://eurasia.com.ru/eurasianlook.html (검색일: 2022.02.03).
[23] 박혜경(2014), pp. 391-392.

Ⅲ. 확장된 유라시아 파트너십(Greater Eurasian Partnership)

1. 유라시아 통합 의제로서의 GEP

2021년 동방요제포럼의 주요 주제 중 하나인 확장된 유라시아 파트너십(GEP) 전략은 2016년 러시아 대통령 푸틴의 상트페테르부르크 경제포럼에서 '블라디보스토크에서 리스본에 이르는 유라시아 통합프로젝트'로 제기되었다.24) 푸틴 대통령은 상트페테르부르크 경제포럼 개회사에서 중국, 파키스탄, 이란, 인도 등의 국가도 포함된 "유라시아경제연합과 관련된 보다 확장된 유라시아 파트너십에 대한 전망도 고려할 것을 제시"25) 하면서 이후 동방경제포럼과 상트페테르부르크 경제포럼에서 꾸준히 프로젝트를 언급하면서 추진해왔다. 여기서 '확장된 유라시아'의 개념은 유라시아에서의 다양하고 다층적인 국제협력을 뜻하며 유라시아지역 내 특정 프로젝트를 목적으로 하는 국제기구를 창설하고 특정 영역에서 개별 국가의 의지와 이익을 바탕으로 협력하는 것을 의미한다.

---

24) Köstem, Seçkin, "Russia's Search for a Greater Eurasia: Origins, Promises, and Prospects," Kennan Cable, No. 40,
https://www.wilsoncenter.org/publication/kennan-cable-no-40-russias-search-for-greater-eurasia-origins-promises-and-prospects (검색일: 2021.11.20). 2016년 6월에 제20차 상트페테르부르크 국제 경제 포럼에서 푸틴은 "확장된 유라시아 파트너십" 구상을 선보였으며, 그 첫 단계로 중국 실크로드 경제 벨트와 유라시아 경제연합의 통합을 발표하였다.

25) "Plenary Session of St. Petersburg International Economic Forum", President of Russia, 2016.06.17., http://en.kremlin.ru/events/president/news/52178 (검색일: 2021.11.20).

〈그림 2〉 Greater Eurasian Partnership 영역

출처: https://triptonkosti.ru/2-foto/karta-evrazii-png-80-foto.html

러시아의 GEP는 러시아 정체성이 유럽이 아닌 유라시아에 근거하고 있다는 관념에서 출발한다.26) 유라시아 통합 프로세스에서 중요한 개념은 경제적 연결성이며 이러한 경제적 개념이 국가 간의 무역과 사회, 기관, 조직들을 통합하게 된다. 이러한 구상을 실현하기 위하여 먼저 경제협력 대상이 되는 기구가 ASEAN과 상하이협력기구이다.27) 러시아가 주도하는 EAEU(유라시아경제연합)는 아시아 주요 국가들과

---

26) Dmitri Trenin, "Russia's Evolving Grand Eurasia Strategy: Will it Work?," Carnegie Moscow Center, 2017.07.20.,
https://carnegie.ru/2017/07/20/russia-s-evolving-grand-eurasia-strategy-will-it-work-pub-71588 (검색일: 2022.01.23).
27) Chris Devonshire-Ellis, "Advancing Russian Free Trade with Asia, China & the Pacific," 2017.06.27, Russia Briefing,
https://www.russia-briefing.com/news/ advancing-russian- free-trade-asia-china-pacific.html/ (검색일: 2022.04.12); "The EEC Minister Veronika Nikishina: Trade and economic interests should be focused on improving conditions of trade and investment cooperation rather than increasing protectionism"(2017) Eurasian Economic Commission, 2017.07.09., http://www.eurasiancommission.org/en/nae/news/Pages/7-09-2017 -2.aspx (검색일: 2022.04.05).

FTA를 추진하며 유라시아경제통합의 주요 플랫폼으로 작용한다.28) 이같이 유라시아경제통합은 그 폭과 깊이가 크며 국가 간의 협력과 발전에 그 근간을 두고 있다. 2021년 동방경제포럼 조직위원회 사무총장인 안톤 코뱌코프(Anton Kobyakov)는 동방경제포럼이 러시아와 아시아태평양 국가 간의 장기적인 경제협력과 발전에 중요한 플랫폼이며, 포럼 비즈니스 주요 프로그램은 경제와 무역에 있어 확장된 유라시아 통합 프로세스 개발에 초점을 맞추고 있다고 강조했다. 그는 이러한 면에서 극동지역은 전략적 거시지역이라고 보며 참가국들과 함께 GEP 발전과 관련된 공통의 목표를 달성하고 구체적인 해결책을 찾는데 포럼이 기여할 것이라고 언급했다.29) 러시아 학자 세르게이 카라가노프(Sergei Karaganov)는 "GEP는 새로운 지리 전략 공동체, 즉 개발, 협력, 평화, 안보의 범유라시아 공간을 향한 운동"30)이라고 말했으며, 2017년 5월 베이징에서 열린 일대일로 인터내셔널 포럼에서 푸틴은 "GEP는 추상적인 지정학적 배열이 아니라 과장 없이 미래를 바라보는 진정한 문명 차원의 프로젝트"라고 주장했다.

현재 러시아의 유라시아 전략은 EAEU, ASEAN, APEC 및 SCO 국가들이 참여하는 다자간 협력의 복잡하고 다단계적인 체제구축을 목표로 하고 있다.

---

28) "Great Eurasian Partnership expected to promote innovative development in EAEU", Kazinform, 2017.07.02.,
https://www.inform.kz/en/greater-eurasian-partnership-expected-to-promote-innovative-development-in-eaeu_a3032235 (검색일: 2022.04.05.).
29) "EEF 2021 to Discuss Development of the Greater Eurasian Partnership", Roscongress, 2017.07.21.,
https://roscongress.org/en/news/eef-2021-to-discuss-development-of-the-greater-eurasian-partnership/ (검색일: 2021.11.15).
30) Sergei Karaganov, "From Eastward Pivot to Greater Eurasia," International Affairs, Vol. 63, No. 4(2017), p. 6.

러시아가 제안하는 확장된 유라시아 파트너쉽(GEP)은 유럽과 아시아를 연결하고 중국, 일본, 한국, ASEAN 국가들을 포함하는 주요 경제 주체들과의 통합 이니셔티브로 볼 수 있다. 러시아는 유럽과 아시아를 이어주는 지정학적 우위를 바탕으로 유럽과 아시아 경제 통합의 가교가 될 수 있다고 본다. 역사적으로 20세기 소련이 그 역할을 했으며 소련 붕괴 이후에 2015년 유라시아경제연합(EAEU)이 창설됨으로써 경제통합프로젝트가 시작되었다. EAEU에는 옛소련을 구성하고 있던 아르메니아, 벨라루스, 카자흐스탄, 키르기스스탄이 참여하고 있으며 몰도바와 우즈베키스탄이 옵저버로 참가하고 있다. 설립 이후 세르비아, 싱가포르, 베트남과 자유무역협정을 체결하였으며 이란과는 임시협정을 체결했다. 캄보디아와 협상을 진행중인 EAEU는 유라시아 대륙에서 경제협력과 통합을 촉진하는 목적으로 GEP 개념을 제안했다. 지난 유라시아 대륙의 역사는 협력도 하였지만, 국가 간 이해관계 충돌로 전쟁이 발생하였던 모순된 역사를 지니고 있다. 유라시아 경제공동체 국가들이 지리적으로나 경제적으로나 유럽과 아시아를 연결할 수 있는 중요한 위치에 놓여 있다. 현재 발생하고 있는 유럽연합과 러시아 간의 갈등은 이러한 유라시아 통합과정에 큰 장애가 되고 있다. 유럽연합과 러시아는 우크라이나 전쟁, 벨라루스 내의 정치적 문제, 자유와 인권에 대한 가치, 세계질서와 규범에 관한 논의 등에서 이견을 나타내고 있다. 특히, 미국과 특별한 관계를 유지하고 있는 유럽연합이 벨라루스와 러시아 국경 근처에 나토를 근접 배치하는 전략적 이익을 미국과 공유하면서 러시아의 유라시아 통합노력에 큰 장애로 나타났다.[31] 2016년 러시아는 서쪽으로의 통합이 어려워지자 동쪽으로 방향

---

31) Jeronim Perović, "Russia's Eurasian Strategy," Eidgenössische Technische Hochschule Zürich, 2019.05.10.,

을 돌리는 신동방정책을 적극적으로 추진하게 되었다. 이러한 변화는 중국과의 관계가 더 강화되고 인도 및 ASEAN과의 협력과 한국, 일본과의 관계 개선에 중점을 두게 되었다는 의미이다.

러시아는 중국과의 공동이익 관계를 심화했고 양국이 추구하는 세계전략의 이해관계가 일치한다. 러시아는 중국이 필요로 하는 에너지와 지하자원을 공급하고 중국은 러시아의 군사기술과 현대화된 무기가 필요하다. 이러한 상호 이해관계는 국제관계에 있어서 미국의 일방주의적 국제질서의 대안으로 다극적 국제질서를 형성하기 위한 공동의 협력으로 나타난다고 보겠다.

2018년, 양국의 통합 측면에서 러시아 주도의 EAEU와 중국이 무역 및 경제협력을 체결하고 로드맵을 설정했다. 시진핑 중국 국가주석은 이러한 협력을 강화하는 것이 중요하다고 강조했다. 유라시아지역 경제 통합 프로그램에서 중요한 기구는 EAEU 외에 중국과 러시아가 공동으로 참여하는 상하이 협력기구(SCO)이다. 2021년 9월 두산베에서 개최된 SCO에 이란이 가입하면서 유라시아 경제통합프로그램이 더욱 의미를 두게 되었다.[32] 러시아의 GEP는 2010년 유라시아 관세동맹에 이어 2012년 유라시아 동쪽 지역 통합 이니셔티브인 신동방정책으로 출발하여, 2015년 EAEU 출범과 이 플랫폼을 기반으로 하여 중국의 일대일로와 연계하고 더 나아가 ASEAN과 APEC과 협력하는 러시아의 큰 그림이라고 보겠다.[33]

---

https://css.ethz.ch/en/services/digital-library/articles/article.html/76213743-2fe9-4caf-b0fa-d1116db2639a (검색일: 2022.02.23).

32) Mher D Sahakyan, "Russia's Greater Eurasian Partnership Strategy: Aims and Prospects," Asia Global Institute Online, 2021.09.21.,
https://www.asiaglobalonline.hku.hk/russias-greater-eurasian-partnership-strategy-aims-and-prospects (검색일: 2021. 12.23).

33) 고재남, 『러·중의 유라시아 협력 동향과 신북방정책 추진 전략』, 정책연구시리즈 2019-04, 국

GEP는 중국의 일대일로 협력 원칙과 유사하게 참여하는 국가들의 주권 존중, 개별국가별 국가발전전략 인정, 환경오염 문제와 기후 문제 등을 포함하고 있다. 서구 가치와는 조금 다른 차별성을 지니고 있다는 점과 일대일로와 유사하다는 점에서 GEP가 미국을 위시한 서구를 견제한다는 의미도 내포하고 있다.34) 푸틴이 추구하는 유라시아통합 구상이 고전적 유라시아주의와 구밀료프 사상과 연결되어 생각될 수밖에 없는 것은, 푸틴이 추진하는 주요 정책에 유라시아주의의 주요 내용이 포함되어 있으며, GEP 개념의 저변에 역사적으로 축적된 범 유라시아주의의 포용적이고 통합적인 내용이 담겨 있기 때문이다.

2. 유라시아통합의 8가지 원칙35)

유라시아통합의 주요 방향은 경제적 측면의 통합을 강조한다. GEP는 자유무역을 기반으로 하는 지역 네트워크 간 경제동맹을 통하여 유라시아 공간의 통합을 구상하고 있다. 통합된 경제 네트워크 구조 안에서 경제 행위에 대한 정치적 영향력을 배제하고 경제제재나 여러 형태의 경제 압박을 거부함으로써 형성되는 자유로운 경제 통합 프로젝트이다. 이러한 경제 통합 이니셔티브의 원리 중 중요한 8가지 원칙을 살펴보면 다음과 같다.

첫째, GEP는 지역통합구조인 ASEAN, EAEU, RCEP, 또는 초국경

립외교원 외교안보연구소(2019), p. 22.
34) 이상준, "유라시아 지역에서 러시아와 중국의 협력과 대립 가능성: 러시아 확대 유라시아 구상과 중국 일대일로를 중심으로", 『러시아연구』, 제29권 제1호(2019), pp. 222-223.
35) Andrey Kortunov, "Eight Principles of the Greater Eurasian Partnership," The Russian International Affairs Council (RIAC), 2020.09.28.,
https://russiancouncil.ru/en/analytics-and-comments/analytics/eight-principles-of-the-greater-eurasian-partnership/ (검색일: 2021.10.23).

경제프로젝트인 일대일로(BRI)나 국가 간 연합 경제 프로젝트에 기반한 조직들인 SCO, APEC, ASEM 등과 경쟁하는 관계가 아니고 오히려 이러한 기구와 조직이 효율적인 단일 유라시아 경제 매커니즘을 구성하는 일부가 된다. 파트너십의 목표는 이러한 기구와 조직들을 종횡으로 엮어 단일 유라시아 경제 매커니즘을 형성하는 것이다.

둘째, GEP는 유럽의 대척점에 서 있는 유라시아가 아니고 유럽을 포함하는 유라시아 개념이다. 지리적 공간이 유럽의 마드리드부터 아시아의 블라디보스토크까지 연결되는 유라시아 파트너십은 유럽연합에도 열려있다.

셋째, GEP 내에 속해 있는 국가들은 서로가 다양한 경제발전 모델과 경로에 대한 차이점을 인정하고 협력을 진행한다. 유라시아 내에는 사회주의 국가, 자유민주주의 국가, 권위주의 국가, 시장 경제와 계획경제가 혼재해 존재한다. 파트너십은 이러한 체제 간의 갈등과 충돌이 아니라 국제법상의 보편적인 규범을 바탕으로 모든 참여국가에 열려있는 프레임으로 접근한다. 이는 내부와 타국, 주도국가와 추종국가, 중심부와 주변부가 없는 경제 통합 프로세스이다.

넷째, 유럽연합과 같이 조직된 통합구조가 아니라 GEP는 개별 국가들과 지역 연합이 자유롭고 느슨한 형태로 통합구조에 참여한다. 참가국들은 각 국가의 역량에 맞는 수준에서 금융과 무역 그리고 인프라, 비자 등에 대한 파트너십 통합과정에 합류한다.

다섯째, GEP는 유라시아 내 경제적 통합에 초점이 맞추어져 있지만, 경제교류를 통하여 과학, 교육, 문화, 인도주의적 접촉과 같은 분야에서도 협력과 상호 작용을 한다. 국가 간의 경제협력과 더불어 사회 문화적 상호 작용도 중요하다.

여섯째, 유라시아경제통합을 추진하면서 이와 병행하여 안보적 차원의 협력도 강화해나간다. 영토분쟁이나 민족 갈등, 군비경쟁, 증오 확산, 국제 테러와 극단주의의 확대 등에 대하여 공동의 대응이 필요하다. 아시아의 상호 작용 및 신뢰구축조치 회의(CICA)와 같은 유라시아 지역 내 군사 및 정치 협력을 위한 매커니즘도 개발한다.

일곱째, 유라시아 파트너십은 유라시아 고립주의를 의미하는 것이 아니다. 아프리카, 북미, 남미와 같은 다른 지역으로부터 유라시아를 구분하는 것이 아니라 유라시아 공간 내 자유로운 활동이 태평양, 인도양, 대서양 유역의 경제 관계를 더욱 발전시키며 기후 위기, 전염병 퇴치, 식량 및 에너지 안보 보장, 이주 문제와 같은 보편적인 인간 문제 해결을 위한 강력한 모티브가 된다.

여덟째, 먼저 EAEU와 일대일로가 서로 연결되는 것이 첫 번째 단계로 중요하다. 이를 위하여 독자적인 유라시아 지불 시스템을 구축하고 자체 평가기관을 설립하며 미국 달러에 대한 의존도를 낮추어야 한다.

GEP 개념이 제시된 지 5년이 지난 현재 유라시아 대륙에서 가장 강력한 영향력을 유지하고 있는 러시아와 중국이 앞으로 GEP에 대하여 어떠한 로드맵으로 추진하는가와 국제관계와 경제 그리고 안보 분야에 대한 양자협력의 수준이 유라시아 경제연합체 형성에 중요한 부분이 될 것이다.

3. EAEU와 일대일로의 연결

유라시아개발은행의 야로슬라프 리소볼릭(Yaroslav Lissovolik)은 EAEU와 일대일로(BRI)[36]가 서로 보완하고 강화하면서 유라시아 경제

---

[36] 2013년에 시진핑은 카자흐스탄의 나자르바예프 대학교에서 일대일로 구상을 연설하였다. 이 연설에서 그는 중국 서부에서 중앙아시아를 거쳐 유럽으로 이어지는 "실크로드 경제 벨트"

통합으로 간다면 중앙아시아 국가들의 지리적 한계가 장점으로 전환될 것이라고 강조했다.[37] 푸틴은 EAEU와 일대일로가 '효율적으로 서로를 보완하고 있다'고 주장하면서 두 프로젝트의 조화가 자유로운 경제협력 공간인 GEP를 완성할 수 있는 토대가 된다고 보았다. 중국과 EAEU 회원국 간의 무역 및 경제협력 논의는 2016년 10월부터 2017년 10월까지 1년이 걸렸다. 2018년 5월, 아스타나에서 중국과 EAEU는 관세 협력 및 무역 촉진, 비관세 장벽 및 지적 재산권을 포함한 무역 및 경제 협력 협정에 서명했다.[38] 러시아는 중국과의 전략적 동반자관계가 더욱 강화되어 가고 있음에도 불구하고 유라시아 내 중국의 성장과 영향력 확장에 대하여 경계한다. 드미트리 트레닌(Dmitri Trenin)에 의하면 러시아가 유라시아 대륙을 종과 횡으로 연결되는 경제기구와 안보기구를 통하여 중국의 영향력을 제한하려 하고 있다고 언급했다. 러시아가 GEP내에 상하이 협력기구(SCO), 동남아시아 국가연합(ASEAN), 심지어 아시아-태평양 경제협력(APEC)을 포함하는 주된 이유는 중국을 GEP 개념 구조 안에 두려는 의도가 있기 때문이다.[39]

(일대의 의미)와 중국 연안에서 동남아, 스리랑카, 아라비아반도의 해안, 아프리카 동해안을 잇는 "21세기 해상 실크로드"(일로의 의미)의 두 지역에서 인프라 정비, 무역 촉진, 자금의 왕래를 촉진하겠다는 계획을 밝혔다.

[37] Yaroslavl Lissovolik, "A Geographical Case for the 'One Belt, One Road' and the Eurasian Economic Union," Valdai Discussion Club, 2017.05.29., http://valdaiclub.com/a/highlights/a-geographical-case-for-the-one-belt-one-road/(검색일: 2021.11.15).

[38] "China and Eurasian Economic Union Officially Sign Trade and Economic Cooperation Agreement," Ministry of Commerce. People's Republic of China, 2018.05.18., http://english.mofcom.gov.cn/article/newsrelease/significantnews/201805/20180502746079.shtml. (검색일: 2021.11.11).

[39] Trenin, Dmitri, "Russia's Evolving Grand Eurasia Strategy: Will it Work?," Carnegie Moscow Center, 2017.07.20., https://carnegie.ru/2017/07/20/russia-s-evolving-grand-eurasia-strategy-will-it-work-pub-71588 (검색일: 2022.01.23).

2014년에 이어 2022년에 발생한 우크라이나 사태와 그로 인한 서방측의 전방위적인 대러시아 제재 조치로 인하여 러시아가 추진하는 리스본에서 블라디보스토크까지 아우르는 유라시아 경제 통합은 좌초되었다. 서방측과의 갈등과 대립으로 인하여 러시아의 유라시아 개념이 동쪽으로 확장하는 유라시아주의인 GEP로 변환되었다고 보겠다. GEP가 EAEU와 BRI를 연결하고 EAEU가 이란, 인도, 동남아시아와 연결하면서 중국을 견제함과 동시에 영미권과 대결하는 구상이다. EAEU가 중국보다 먼저 베트남과 FTA를 체결한 것도 중국에 대한 의존도를 낮추고 중국을 GEP 개념 구조 내에 두려는 의도로 볼 수 있다.40)

　그런데 GEP가 유라시아 대륙을 연결하고 통합을 지향한다는 점에서 일대일로와 유사하지만 재정적 기여가 작다는 면에서 그 한계를 지니고 있다. 중앙아시아 국가들은 역내 중국의 경제적 영향력이 증가하고 과도하게 의존하는 경향에 대하여 경계한다. 때문에 안보적 차원에서 러시아의 GEP 정책에 호의적이다. 그러나 중앙아시아 지역에 대한 중국의 영향력 확대는 러시아의 GEP 실현에 부정적으로 작용할 수 있다.41) 러시아는 기본적으로 자국의 지정학적 과제를 해결하는 데 도움이 되는 부분은 활용하고 침해가 되는 부분을 통제하려 한다. GEP는 이러한 러시아 전략이 반영되어 유라시아 전체를 종과 횡으로 다양한 기구들로 연결하여 그 안에 중국이 속하게 한다는 개념이다.

---

40) 이상준(2019), p. 232.
41) 이상준(2019), p. 230.

Ⅳ. 중러 경제협력과 동북아

1. 중러 경제협력

러시아의 GEP 이니셔티브에 대하여 중국은 협조적 태도를 보이고 있다. 러시아가 GEP를 설계했지만 GEP는 중국에 중요한 의미를 부여한다. 중국은 러시아가 세계질서를 놓고 구상하는 다극체제와 대서양 세력과의 대립에서 러시아의 입장을 지지하고 있다. 북경은 모스크바와의 전략적 협력이 유라시아의 안정과 발전에 필요하다고 보고 있다. 그리고 중국이 주도하는 일대일로의 4개 회랑 중 3개 회랑이 EAEU를 지나고 있기에 더욱 그러하다. 카자흐스탄과 러시아를 통과하여 유럽으로 이어지는 유라시아 육상 회랑, 중국-몽골-러시아 회랑, 중국-중앙아시아-서아시아 회랑, 이 세 회랑 중 가장 중요한 회랑이 중국에서 카자흐스탄과 러시아를 거쳐 유럽에 도착하는 데 14일이 소요되는 물류 회랑이다.[42] 유라시아 개발은행은 중국과 유럽 간 철도 컨테이너 운송량이 최근에 거의 두 배 증가했다고 보고 있다.[43] 따라서 EAEU의 통일된 관세 메커니즘은 중국에 매우 필요하다. 그리고 중국은 중국의 에너지 수요를 충족시켜 줄 수 있는 러시아가 중요하다. 야말 LNG 플랜트는 향후 10년간 북극항로를 통해 중국 시장에 러시아 천연가스를

---

[42] Robert Daly and Matthew Rojansky, "China's Global Dreams Give Its Neighbors Nightmares," Foreignpolicy, 2018.03.12., https://foreignpolicy.com/2018/03/12/chinas-global-dreams-are-giving-its-neighbors-nightmares/ (검색일: 2021.11.02).

[43] Burnasov, A., M. Ilyushkina, Y. Kovalev, and A. Stepanov, "Logistics infrastructure of the Eurasian Economic Union (EAEU) in providing transit from China to the European Union," Studies of the Industrial Geography Commission of the Polish Geographical Society, Vol. 34 No. 4(2020), pp. 138-150.

공급할 것이다. 중국은 현재 야말 LNG 프로젝트에서 29.9%의 지분을 소유하고 있다. 중국 국영 석유공사와 실크로드 펀드가 각각 지분 20%와 9.9%를 보유하고 있다.44) 가스 생산에 대한 러시아의 주도적 역할이 도전받고 러시아 에너지 기업들이 서방의 제재를 받는 시점에서 중국의 러시아 에너지 개발 프로젝트 참여는 매우 중요하다. 야말 LNG 프로젝트에서 중국의 입지가 높아지고 있는 가운데 모스크바가 불편해했던 중국의 빙상 실크로드를 수용했다는 근거가 나타나고 있다.45) 일대일로 프로젝트에 투자하는 중국 실크로드 펀드는 2016년 러시아 최대 석유회사인 SIBUR의 10% 지분을 매입했다. 이미 중국의 시노펙도 SIBUR의 10% 지분을 보유하고 있다. 중앙아시아에서 중국의 영향력이 강화되면서 중앙아시아에 대한 러시아의 정치적, 경제적 전망은 장기적으로 밝지 않다. 그러나 한편으로는 이 지역에서 중국의 경제적 영향력이 커지는 가운데 중앙아시아 지도자들이 지정학적 균형을 맞추기 위해 러시아가 필요할 수 있다고 보았다.46)

 2018년 중러 무역액이 1천억 달러를 돌파했다. 이러한 성과를 바탕으로 2019년 중국과 EAEU와의 경제무역협력 협정이 발효되었다. 2024년까지 교역량 2천억 달러 목표로 에너지협력, 농업, 임업, 서비스, 여행, 세관, 교통, 운수, 건설, 금융, 전자상거래를 중심으로 협력한

---

44) Nadezhda Filimonova and Svetlana Krivokhizh, "China's Stakes in the Russian Arctic," The Diplomat, 2018.01.18.,
 https://thediplomat.com/2018/01/chinas- stakes-in-the-russian-arctic/ (검색일: 2022.01.13).
45) Marcin Kaczmarski, "Russian-Chinese Relations in Eurasia: Harmonization or Subordination?", FIIA Briefing Paper, No. 238 Helsinki: Finnish Institute of International Affairs(2018),
 https://www.fiia.fi/en/publication/russian-chinese-relations-in-eurasia (검색일: 2022.03.02).
46) Artyom Lukin, "Putin's Silk Road Gamble," Washington Post, 2018.02.08.,
 https://www.washingtonpost.com/news/theworldpost/wp/2018/02/08/putin-china/(검색일: 2022.02.03).

다는 내용이다.47) 러시아와 중국의 무역수지는 2017년까지 러시아가 적자를 기록하다가 2018년은 40억 달러, 2019년은 8억 달러 흑자를 기록했다. 이는 러시아의 대중국 에너지 수출이 증가하여 흑자로 전환되었음을 보여준다. 중러 간 무역 규모의 증가와 러시아 무역 흑자의 내용을 보면 앞으로 양국 간 무역 거래에 있어서 러시아가 더 큰 이익을 창출할 것으로 보인다.

중국은 중국의 일대일로와 러시아의 EAEU를 연계하는 4단계 로드맵을 추진하고 있다. 첫 번째 단계에서 중국과 러시아의 인프라 통합과 무역에 대한 합의를 위하여 EAEU와 중국이 협상을 개시하며, 두 번째 단계에서 2025년까지 SCO 틀 안에서 FTA를 체결한다. 세 번째 단계에서 FTA 토대 위에서 SCO를 더욱 확대하여 경제 파트너십을 추진하며, 네 번째 단계로 2030년까지 전 유라시아지역을 포괄하는 공동 경제 공간 창설을 제시하고 있다.48) 중국의 로드맵을 보면 러시아가 추구하는 GEP 개념과 거의 일치하는 것으로, 러시아가 원하는 그림과 중국이 그리는 유라시아 통합 방향과 이해관계가 같음을 알 수 있다.

러시아가 주도하는 EAEU가 유라시아지역을 외부 경쟁으로부터 보호하는 것을 목표로 하는 경제 통합 메커니즘이라고 보면, 일대일로는 연결을 통한 경제 세계화의 혜택을 누릴 수 있도록 설계되어 있다.49) 최근에 더욱 밀접하게 접근하는 중·러 관계가 경제적 협력을 넘어 군사 안보 동맹 수준까지 발전할 것인가에 대해서는 적지 않은 논란이

---

47) 王宪举, "中俄经贸合作潜力还可以深挖," 『环球时报』, 2019.12.03., https://opinion.huanqiu.com/article/9CaKrnKo7g5 (검색일: 2022.01.13).
48) 현승수 외, 『중·러협력과 한반도 평화·번영』, KINU연구총서, 2020-05, 통일연구원, pp. 214-215.
49) Marcin Kaczmarski, "Non-Western Visions of Regionalism: China's New Silk Road and Russia's Eurasian Economic Union," International Affairs, Vol. 93, No. 6(2017), pp. 1357–1376.

존재한다. 중·러는 냉전 이후 미국 주도의 일방주의적 세계질서에 대항해왔으며 다양한 국제문제에 대해 일정한 영향력을 유지하기 위해 연대해 왔다. 그러나 역사적으로 변화무쌍했던 양국관계와 복잡한 이해관계를 고려해 볼 때 중·러가 유라시아지역 내 경제 협력관계를 강화해 나가는 것은 분명하지만 군사 안보적 반미동맹으로 발전하기에는 한계가 있다는 분석이 많다.

2. 중러 전략적 협력과 동북아시아

2013년 시진핑 주석의 중앙아시아 방문 이후 중국은 러시아가 추진하는 관세동맹에 관심을 보이기 시작했다. 중국은 이후 출범한 EAEU가 중국의 국가 이익에 유리하다고 판단하였고 러시아가 주도하는 EAEU에 적극적으로 협력하기 시작했다. 중국의 일대일로 회랑 중 3개 회랑이 EAEU 국가들을 지나가고 있었고 중국은 이들 국가의 천연자원과 에너지 수입을 위한 프로젝트를 가동하기 시작했다. 중국은 러시아의 안보 우려를 고려하여 경제적 영역을 중심으로 유라시아국가들과 협력관계를 강화해 갔으나 러시아는 중국이 추진하는 일대일로 회랑이 중앙아시아를 거쳐 동유럽으로 이어지면서 우크라이나를 비롯한 동유럽 국가들이 친중국화하는 경향에 긴장하기 시작했다. 중국의 유라시아지역 영향력 확대로 인하여 포스트 소비에트 영역에서 러시아의 영향력이 약화하는 것을 우려한 것이다.[50] 이러한 중국의 영향력 확대를 견제하기 위하여 러시아는 GEP개념 안에 중국이 놓여 있는 전략을 추진했다. 중국을 넘어 인도

---

50) Ziegler, Charles E. "China-Russian Relations Trade, Energy, and Finance: Strategic Implications and Opportunities for U.S. Policy," Axis of Authoritarians: Implications of China-Russia Cooperation, The National Bureau of Asian Research (NBR)(2018), pp. 51-80.

와 APEC, ASEAN과의 국제협력으로 확대하는 GEP 구조 안에서 발생하는 중국의 확장은 경계할 필요가 없다는 개념이다. 2018년 5월에 중국은 EAEU와 교역 및 경제협력 협정을 체결하였고 향후 FTA도 추진하기로 하여 러시아의 구도 안에 들어왔다.51) 2019년 말 EAEU와 EU간 무역거래액은 3,273억 달러로 총 거래의 44.6%, EAEU와 중국과의 무역거래액은 1,325억 달러로 18.1%를 차지하였다.52)

2019년 4월, 제2회 일대일로 포럼에서 푸틴 대통령은 중국의 일대일로가 유라시아지역 내 협력을 강화하는 역할을 하고 있으며 일대일로와 EAEU에 참여하는 국가들이 성장과 발전 그리고 장기적인 전략이익을 공유하고 있다고 강조했다.53)

2021년 6월 28일에는 2001년 7월에 맺은 중러 선린우호협력조약을 연장하기로 했다. 현재 진행 중인 전방위적인 미국의 압박과 그레이트 디커플링은 중러 양국 간 협력을 강화하게 했으며 그 협력의 폭이 경제영역에서 군사기술분야, 첨단우주항공, 5G 첨단기술분야 등으로 확대되고 있다.

러시아의 국가 이익은 국가 균형 발전이라는 측면에서 시베리아 지

---

51) "六国总理共同宣布经贸合作协定生效 ——"一带一路"与欧亚经济联盟对接合作迈出坚实一步,"『中国商务部』, 2019.10.29.,
http://www.mofcom.gov.cn/article/i/jyjl/e/201910/20191002908338.shtml(검색일:2022.02.07).
52) Andrey Slepnev, "EEC Minister in charge of Trade Andrey Slepnev: "We Should Solve the Current Crisis Jointly with Our Main Trading Partners - China and Europe," Eurasian Economic Commission, 2020.06.05.,
http://www.eurasiancommission.org/en/nae/news/Pages/default.aspx?off=d&d=d6e71c02-fd4e-4de6-a3e8-02196d338eac&p=8 (검색일: 2021.10.07).
53) Lee Jeong-ho, "China and Russia Forge Stronger Eurasian Economic Ties as Vladimir Putin Gets behind Xi Jinping's Belt and Road Plan in face of US hostility," South China Morning Post, 2019.04.26.,
https://www.scmp.com/news/china/diplomacy/article/3007883/china-and-russia-forge-stronger-eurasian-economic-ties (검색일: 2022.01.13).

역과 극동지역 경제 활성화와 발전이 중요하기에 동북아 국가들과의 국제협력이 필요불가결하다. 푸틴 1, 2기와는 달리 푸틴 3, 4기에서 러시아의 동북아 지역에 대한 이해관계가 유럽만큼이나 중요해졌다는 의미다. 러시아는 동북아시아에서 진행되고 있는 군비경쟁과 군사력 확장에 대하여 경계하며, 러시아 극동 시베리아 사회경제적 발전 프로그램을 실현하기 위하여 역내 안보협력 문제에 관심을 표시하고 있다. 이는 동북아 역내에서 러시아 국가 이익인 지역 개발과 발전에 저해되는 군사적 긴장이나 갈등에 적극적으로 대처하며, 동북아 역내 국가들과의 관계 활성화와 영향력 강화 차원에서 적극적이며 공세적 외교 전략을 강구한다고 보겠다. 극동에서 중러의 협력이 강화되고 중국의 영향력이 확장되는 것은 한반도에도 영향을 준다. 한반도에 대한 중국의 영향력 확대와 경쟁하듯이 러시아도 역내 문제에 적극적으로 개입하기 시작했다. 2021년 6월 4일에 상트페테르부르크 국제경제포럼 행사에서 푸틴 대통령은 교착 상태에 놓여 있는 북핵 문제를 대북 제재만으로 해결할 수 없다며 남북러 3자 협력을 통하여 해결하자고 강조했다. 푸틴 대통령은 북한 핵 문제를 해결하기 위하여 대북 제재가 아닌 북한의 안전 보장 여건을 선제적으로 조성하고 경제 분야에서 3각 협력이 진행되어야 한다고 언급했다. 정은숙 세종연구소 안보전략연구실장은 북한에 대한 중국의 영향력을 상쇄할 수 있는 부분이 남북러 경제협력이며 이를 위하여 국제사회의 노력이 필요하다고 강조했다.[54] 러시아가 이니셔티브를 쥐고 추진하는 남북러 3각 협력사업은 러시아의 경제적 안보적 이익과 동시에 한반도에 대한 영향력 확대, 그리고 동북아 내 중국의 영향력 축소라는 다면적인 의미를 담고 있다.

---

54) "푸틴, '제재로 북핵 해결 못해'…남북러 3자협력 제안," 2021.06.07., https://www.bbc.com/korean/news-57383772 (검색일: 2022.04.20).

V. 나오며

유라시아주의가 제정러시아 몰락을 역사·철학적 접근에서 그 해답을 찾으려 했다면 신유라시아주의는 소비에트 붕괴 이후 러시아가 유라시아지역에서 주도권을 회복하려는 정치적 의도가 더 강하게 담겨 있다. 때문에 두긴은 국제 유라시아 운동에서 유라시아주의의 기원과 개념 그리고 러시아의 임무에 대하여 구체적으로 제시하면서 유라시아 내 러시아의 역할을 강조했다. 미국 주도의 일극체제에 반대하고 그 대안으로 다극체제를 제시했으며 단호하게 대서양주의와 미국에 대항했다. 두긴의 신유라시아주의는 대서양주의보다는 개별 종교와 민족에 대한 포용과 공존을 더 강조한다. 대서양주의의 인종·종교적 편협함을 넘어 모든 민족의 종교와 언어, 전통을 아우르는 범 유라시아주의를 강조했다. 그러나 두긴의 신유라시아주의 내에 반서방, 반유대주의, 팽창주의, 패권주의 성향이 강해지면서 여타 국가주의나 사회 보수주의 성향의 민족주의 사상과 별반 다를 것이 없게 되었다. 두긴의 신유라시아주의는 점차 러시아 정치계와 학계 내에서 배척당하게 되었으며 이후 신유라시아주의에서 부정적인 요소를 제거한 정치·경제적 개념이 등장하게 되었다. 국가 전략적 차원에서 개념화된 신유라시아주의가 GEP개념으로 새롭게 등장하면서 GEP는 러시아가 주도하는 유라시아 통합 개념으로 확립되어갔다. EAEU는 미국의 일방주의 외교 노선에 대항하여 세계질서를 다극체제로 이전하는데 중요한 핵심 조직이다. 또한, 유라시아 내 러시아의 지정학적 기반을 구축하는데 중요한 기구이며 중국과 함께 지역 내 맹주로 활동하게 하는 주요 플랫폼으로 작용한다. 러시아가 유라시아지역 통합을 위하여 적극적인 행보를 시작하면서 SCO, EAEU 등을 중심으로 확장된 유라시아 전략으로 영향력 확대를 추진하는 현상 변경 세력으로 나타나자 미국과 유럽 등 서방세계의 경계심이 증폭되었다. 현재 진행되는 네트-제로 시대와 신재생에너지와 기후협약, 탄소 제로 아젠다 등은 탄소 경제에 의존하는 러시아와 중국을 대상으로 하는 압박전략 중 하나라는 전문가의 분석이 있다. 또한, 우크라이나 전쟁이 권위주의 세력과 자유민주주의 세력으로 분리되는 국제질서의 형성과정에서 발생한 국제전적 성격을 띠고 있다. 코로나19 이후 세계질서의 재편을 놓고 충돌하는 모습으로 나타나고 있는 우크라이나 전쟁은 서구와 유라시아 세력으로 구분되는 큰 흐름과 함께 중러가 추구하는 다극체제와 미국이 중심역할을 하는 불안정한 양극체제의 대결로 이어지는 대리전 성격을 띠고 있다고도 보겠다.

지리적으로 리스본에서 블라디보스토크까지 러시아가 주도하는 GEP개념이 강대국 러시아 구현이라는 전략적 가치 이외에 경제적 측면에서 유라시아 저개발 지역의 평화와 발전에 기여할 가능성이 크다. 러시아는 앞으로 세계질서의 정치적, 경제적 중심이 서구에서 아시아로 이동하고 있다고 보면서, 아시아-태평양 지역이 경제성장의 글로벌 허브가 될 것이라 예상한다. 우크라이나 전쟁과 같은 지정학적 혼란이 발생하는 과도기적 상황에서 러시아가 구상하는 유라시아 통합 개념인 GEP가 EU, EAEU, BRI, 인도 및 ASEAN과 같은 기구들과 협력과 조화를 이루면서 유라시아 대륙 국가에 사회·경제적, 정치적 이익을 가져올 것으로 본다. GEP 개념은 EAEU를 플랫폼으로 하여 중국의 일대일로, ASEAN 그리고 APEC, 인도를 대상으로 하는 유라시아지역 경제 통합 프로젝트이다. 러시아는 EAEU를 넘어 아시아를 경제적으로 연결하겠다는 야심찬 개념을 GEP에 담고 있다. 이 개념에서 가장 중요한 두 기구가 상하이협력기구와 EAEU이다. 중국과 러시아는 GEP가 상호 보완적 성격을 띠고 있고 다른 지역으로 영역을 확장한다는 측면에서 이해가 일치한다. 중국은 GEP 개념의 완성에 필요한 인프라 건설과 투자로, 러시아는 중국에 필요한 에너지와 일대일로의 물류 회랑으로 서로에게 매우 중요한 국가이다. 앵글로색슨 국가들이 주도하는 국제질서에 대응하여 공동전선을 결성한다는 측면에서도 양국의 협력은 GEP가 구상하는 ASEAN과 APEC을 넘어 인도와 유럽연합까지 연결할 수 있다.

유럽연합과 EAEU 간의 협력과 공존이 2014년 우크라이나 사태 이후 힘들어졌다고 보고 러시아는 유라시아주의를 주창하면서 본격적으로 아시아로 시선을 돌리기 시작했다. 러시아는 미국을 위시한 서구의 압박과 경제제재 조치를 회피하고자 적극적으로 신동방정책과 유라시아정책을 구상하고 추진했다. 또한, EAEU를 창설하고 그를 플랫폼으로 하여 상하이협력기구와 협력을 추진하면서 대유라시아 개념을 본격적으로 정립하기 시작했다. 유라시아지역에 존재하는 기존의 다양한 기구와 프로젝트를 아우르는 개념을 구상하고 추구하면서 그 실현 과정에서 유라시아 국가와 긴밀한 협력체계를 구축한다면 서방의 위협과 고립으로부터 자유로워진다고 보겠다. 중국과의 파트너십 강화와 인도와 ASEAN으로 이어지는 유라시아 협력관계의 구축은 러시아가 서방으로부터 격리되는 과정에서 탈출하는 데 도움이 되었다. 그러나 러시아가 추구하는 범유라시아 경제 통합 개념으로의 GEP 역할에는 한계가 있다. GEP의 상징적인 용어에서 보듯이 GEP가 유라시아 경제 통합이라는 구체적인 프로젝트라기보다는 유라시아 통합에 대한 의지를 표현하는 유라시아주의라는 이데올로기적 요소가 강한 것이다. 그러하기에 GEP가 구체적인 프로젝트로 기능하면서 참여하는 유라시아 국가에게 경제적 이익을 창출하기보다는 유라시아국가들이 서로 협력한다는 개념적 성격으로 더 큰 역할을 할 것으로 보인다. 그렇다고 하더라도 러시아가 추구하는 확장된 유라시아 파트너십이 유라시아지역의 국제협력을 증진하고 공동의 경제적 이익을 확대한다는 점에서, 그리고 유라시아지역의 안정과 번영을 촉진한다는 점에서 큰 의미가 있다고 하겠다.

참고문헌

고재남. "러· 중의 유라시아 협력 동향과 신북방정책 추진 전략," 정책연구시리즈 2019-04, 국립외교원 외교안보연구소(2019).

김용환. "몽골-타타르의 멍에에 관한 사학사적 고찰: 문화적 영향을 중심으로," 『슬라브연구』, 제37권 4호(2021).

박상남 외. "정체성으로 본 푸틴의 러시아: 한러 교류증진을 위한 시사점을 중심으로," 『대외경제정책연구원 전략지역 심층연구』, 20-03(2021).

박혜경. "신유라시아 주의의 의미와 한계를 둘러싼 다양한 논쟁들," 『노어노문학』, 제26권 제4호(2014), 노어노문학회.

배규성. "러시아 대외정책의 새로운 사상적 기초로서 신유라시아주의," 『국제정치연구』, 제6집 1호(2003).

쇼비에, 장-마리. "유라시아주의, 러시아판 '문명의 충격'", 『르몽드 디플로마티크』, 2014.06.03., https://www.ilemonde.com/news/articleView.html?idxno=2683 (검색일: 2022.04.15).

신범식. "유라시아주의 이념과 현대러시아정치," 학술진흥재단 99년도 박사후연수과정 연구보고서(2001).

오원교. "신유라시아주의: 세계화시대의 러시아적 대안 문화론," 『슬라브학보』, 제20권 1호(2005).

이문영. "러시아의 유라시아주의와 제국의 지정학," 『슬라브학보』, 제34권 2호(2019), 한국슬라브유라시아학회.

이병한. "'도둑맞은 혁명', 소련은 왜 망했나?", 『프레시안』, 2017.12.17, https://www.pressian.com/pages/articles/179779 (검색일: 2022.04.23).

이상준. "유라시아 지역에서 러시아와 중국의 협력과 대립 가능성: 러시아 확대 유라시아 구상과 중국 일대일로를 중심으로," 『러시아연구』, 제29권 제1호(2019).

이지은. "카자흐스탄의 유라시아주의(Eurasianism)와 대외정책," 『한국이슬람학회논총』, 제24-3집(2014), 한국이슬람학회.

정희석. "푸틴정부의 대내외적 정책에서의 유라시아주의적 경향성 분석," 『국제정치연구』, 제17집 1호(2014).

현승수 외, 『중·러협력과 한반도 평화·번영』, KINU연구총서, 2020-05 (2020), 통일연구원.

Burnasov, A., M. Ilyushkina, Y. Kovalev, and A. Stepanov. "Logistics infrastructure of the Eurasian Economic Union (EAEU) in providing transit from China to the European Union," Studies of the Industrial Geography Commission of the Polish Geographical Society, Vol. 34 No. 4 (2020).

Johnson, Juliet and Seçkin Köstem. "Frustrated Leadership: Russia's Economic Alternative to the West," Global Policy, Vol. 7, Iss. 2 (2016).

Kaczmarski, Marcin. "Non-Western Visions of Regionalism: China's New Silk Road and Russia's Eurasian Economic Union," International Affairs, Vol. 93, No. 6 (2017).

Karaganov, Sergei. "From Eastward Pivot to Greater Eurasia," International Affairs, Vol. 63, No. 4 (2017).

Laruelle, Marlene. "Aleksandr Dugin: A Russian Version of the European Radical Right?," Russian Eurasianism: An Ideology of Empire, Washington D.C.: Woodrow Wilson Press; The John Hopkins University Press (2008).

Ziegler, Charles E. "China-Russian Relations Trade, Energy, and Finance: Strategic Implications and Opportunities for U.S. Policy," Axis of Authoritarians: Implications of China-Russia Cooperation, The National Bureau of Asian Research (NBR) (2018).

А. Ф. Рихтер. "Исследования о влиянии монголо-татар на Россию", Отечественные записки, Т. XXII, № 62 (1825).

Глебов, С. "Границы империи как границы модерна: антиколониальная риторика и теория культурных типов в евразийстве", в И. Герасимов, М. Могильнер и А. Семенов(ред.), Изобретение империи: Языки и практики, М.: Новое издательство (2011).

Гумилев, Л. Н. От Руси к России: Очерки этнической истории, М.: Экопрос. (2001).

Дугин, А. Г. Евразийская миссия: Программные материалы международного "Евразийского Движения", М.: Евразия. (2005).

Дугин, А. Г. Геополитика России, М.: Академический Проект; Гаудеамус. (2012).

Дугин, А. Г. Основы геополитики, М.: Арктогея-центр. (2000).

Назарбаев, Н. А. Евразийский Союз: идеи, практика, перспективы, 1994-1997 гг., М.: Фонд содействия развитию социальных и политических наук. (1997).

Шокарев, Сергей Юрьевич. Тайны российской аристократии, М.: ОЛМА Медиа Групп. (2008).

Daly, Robert and Matthew Rojansky. "China's Global Dreams Give Its Neighbors Nightmares," Foreignpolicy, 2018.03.12, https://foreignpolicy.com/2018/03/12/chinas-global-dreams-are-giving-its-neighbors-nightmares/ (검색일: 2021.11.02).

Devonshire-Ellis, Chris. "Advancing Russian Free Trade with Asia, China & the Pacific," 2017.06.27, Russia Briefing, https://www.russia-briefing.com/news/advancing-russian-free-trade-asia-china-pacific.html/ (검색일: 2022.04.12).

Filimonova, Nadezhda and Svetlana Krivokhizh. "China's Stakes in the Russian Arctic," The Diplomat, 2018.01.18., https://thediplomat.com/2018/01/chinas-stakes-in-the-russian-arctic/ (검색일: 2022.01.13).

Kaczmarski, Marcin. "Russian-Chinese Relations in Eurasia: Harmonization or Subordination?", FIIA Briefing Paper, No. 238 Helsinki: Finnish Institute of International Affairs, https://www.fiia.fi/en/publication/russian-chinese-relations-in-eurasia (검색일: 2022.03.02).

Kortunov, Andrey. "Eight Principles of the Greater Eurasian Partnership," The Russian International Affairs Council (RIAC), 2020.09.28., https://russiancouncil.ru/en/analytics-and-comments/analytics/eight-p

rinciples-of-the-greater-eurasian-partnership/ (검색일: 2021.10.23).

Köstem, Seçkin. "Russia's Search for a Greater Eurasia: Origins, Promises, and Prospects," Kennan Cable, No. 40, https://www.wilsoncenter.org/publication/kennan-cable-no-40-russias-search-for-greater-eurasia-origins-promises-and-prospects (검색일: 2021.11.20.).

Lee, Jeong-ho. "China and Russia Forge Stronger Eurasian Economic Ties as Vladimir Putin Gets behind Xi Jinping's Belt and Road Plan in face of US hostility," South China Morning Post, 2019.04.26., https://www.scmp.com/news/china/diplomacy/article/3007883/china-and-russia-forge-stronger-eurasian-economic-ties (검색일: 2022.01.13).

Lissovolik, Yaroslav. "A Geographical Case for the 'One Belt, One Road' and the Eurasian Economic Union," Valdai Discussion Club, 2017.05.29., http://valdaiclub.com/a/highlights/a-geographical-case-for-the-one-belt-one-road/ (검색일: 2021.11.15).

Lukin, Artyom. "Putin's Silk Road Gamble," Washington Post, 2018.02.08, https://www.washingtonpost.com/news/theworldpost/wp/2018/02/08/putin-china/ (검색일: 2022.02.03).

Perović, Jeronim. "Russia's Eurasian Strategy," Eidgenössische Technische Hochschule Zürich, 2019.05.10., https://css.ethz.ch/en/services/digital-library/articles/article.html/76213743-2fe9-4caf-b0fa-d1116db2639a (검색일: 2022.02.23).

Ritter, Scott. "The Great Decoupling: How Western Sanctions Are Pushing Moscow East," Energy Intelligence, 2022.03.11, https://www.energyintel.com/0000017f-797c-df49-abff-fffdd6cf0000 (검색일: 2022.03.11).

Sahakyan, Mher D.(2020) "Russia's Greater Eurasian Partnership Strategy: Aims and Prospects," Asia Global Institute Online, 2021.09.21., https://www.asiaglobalonline.hku.hk/russias-greater-eurasian-partnership-strategy-aims-and-prospects (검색일: 2021.12.23).

Slepnev, Andrey. "EEC Minister in charge of Trade Andrey Slepnev: "We Should Solve the Current Crisis Jointly with Our Main Trading Partners - China and Europe," Eurasian Economic Commission, 2020.06.05., http://www.eurasiancommission.org/en/nae/news/Pages/default.aspx?off=d&d=d6e71c02-fd4e-4de6-a3e8-02196d338eac&p=8 (검색일: 2021.10.07.).

Trenin, Dmitri. "Russia's Evolving Grand Eurasia Strategy: Will it Work?," Carnegie Moscow Center, 2017.07.20., https://carnegie.ru/2017/07/20/russia-s-evolving-grand-eurasia-strategy-will-it-work-pub-71588 (검색일: 2022.01.23).

"China and Eurasian Economic Union Officially Sign Trade and Economic Cooperation Agreement,". Ministry of Commerce. People's Republic of China, 2018.05.18., http://english.mofcom.gov.cn/article/newsrelease/significantnew

s/201805/20180502746079.shtml. (검색일: 2021.11.11).

"Евразийский взгляд (основные принципы доктринальной евразийской платформы)", Манифест ОПОД «Евразия», Кризис идей в современной России, http://eurasia.com.ru/eurasianlook.html (검색일: 2022.02.03).

"EEF 2021 to Discuss Development of the Greater Eurasian Partnership". Roscongress, 2017.07.21., https://roscongress.org/en/news/eef-2021-to-discuss-development-of-the-greater-eurasian-partnership/ (검색일: 2021.11.15).

"Great Eurasian Partnership expected to promote innovative development in EAEU". Kazinform, 2017.07.02., https://www.inform.kz/en/greater-eurasian-partnership-expected-to-promote-innovative-development-in-eaeu_a3032235 (검색일: 2022.04.05.).

"Plenary Session of St. Petersburg International Economic Forum". President of Russia, 2016.06.17., http://en.kremlin.ru/events/president/news/52178 (검색일: 2021.11.20).

"The EEC Minister Veronika Nikishina: Trade and economic interests should be focused on improving conditions of trade and investment cooperation rather than increasing protectionism". Eurasian Economic Commission, 2017.07.09., http://www.eurasiancommission.org/en/nae/news/Pages/7-09-2017-2.aspx (검색일: 2022.04.05.).

"六国总理共同宣布经贸合作协定生效 ——"一带一路"与欧亚经济联盟 对接合作迈出坚实一步,"『中国商务部』, 2019.10.29, http://www.mofcom.gov.cn/article/i/jyjl/e/201910/20191002908338.shtml (검색일: 2022.02.07).

王宪举. "中俄经贸合作潜力还可以深挖,"『环球时报』, 2019.12.03.,https://opinion.huanqiu.com/article/9CaKrnKo7g5 (검색일: 2022.01.13).

"푸틴, '제재로 북핵 해결 못해'…남북러 3자협력 제안," 2021.06.07.,https://www.bbc.com/korean/news-57383772 (검색일: 2022.04.20.).

제3부 카자흐스탄

7장

엘리트 집단 교체와 권력구조 개편을 중심으로 본 2022년 카자흐스탄 정치변동

김소연 · 제성훈
(한국외국어대학교 국제지역대학원·한국외국어대학교 노어과)

I. 들어가며
II. 엘리트 집단 교체
III. 권력구조 개편
IV. 나오며

07

엘리트 집단 교체와 권력구조 개편을 중심으로 본 2022년 카자흐스탄 정치변동*

김소연·제성훈
한국외국어대학교 국제지역대학원·한국외국어대학교 노어과

I. 들어가며

2022년 1월 1일 카자흐스탄 정부가 액화석유가스(LPG) 거래에 시장 메커니즘을 도입하면서 가격이 급격하게 상승했다. 그러자 1월 2일 카자흐스탄 서부에 있는 망기스타우(Mangystau) 지역의 자나오젠(Zhanaozen)과 악타우(Aktau) 주민들이 가격 인하를 요구하면서 시위

---

* 이 글은 필자들의 논문 "2022년 카자흐스탄 정치변동의 내용과 의미: 엘리트 집단 교체와 헌법 개정을 통한 권력 구조 개편을 중심으로," 『中蘇研究』 47권 1호(2023)의 기본 논지를 바탕으로 하되, 정보 및 분석의 부분적 수정·보완과 형식 및 내용의 전면적 재구성을 거쳐 작성되었음.

를 시작했고, 다음 날인 1월 3일 수도인 누르술탄(Nur-Sultan)에서 대규모 시위대가 나타났으며, 이후 아티라우(Atyrau), 알마티(Almaty), 카라간다(Karaganda), 오랄(Oral), 탈디코르간(Taldykorgan), 키질로르다(Kyzylorda), 심켄트(Shymkent) 주민들도 시위에 합세했다.[1] 1월 4일 망기스타우 지역에 도착한 정부 대표단이 활동가들을 만나 협상한 후 LPG 가격 인하를 발표했지만,[2] 시위는 중단되지 않았다. 시위대는 처음에는 LPG 가격 인하를 요구하는 데 그쳤지만, 나중에는 정치적 요구를 내세우기 시작했다. 여러 도시에서 시위 참가자들은 2019년 3월 20일 대통령직 퇴임 이후에도 여전히 국정 전반에 걸쳐 실권을 행사하고 있던 나자르바예프 전 대통령의 완전한 퇴진을 요구하며 "노인, 물러가라!"라는 구호를 외쳤다.[3] 1월 4일 저녁, 폭동과 함께 경찰과의 충돌이 시작되고 사망자가 발생하자, 다음 날인 1월 5일 마민(Askar Mamin) 총리의 사임과 함께 내각이 해산되었고, 알마티와 망기스타우 지역, 이후 카자흐스탄 전역에 비상사태가 선포되었다. 토카예프 대통령은 텔레비전을 통해 생중계된 회의에서 주모자들이 외국에서 훈련받았다고 주장하면서 시위를 외부의 침략행위로 규정하고, 카자흐스탄을 비롯한 여러 탈소비에트 국가가 참여하고 있는 집단안보조약기구(CSTO)의 회원국 정상들에게 '테러 위협'을 극복하기 위한 지원을 요청했다고 언급했다.[4] 그의 요청에 따라 러시아, 아르메니아, 벨라루스,

---

[1] Известия, "Протесты в Казахстане," Известия, at https://iz.ru/story/protesty-v-kazakhstane (검색일: 2023. 11. 03).

[2] ТАСС, "Правительство Казахстана объявило о снижении цены на сжиженный газ в Мангистауской области," ТАСС (January 4, 2022), at https://tass.ru/ekonomika/13352231 (검색일: 2023. 11. 03).

[3] Валерий Михайлов, "Казахстан поджигают с помощью сжиженного газа," РИА Новости (January 4, 2022), at https://ria.ru/20220104/kazakhstan-1766581833.html (검색일: 2023. 11. 03).

[4] Известия, "Токаев назвал протесты в Казахстане актом внешней агрессии," Известия

키르기스스탄, 타지키스탄이 참여한 CSTO 평화유지군이 파견된 후에야 마침내 시위가 진압되었다.

1991년 12월 독립 이후 카자흐스탄은 급격한 정치변동의 경험이 부재했다. 나자르바예프 전 대통령은 정치적 안정과 경제성장을 통해 규범적 정당성(normative legitimacy)의 약화를 보완하는 도구적 정당성(instrumental legitimacy)을 확보하면서 큰 저항 없이 장기 집권에 성공하고 이른바 '국부(國父)'의 지위도 확고히 했다. 글로벌 금융위기 이후 경기침체가 지속되고 경제적 불평등이 심화하자 장기 집권에 대한 대중적 불만이 표출된 시위가 국지적으로 나타나기 시작했지만, 그 파장은 크지 않았고 그것이 정치변동으로 이어지지도 않았다. 토카예프 대통령 역시 이른바 '나자르바예프 체제'의 일부였고, 심지어 2019년 3월에 있었던 그의 대통령 권한대행 임명도 나자르바예프 대통령을 지지했던 엘리트 집단과 토카예프 상원의장이 집권하기를 원했던 엘리트 집단 간 합의의 결과였다. 따라서 2019년 6월 토카예프의 대통령 취임은 카자흐스탄에서 권위주의 체제를 유지하려는 엘리트의 집단적 결정이었다고 할 수 있다.5) 하지만 2022년 1월에 있었던 유혈사태를 동반한 전국적 규모의 반정부시위는 나자르바예프 전 대통령이 약 30년간 구축한 권위주의 체제에 대한 심각한 도전이자, 그가 퇴임 이후를 대비하여 구축한 후계자 토카예프 대통령과의 '권력 복점(duopoly)' 구조를 일거에 무너뜨린 정치변동의 발화점이 되었다.

(January 5, 2022), at
https://iz.ru/1273681/2022-01-05/tokaev-nazval-protesty-v-kazakhstane-aktom-agressii (검색일: 2023. 11. 03).

5) Манас Кайыртайулы, ""Новый Казахстан" очень похож на старый». Западный эксперт – о Токаеве и «коллективном режиме»," Радио Азаттык (September 13, 2023), at
https://rus.azattyq.org/a/interview-luca-anceschi-new-kazakhstan-tokayev/32587203.html (검색일: 2023. 11. 03).

이 글의 목적은 엘리트 집단 교체와 헌법개정을 통한 권력구조 개편을 중심으로 2022년 카자흐스탄 정치변동의 의미를 규정하는 데 있다. 1991년 12월 독립 이후 약 30년간 나자르바예프 전 대통령을 정점으로 하여 그의 신임 정도에 따라 지위와 부가 배분되는 후견-피후견 네트워크가 주요 엘리트를 포괄했고, 이들은 나자르바예프 전 대통령의 이념과 정책에 대한 어떠한 반대도 표현하지 않았다. 이러한 후견-피후견 관계 형성을 통해 카자흐스탄은 정치적 안정을 유지할 수 있었다. 따라서 카자흐스탄의 엘리트 배치는 이론적으로 완벽하지는 않지만, 단일한 소통과 영향력 네트워크가 모든 엘리트 구성원을 포괄하는 구조적 통합이 광범위하게 이루어진 가운데, 그것이 정당, 운동 또는 종파를 통해 소수의 최고 지도자들에게 집중되는 '이념적으로 통합된 엘리트 배치'[6] 유형에 가까웠다. 2022년 정치변동 이후 엘리트 집단 교체에도 불구하고 또다시 같은 유형의 엘리트 배치가 이루어졌다면, 이는 향후 토카예프 대통령하에서도 기존과 유사한 체제가 이어질 가능성이 크다는 것을 시사한다. 또한, 나자르바예프 전 대통령은 수차례에 걸친 헌법개정을 통해 자신에게 권력을 집중시키면서 임기를 연장하고 연임 제한을 철폐하여 장기 집권했다. 헌법개정은 권력구조의 개편을 의미한다. 헌법은 권력구조의 기본 원리를 규정하는 제도이자, 정치적 행위자 간 합의의 산물이기 때문에 헌법개정은 주체인 정치적 행위자들, 특히 이념과 정치적 이해관계를 공유하는 정치세력 또는 집단의 정치적 이해관계 또는 헌법상의 권력구조가 작동하는 정치적 환경의 변화, 즉 정치적 기회구조의 변화를 반영한다.[7] 2022년 정치변동

---

6) John Higley and Michael Burton, *Elite Foundations of Liberal Democracy* (Lanham: Rowman & Littlefield Publishers, 2006), p. 14.
7) 차재권, "헌법개정과 권력구조 변화의 정치동학: 경로의존 vs. 제도적 동형화," 『미래정치연구』

이후 헌법개정에도 불구하고 대통령에 대한 권력 집중이 해소되지 않았다면, 이는 나자르바예프 전 대통령의 입지가 축소된 정치적 기회구조의 변화를 이용한 권력구조 개편에 불과하다. 따라서 이는 향후 토카예프 대통령의 1인 권력 강화와 장기 집권으로 이어질 가능성이 크다는 것을 의미한다.

II. 엘리트 집단 교체

2019년 3월 20일 나자르바예프 대통령의 사임과 토카예프 대통령의 권력승계 이후 수년 내에 엘리트 집단 내부의 권력투쟁으로 인해 심각한 정치적 불안이 촉발되거나, 국민의 사회적 불만이 정치적 격변으로 이어질 가능성은 작아 보였다. 하지만 2022년 1월 2일부터 시작된 반정부시위가 전국적으로 확산하는 가운데, 1월 5일 토카예프 대통령은 비상사태를 선포하고, 이를 명분으로 하여 다음과 같이 친나자르바예프계 엘리트 집단을 자신이 주도하는 '탈나자르바예프화'에 동의하는 친토카예프계 엘리트 집단으로 교체했다.

첫째, 나자르바예프 전 대통령의 '초대 대통령' 지위와 권한을 박탈했다. 나자르바예프는 2019년 3월 20일 대통령직에서 물러났지만, '초대 대통령'이라는 헌법적 지위를 기반으로 하여 국정 전반에 걸쳐 실권을 행사할 수 있었다. 구체적으로 나자르바예프는 '카자흐스탄 공화국 안보 회의에 관한 법'[8])에 따라 안보 회의(Security Council) 종신 의장,

---

7권 2호(2017), p. 13, https://doi.org/10.20973/jofp.2017.7.2.5
8) ИПС "Әділет", "О Совете Безопасности Республики Казахстан. Архивная версия. 05.07.2018.

'카자흐스탄 공화국 초대 대통령·국가지도자에 관한 헌법법'[9])에 따라 헌법재판소의 역할을 하는 헌법위원회 종신 위원직을 수행하는 동시에, 검찰총장, 중앙은행 총재, 국가안보위원회(National Security Committee) 의장과 외무, 국방, 내무장관을 제외한 장관 등 고위 공직자 임명에 관여할 수 있는 권한도 가지고 있었다.[10]) 또한, 여당인 '누르 오탄(Nur Otan)' 의장, 하원의원 9명을 선출하는 민족 회의(Assembly of People) 명예 의장, 그리고 명예 상원의원직을 수행하면서 의회에 대한 영향력도 유지하고 있었다. 하지만 시위가 구 수도인 알마티까지 확산하자, 토카예프 대통령은 2022년 1월 5일 대국민담화를 통해 자신이 안보 회의 의장직을 맡겠다고 선언했고, 1월 28일에는 당대회에서 '누르 오탄' 의장으로 선출되었다.[11]) 이어서 2월 2일 상·하원은 나자르바예프의 안보 회의 종신 의장직과 민족 회의 명예 의장직을 박탈했다.[12]) 이러한 결정은 2월 7일 토카예프 대통령이 '카자흐스탄 공화국의 일부 헌법법에 대한 수정 및 보완 도입에 관한 법'[13])에 서명하면서 확정되

Закон Республики Казахстан от 5 июля 2018 года № 178-VI ЗРК," ИПС "Әділет" (July 5, 2018), at https://adilet.zan.kz/rus/archive/docs/Z1800000178/05.07.2018 (검색일: 2023. 11. 03).

9) ИПС "Әділет", "О Первом Президенте Республики Казахстан - Елбасы. Архивная версия. 22.12.2017. Конституционный закон Республики Казахстан от 20 июля 2000 года N 83-II," ИПС "Әділет" (July 20, 2000), at
https://adilet.zan.kz/rus/archive/docs/Z000000083_/22.12.2017 (검색일: 2023. 11. 03).

10) ИПС "Әділет", "О внесении изменений и дополнений в некоторые акты Президента Республики Казахстан. Указ Президента Республики Казахстан от 9 октября 2019 года № 184," ИПС "Әділет" (October 9, 2019), at https://adilet.zan.kz/rus/docs/U1900000184 (검색일: 2023. 11. 03).

11) ТАСС, "Назарбаев, Нурсултан Абишевич," ТАСС, at https://tass.ru/encyclopedia/person/nazarbaev-nursultan-abishevich (검색일: 2023. 11. 03).

12) Almaz Kumenov, "Kazakhstan: Parliament strips Nazarbayev of lifetime sinecures," Eurasianet (February 2, 2022), at
https://eurasianet.org/kazakhstan-parliament-strips-nazarbayev-of-lifetime-sinecures (검색일: 2023. 11. 03).

13) ИПС "Әділет", "О внесении изменений и дополнений в некоторые конституционные

었다. 같은 해 6월 8일 개정된 헌법14)에는 기존 헌법에 명시되어 있던 '초대 대통령'의 헌법적 지위에 관한 모든 조항이 삭제되었다. 또한, 헌법개정으로 기존 헌법위원회를 대체하게 된 헌법재판소는 2023년 1월 10일 나자르바예프 전 대통령과 그 가족의 특권이 명시된 '카자흐스탄 공화국 초대 대통령·국가지도자에 관한 헌법법'의 효력 상실을 결정했고,15) 1월 13일 상·하원이 그것을 인정했으며, 2월 15일 토카예프 대통령이 관련 문서에 서명하면서 해당 헌법법의 효력 상실이 확정되었다. 이와 함께, 2023년 1월 12일 상원은 나자르바예프가 대통령직을 사임한 후 그에게 부여한 명예 상원의원직마저 박탈했다.16)

둘째, 정·재계 요직에서 나자르바예프 친족 집단을 축출했다. 나자르바예프 전 대통령은 정·재계 요직에 친족 집단을 배치하여 퇴임 이후에도 권력을 유지하는 기반으로 활용했다. 2022년 2월 25일 한때 나자르바예프의 유력한 후계자로 거론되기도 했던 장녀 다리가(Dariga Nazarbayeva)가 하원의원직을 사임했고, 그보다 앞서 세 명의 사위도 국영기업 회장직에서 연이어 물러났다. 장녀 다리가의 남편으로 알려진 샤리프바예프(Kairat Sharipbayev), 2녀 디나라(Dinara)의 남편인 쿨리바예

законы Республики Казахстан. Конституционный закон Республики Казахстан от 7 февраля 2022 года № 105-VII ЗРК," ИПС "Әділет" (February 7, 2022), at https://adilet.zan.kz/rus/docs/Z2200000105 (검색일: 2023. 11. 03).

14) ИПС "Әділет", "Конституция Республики Казахстан. Архивная версия. 08.06.2022. Конституция принята на республиканском референдуме 30 августа 1995 года," ИПС "Әділет" (June 8, 2022), at https://adilet.zan.kz/rus/archive/docs/K950001000_/08.06.2022 (검색일: 2023. 11. 03).

15) Catherine Putz, "Kazakhstan Annuls Law 'On the First President'," The Diplomat (January 11, 2023), at https://thediplomat.com/2023/01/kazakhstan-annuls-law-on-the-first-president/ (검색일: 2023. 11. 03).

16) AKIpress, "Nursultan Nazarbayev stripped of title of Honorary Senator," AKIpress (January 12, 2023), at https://akipress.com/news:691227:Nursultan_Nazarbayev_stripped_of_title_of_Honorary_Senator/ (검색일: 2023. 11. 03).

프(Timur Kulibayev), 3녀 알리야(Aliya)의 남편인 도사노프(Dimash Dosanov)는 각각 QazaqGaz(구 KazTranGaz) 회장, 로비 그룹 Atameken 회장, KazTransOil 회장직에서 사임했다.[17] QazaqGaz 회장에는 카자흐스탄 환경·지질·천연자원부 차관과 우크라이나 국영 석유·가스 기업 NaftogazUGV 부회장을 역임한 쟈르케쇼프(Sanzhar Zharkeshov)가 임명되었고,[18] KazTransOil 회장에는 시위가 시작되었던 카자흐스탄 서부에 정치적 기반을 둔 이즈무카베토프(Baktykozha Izmukhambetov) 전 하원의장의 사위 쿠르만바예프(Talgat Kurmanbayev)가 임명되었다.[19] 또한, 수도인 아스타나 부시장, Kazakhoil, Kazakhstan Temir Joly 고위직을 역임했고, 카자흐스탄 통신 서비스 시장의 독점기업인 Kazakhtelecom의 지분 24% 이상을 소유한 대주주였던[20] 나자르바예프의 조카 사티발디(Kairat Satybaldy)는 기소되어 재산 몰수와 함께 징역 6년을 선고받았다.[21] 사티발디의 전처 굴미라 사티발디(Gulmira Satybaldy)도 2022년 3월부터 반부패청의 조사를 받았고, 2023년 5월 협박 및 납치 혐의로 징

---

[17] Almaz Kumenov, "Kazakhstan: Key Nazarbayev cronies undergo apparent purge," Eurasianet (January 17, 2022), at
https://eurasianet.org/kazakhstan-key-nazarbayev-cronies-undergo-apparent-purge (검색일: 2023. 11. 03).

[18] Davis Center, "Sanzhar Zharkeshov," Davis Center, at
https://daviscenter.fas.harvard.edu/about/people/sanzhar-zharkeshov (검색일: 2023. 11. 03).

[19] KazTAG, "New head of KazTransOil is the son-in-law of the ex Majilis speaker," KazTAG (February 24, 2022), at
https://kaztag.kz/en/news/new-head-of-kaztransoil-is-the-son-in-law-of-the-ex-majilis-speaker (검색일: 2023. 11. 03).

[20] Аян Калмурат, "Племянник Назарбаева указан учредителем офшора, владеющего «Казахтелекомом»," Радио Азаттык (February 17, 2021), at
https://rus.azattyq.org/a/31107946.html (검색일: 2023. 11. 03).

[21] informburo, "Суд приговорил Кайрата Сатыбалдыулы к шести годам лишения свободы," informburo (September 26, 2022), at
https://informburo.kz/novosti/sud-prigovoril-kairata-satybaldyuly-k-sesti-godam-liseniya-svobody (검색일: 2023. 11. 03).

역 7년을 선고받았다.22) 2022년 6월 국가안보위원회 제1부의장이었던 또 다른 조카 아비시(Samat Abish)도 반역 혐의로 체포되었다.23) 전문가들은 아비시가 2022년 시위를 조종하는 데 있어서 마시모프(Karim Masimov) 당시 국가안보위원회 의장과 동등하거나 그보다 훨씬 더 큰 역할을 했을 가능성이 높다고 주장하는데, 실제로 함께 기소된 당시 국가안보위원회 고위 간부 이스카코프(Ruslan Iskakov) 역시 시위 과정에서 아비시의 지시에 따라 움직였다고 언급한 바 있다.24)

셋째, 대통령 직속 기관, 행정부, 입법부, 사법부를 포함한 국가기관의 요직에서 친나자르바예프계 인사를 '탈나자르바예프화'에 동의하는 친토카예프계 인사로 교체했다. 대통령 직속 기관에서는 먼저, 국가 안보의 핵심 기관인 국가안보위원회 의장이 마시모프에서 사김바예프(Yermek Sagimbayev)로 교체되었다. 마시모프는 토카예프 대통령과 함께 나자르바예프의 잠재적 후계자로 주목받은 대표적인 친나자르바예프계 인사였다.25) 마시모프가 2022년 1월 5일 해임되고 반역 혐의로 체포되면서26) 의장이 된 사김바예프는 토카예프 대통령하에서 대통령

---

22) Рабига Дюсенгулова, "Гульмире Сатыбалды объявили приговор," TENGRI NEWS (March 9, 2023), at
https://tengrinews.kz/crime/gulmira-satyibaldyi-pyitalas-pokinut-kazahstan-prokuratura-493147/ (검색일: 2023. 11. 03).
23) KazTAG, "CNS : Nephew of ex-president Nazarbayev - Samat Abish is under investigation," KazTAG (June 22, 2022), at
https://kaztag.kz/en/news/cns-nephew-of-ex-president-nazarbayev-samat-abish-is-under-investigation (검색일: 2023. 11. 03).
24) Almaz Kumenov, "Kazakhstan: Investigation into ex-president's nephew signals new turn in elite infighting," eurasianet (September 20, 2023), at
https://eurasianet.org/kazakhstan-investigation-into-ex-presidents-nephew-signals-new-turn-in-elite-infighting (검색일: 2023. 11. 03).
25) Natalie Hall, "Who Will Run Post-Nazarbayev Kazakhstan?," The Diplomat (October 30, 2018), at https://thediplomat.com/2018/10/who-will-run-post-nazarbayev-kazakhstan/ (검색일: 2023. 11. 03).

경호실장과 대통령 직속 국가보안국장(Head of the State Security Service)을 역임한 친토카예프계 인사로 널리 알려져 있다.27) 사김바예프가 임명 직후부터 전 지도부가 연루된 범죄 조사를 시작한 결과, 5월 17일 토카예프 대통령은 '카자흐스탄 공화국 국가안보위원회의 특정 문제에 관한 명령'에 서명하면서28) 조직 개편을 통해 국가안보위원회를 장악할 수 있었다. 다음으로, 2019년 3월 20일 토카예프가 대통령으로 취임한 이후 대통령 고문, 대통령 보좌관을 역임한 카린(Erlan Karin)이 2022년 1월 5일 대통령 비서실장에 해당하는 국가 서기(State Secretary)로 임명되었으며, 국가 서기의 명칭이 국가 고문(State Counsellor)으로 변경되면서 6월 14일 다시 국가 고문으로 임명되었다. 그는 대통령의 직접적 통제하에서 국내 정책 분야에 전략적 제안을 개발하고, 대통령의 지시에 따라 의회, 기타 국가기관, 정당, 공공단체와의 관계와 국제관계에서 그의 이익을 대표하는 직책인 국가 고문으로서29) 토카예프 대통령의 메시지를 전달하면서 '탈나자르바예프화' 정책을 주도하는 역할을 했다.30) 또한, 2022년 시위 당시 알마티주 주지

---

26) TASS, "Former national security chief of Kazakhstan detained on suspicion of treason," TASS (January 8, 2022), https://tass.com/world/1385043 (검색일: 2023. 11. 03).
27) Қазақстан Республикасы Ұлттық қауіпсіздік комитеті, "Сағымбаев Ермек Алдабергенұлы," Қазақстан Республикасы Ұлттық қауіпсіздік комитеті, at https://www.gov.kz/memleket/entities/knb/about/structure/people/16?lang=kk (검색일: 2023. 11. 03).
28) KazTAG, "Tokayev signed a decree NSC reformation," KazTAG (May 20, 2022), at https://kaztag.kz/en/news/tokayev-signed-a-decree-nsc-reformation (검색일: 2023. 11. 03).
29) Официальный сайт Президента Республики Казахстан, "Государственный Советник Республики Казахстан Карин Ерлан Тынымбаевич," Официальный сайт Президента Республики Казахстан, at https://www.akorda.kz/ru/gosudarstvennyy-sekretar-respubliki-kazahstan-karin-erlan-tynymbaevich-502738 (검색일: 2023. 11. 03).
30) Saniya Bulatkulova, "President Calls On Citizens to Get Involved in Building New Kazakhstan, Says Secretary of State Erlan Karin," THE ASTANA TIMES (January 13, 2022), at

사였던 보줌바예프(Kanat Bozumbayev)는 2022년 6월 주지사직에서 해임되었다가 2023년 9월 다시 대통령 고문으로 임명되었다.31) 전문가들은 보줌바예프가 같은 씨족 출신32)일 뿐만 아니라 토카예프 대통령의 보좌관을 역임했기 때문에 친토카예프계 인사로 분류하고 있는데, 그의 복귀는 "나자르바예프 시기와 마찬가지로 토카예프 시기에도 씨족 관계가 환영받고 충성심을 증명한 인사에게 길이 열려있다."라는 것을 보여주는 대표적 사례로 지적된다.33)

행정부에서는 2022년 1월 5일 마민 총리가 사임하면서, 제1부총리였던 스마일로프(Alikhan Smailov)가 권한대행을 거쳐 1월 11일 총리로 임명되었다.34) 스마일로프는 토카예프가 외무장관직에 있을 당시 차관을 역임한 바 있어35) 친토카예프계 인사로 분류된다. 또한, 베케

---

https://astanatimes.com/2022/01/president-calls-on-citizens-to-get-involved-in-building-new-kazakhstan-says-secretary-of-state-erlan-karin/ (검색일: 2023. 11. 03).

31) Официальный сайт Президента Республики Казахстан, "Советник Президента Республики Казахстан Бозумбаев Канат Алдабергенович," Официальный сайт Президента Республики Казахстан, at https://www.akorda.kz/ru/executive_office/executive_office_stucture/pomoshchnik-prezidenta-respubliki-kazahstan-bozumbaev-kanat-aldabergenovich (검색일: 2023. 11. 03).

32) Марсель Хамитов, "Д.АШИМБАЕВ: КАЖДЫЙ ВТОРОЙ ВЫСОКОПОСТАВЛЕННЫЙ ИЗ СТАРШЕГО ЖУЗА, КАЖДЫЙ ДЕСЯТЫЙ – ШАПРАШТЫ," ia-centr (June 24, 2020), at https://ia-centr.ru/experts/marsel-khamitov/d-ashimbaev-kazhdyy-vtoroy-vysokopostavlennyy-iz-starshego-zhuza-kazhdyy-desyatyy-shaprashty/ (검색일: 2023. 11. 03).

33) Ельнур Алимова, "Должности новые, кадры — старые. Что не так с последними назначениями Токаева?," Радио Азаттык (September 7, 2023), at https://rus.azattyq.org/a/32581985.html (검색일: 2023. 11. 03).

34) THE ASTANA TIMES, "Smailov Becomes Kazakhstan's New Prime Minister," THE ASTANA TIMES (January 11, 2022), at https://astanatimes.com/2022/01/smailov-becomes-kazakhstans-new-prime-minister/ (검색일: 2023. 11. 03).

35) Официальный информационный ресурс Премьер-Министра Республики Казахстан, "Премьер-Министр Республики Казахстан," Официальный информационный ресурс Премьер-Министра Республики Казахстан, at https://primeminister.kz/ru/government/composition/smailov (검색일: 2023. 11. 03).

타예프(Marat Beketayev) 법무장관이 1월 5일 실권이 없는 총리 고문으로 자리를 옮기면서,36) 1월 11일 카나트(Musin Kanat)가 법무장관으로 임명되었다. 이후 베케타예프는 2022년 12월 총리 고문에서 해임되고, 2023년 10월 직권남용 혐의로 체포되는 수모를 겪었지만,37) 카나트는 대통령 임기 변경, 수도 명칭 변경 등 6월 8일 개정된 헌법의 5개 조항 수정을 위한 법안을 마련하는 등 9월 17일 추가 헌법개정 전반을 담당하면서38) 토카예프 대통령의 '탈나자르바예프화' 정책을 주도하는 핵심 인사로 부상했다. 그는 헌법개정으로 기존 헌법위원회가 폐지되고 2023년 1월 1일 헌법재판소가 복원되자 다시 헌법재판관으로 영전했다.39)

2022년 1월 11일을 시작으로 하여 토카예프 대통령이 조기 대선을 거쳐 2022년 11월 26일 다시 대통령으로 취임한 이후인 2023년 하반기에 이르기까지 내각 개편이 빈번하게 이루어졌지만, 시위 이후 본격

---

36) Официальный информационный ресурс Премьер-Министра Республики Казахстан, "Распоряжением Премьер-Министра РК Бекетаев Марат Бакытжанович назначен советником Премьер-Министра РК," Официальный информационный ресурс Премьер-Министра Республики Казахстан, at
https://primeminister.kz/ru/hrpolitic/appointments/rasporyazheniem-premer-ministra-rk-beketaev-marat-bakytzhanovich-naznachen-sovetnikom-premer-ministra-rk-1404938 (검색일: 2023. 11. 03).

37) Настоящее Время, "В Казахстане арестовали бывшего министра юстиции Марата Бекетаева. Его подозревают в злоупотреблении должностными полномочиями," Настоящее Время (October 23, 2023), at
https://www.currenttime.tv/a/kazakhstan-arest-beketaeva/32650263.html (검색일: 2023. 11. 03).

38) THE ASTANA TIMES, "Kazakh Parliament Adopts Constitutional Amendments on Single Presidential Term and Renaming of Capital," THE ASTANA TIMES (September 16, 2022), at https://astanatimes.com/2022/09/kazakh-parliament-adopts-constitutional-amendments-on-single-presidential-term-and-renaming-of-capital/ (검색일: 2023. 11. 03).

39) Arailym Temirgaliyeva, "Kanat Mussin appointed as Judge of Constitutional Court," Kazinform (December 30, 2022), at
https://www.inform.kz/en/kanat-mussin-appointed-as-judge-of-constitutional-court_a4018471 (검색일: 2023. 11. 03).

적으로 형성된 친토카예프계 엘리트 집단의 교체로 이어지지는 않았다.[40] 2022년 1월 11일 임명된 스마일로프 총리, 스클랴르(Roman Sklyar) 제1부총리, 쿠안티로프(Alibek Kuantyrov) 국민경제장관, 1월 19일 임명된 자크실리코프 국방장관(Ruslan Zhaksylykov), 3월 29일 임명된 자마우바예프(Yerulan Zhamaubayev) 부총리 겸 재무장관이 여전히 자리를 지키고 있고, 주만가린(Serik Zhumangarin)과 두이세노바(Tamara Duisenova)는 2023년 9월 2일 각각 무역·통합장관과 노동·국민사회보장장관 겸직을 그만두었지만, 부총리직은 유지하고 있다. 시위 이후 총리실장(Head of the Office of the Prime Minister)에 유임되었던 코이시바예프(Galymzhan Koishybayev)는 2023년 1월 4일 부총리 겸 정부행정실장(Chief of Staff of the Government, 과거 총리실장)이 되었고, 시위 이후 대통령행정실장에 임명되었던 누르틀레우(Murat Nurtleu)는 2023년 4월 3일 부총리 겸 외무장관이 되었으며, 역시 내무부 차관에 임명되었던 사데노프(Yerzhan Sadenov)는 2023년 9월 2일 내무장관이 되었다. 또한, 2019~23년 총리실 법무국장이었던 에스카라예프(Azamat Yeskarayev)는 2023년 1월 4일 법무장관으로, 2021~23년 산업·인프라개발부 차관이었던 카라바예프(Marat Karabayev)는 해당 부처의 장관직을 거쳐 2023년 9월 2일 교통장관으로, 2020~22년 정보·사회개발장관이었던 발라예바(Aida Balayeva)는 2022~23년 대통령행정실 부실장을 거쳐 2023년 9월 2일 문화·정보장관으로, 2022년 3월부터 교육·과학부 차관이었고, 6월 11일 해당 부처가 교육부와 과학·고등

---

40) Официальный информационный ресурс Премьер-Министра Республики Казахстан, "СОСТАВ ПРАВИТЕЛЬСТВА," Официальный информационный ресурс Премьер-Министра Республики Казахстан, at https://primeminister.kz/ru/government/composition/ (검색일: 2023. 11. 03).

교육부로 개편된 후인 8월부터 교육부 차관이었던 베이셈바예프(Gani Beisembayev)는 2023년 1월 4일 교육장관으로, 2022년 10월부터 무역·통합부 1차관이었던 샤칼리예프(Shakkaliyev Arman)는 2023년 9월 2일 무역·통합장관으로 대부분 내부 승진했다. 2022년 카자흐스탄 시위 이후 빈번했던 내각 개편에도 불구하고, 주로 시위 이후 본격적으로 형성된 친토카예프계 엘리트 집단 내부에서 폐쇄적으로 이루어진 인사이동은 기존 체제가 가지고 있던 권위주의적 성격과 후견-피후견 관계가 변하지 않았다는 것을 보여주는 지표로 해석된다.41)

입법부에서는 2022년 2월 1일 친나자르바예프계였던 니그마툴린(Nurlan Nigmatulin)이 사임하고, 친토카예프계인 코샤노프(Yerlan Koshanov)가 하원의장이 되었다.42) 이어서 코샤노프의 제안과 토카예프 의장의 지지에 따라 여당인 '누르 오탄'이 3월 1일 당대회에서 '아마나트'(Amanat)로 명칭을 변경했고,43) 이미 1월 28일부터 의장을 맡고 있던 토카예프는 탈당과 동시에, 4월 26일 코샤노프에게 의장직을 넘겼다.44) 이후 코샤노프가 이끄는 '아마나트'는 대통령 임기 변경과 수도 명칭 변경 등 토카예프 대통령의 '탈나자르바예프화' 정책을 전

---

41) Ельнур Алимова, "Должности новые, кадры — старые. Что не так с последними назначениями Токаева?," Радио Азаттык (September 7, 2023), at https://rus.azattyq.org/a/32581985.html (검색일: 2023. 11. 03).

42) Almaz Kumenov, "Kazakhstan: Political party reshuffle hints at the arrival of a new order," Eurasianet (April 27, 2022), at https://eurasianet.org/kazakhstan-political-party-reshuffle-hints-at-the-arrival-of-a-new-order (검색일: 2023. 11. 03).

43) Тамара Вааль, "Партия «Нур Отан» переименована в «Аманат»," Власть (March 1, 2022), at https://vlast.kz/novosti/48934-partia-nur-otan-pereimenovana-v-amanat.html (검색일: 2023. 11. 03).

44) Reuters, "Kazakh leader hands over ruling party leadership to ally," Reuters (April 26, 2022), at https://www.reuters.com/world/asia-pacific/kazakh-leader-hands-over-ruling-party-leadership-ally-2022-04-26/ (검색일: 2023. 11. 03).

적으로 지지하고,45) 11월 20일에 있을 조기 대선 후보로 토카예프 대통령을 지명하면서46) 토카예프 대통령의 권력 기반 역할을 충실히 수행했다. 2023년 3월 19일에 있었던 조기 하원 총선에서 사실상 여당인 '아마나트'는 다소 의석이 감소했지만, 지역구 29석 중 22석, 비례대표 69석 중 40석, 총 98석 중 62석을 차지하여 여유 있게 과반수를 확보했다. 지역구 29석 중 나머지 7석은 무소속 후보가 차지했고, 비례대표 69석 중 나머지 29석은 5개 정당에 배분되었는데, '아우일(Auyl)'이 8석, '레스푸블리카(Respublica)'가 6석, '아크 졸(Aq Jol)'이 6석, 카자흐스탄인민당(People's Party of Kazakhstan)이 5석, 전국가사회민주당(All-National Social Democratic Party)이 4석을 차지했다. '아크 졸'과 카자흐스탄인민당은 확실한 야당으로 분류하기 어렵고,47) 시위 이후에 창당된 '레스푸블리카'는 이미 총선 전에 토카예프 대통령의 노선에 대한 지지를 선언한 바 있기 때문에48) 친토카예프계 정당이 전체 의석의 2/3 이상을 차지했다고 할 수 있다.

사법부에서는 조기 대선 이후인 2022년 12월 8일 대법원장이 아사노프(Zhakyp Asanov)에서 메르갈리예프(Aslambek Mergaliyev)로 교체

---

45) TASS, "Amanat party in Kazakh parliament supports introduction of seven-year presidential term," TASS (September 14, 2022), at https://tass.com/world/1507097 (검색일: 2023. 11. 03).

46) THE ASTANA TIMES, "Amanat Party Nominates Kassym-Jomart Tokayev as Presidential Candidate," THE ASTANA TIMES (October 6, 2022), at
https://astanatimes.com/2022/10/amanat-party-nominates-kassym-jomart-tokayev-as-presidential-candidate/ (검색일: 2023. 11. 03).

47) Anar Bekbassova, "Kazakhstan Before Election: Is It Possible to Change the Parliament's Face?," CABAR (Februry 27, 2023), at
https://cabar.asia/en/kazakhstan-before-election-is-it-possible-to-change-the-parliament-s-face (검색일: 2023. 11. 03).

48) Ельнур Алимова, "Зачем Токаев «играет с огнём» и почему Казахстан ждёт очередной «карманный» парламент?," Радио Азаттык (February 4, 2023), at
https://rus.azattyq.org/a/review-tokayev-is-playing-with-fire/32255276.html (검색일: 2023. 11. 03).

되었고,49) 아사노프는 2023년 1월 24일 토카예프 대통령에 의해 새로 임명된 상원의원 10명에 포함되었다.50) 한편, 헌법개정으로 나자르바예프 전 대통령이 장악하고 있던 기존 헌법위원회가 폐지되고, 2023년 1월 1일 헌법재판소가 복원되었다. 토카예프 대통령의 추천과 상원의 만장일치 동의에 따라 헌법재판소장에는 중립적 인사로 분류되는 아지모바(Elvira Azimova)가 임명되었다.51)

2022년 카자흐스탄 시위를 계기로 토카예프는 '초대 대통령' 지위와 권한을 박탈하고, 정·재계 요직에서 친족 집단을 축출하여 나자르바예프 전 대통령의 영향력을 축소하는 한편, 대통령 직속 기관, 행정부, 입법부, 사법부를 포함한 국가기관의 요직에서 친나자르바예프계 인사를 '탈나자르바예프화'에 동의하는 친토카예프계 인사로 교체하여 후견-피후견 관계를 재구축하면서 자신의 권력 기반을 강화했다. 이와 같은 전격적인 엘리트 교체는 나자르바예프 전 대통령의 퇴임 후 후계자인 토카예프 대통령하에서 전개되고 있던 엘리트 집단 간 권력투쟁이 반정부시위를 계기로 표면화된 결과로 보인다.

---

49) Adlet Seilkhanov, "Tokayev meets newly appointed Supreme Court Chairman Aslambek Mergaliyev," Kazinform (December 8, 2022), at
https://www.inform.kz/en/tokayev-meets-newly-appointed-supreme-court-chairman-aslambek-mergaliyev_a4011182 (검색일: 2023. 11. 03).
50) Assel Satubaldina, "Kazakh President Kassym-Jomart Tokayev Appoints Ten New Senate Deputies," THE ASTANA TIMES (January 25, 2023), at
https://astanatimes.com/2023/01/kazakh-president-kassym-jomart-tokayev-appoints-ten-new-senate-deputies/ (검색일: 2023. 11. 03).
51) Zhanna Shayakhmetova, "Kazakh President Appoints Elvira Azimova to Serve as Chair of Constitutional Court," THE ASTANA TIMES (December 30, 2022), at
https://astanatimes.com/2022/12/kazakh-president-appoints-elvira-azimova-to-serve-as-chair-of-constitutional-court/ (검색일: 2023. 11. 03).

〈표 1〉 2022년 카자흐스탄 시위 이후 국가기관 요직 인사 교체

		2022년 시위 이전		2022년 시위 이후	
		직위	성명	직위	성명
대통령 직속 기관		국가안보위원회 의장	카림 마시모프 (Karim Masomov)	국가안보위원회 의장	**예르멕 사김바예프 (Yermek Sagimbayev)**
		국가 서기	크름베크 쿠셰르바예프 (Krymbek Kusherbayev)	국가 서기/국가 고문	**예를란 카린 (Erlan Karin)**
행정부		총리	아스카르 마민 (Askar Mamin)	총리	**알리칸 스마일로프 (Alikan Smailov)**
		법무장관	마라트 베케타예프 (Marat Beketayev)	법무장관	**무신 카나트 (Musin Kanat)**
					아자마트 예스카라예프 (Azamat Yeskarayev)
입법부		하원의장	누를란 니그마툴린 (Nurlan Nigmatulin)	하원의장	**예를란 코샤노프 (Yerlan Koshanov)**
		'누르오탄' 의장	누르술탄 나자르바예프 (Nursultan Nazarbayev)	'아마나트' 의장	**예를란 코샤노프 (Yerlan Koshanov)**
사법부		대법원장	자쿠프 아사노프 (Zhakup Asanov)	대법원장	아슬람베크 메르갈리예프 (Aslambek Mergaliev)
		헌법위원회 의장	카이라트 마미 (Kairat Mami)	헌법재판소장	엘비라 아지모바 (Elvira Azimova)
				헌법재판관	**무신 카나트 (Mussin Kanat)**

※ 진한 글자는 친토카예프계로 확실히 분류되는 인사

III. 권력구조 개편

카자흐스탄은 독립 이후 최초로 1993년 1월 28일 최고회의(Supreme Council)에서 입법부·행정부·사법부 권력분립 원칙(서문), 대통령 중심제(75조) 및 5년 중임제(2회 초과 연임 제한)(76조) 등을 골자로 하는 헌법을 제정했다.52) 하지만 나자르바예프 대통령은 1995년 4월 29일 국민투표 결과(투표율 91.21%, 찬성 95.46%)에 따라 2000년 12월 1일까지 임기 연장을 보장받은 후 새로운 헌법 제정을 주도했다. 국민투표를 통해 같은 해 8월 30일 제정된 헌법53)은 대통령이 정부와 광역자치단체장의 조치를 완전히 또는 부분적으로 취소 또는 중단 가능(44조 3항), 대통령이 상원의원 7명 임명(50조 2항), 상·하원 각각 재적의원 2/3의 동의로 1년 이내의 기간에 대통령에게 입법권 위임 가능(53조 3항), 의회의 내각 불신임 투표 의사 표명, 의회의 총리 임명 동의안 2회 부결, 상·하원 간 또는 의회와 행정부·사법부 간 극복할 수 없는 불화로 인한 정치적 위기 시 의회(상·하원 전체) 해산 가능(63조 1항), 기존 헌법재판소를 대체하여 의장과 위원 7인으로 구성되는 헌법위원회 신설과 전직 대통령에게 종신 위원직 부여(71조 1항), 대통령이 헌법위원회 의장과 위원 2인 임명(71조 2항, 3항) 등을 명시하여 대통령의 권

---

52) ИПС "Әділет", "КОНСТИТУЦИЯ РЕСПУБЛИКИ КАЗАХСТАН. Утративший силу. Верховный Совет Республики Казахстан от 28 января 1993 года. Утратила силу в связи с принятием новой конституции 30 августа 1995 г., см. Указ Президента от 6 сентября 1995 г. N 2454," ИПС "Әділет" (January 28, 1993), at https://adilet.zan.kz/rus/docs/K930001000_ (검색일: 2023. 11. 03).

53) ИПС "Әділет", "Конституция Республики Казахстан. Архивная версия. 30.08.1995. Конституция принята на республиканском референдуме 30 августа 1995 г.," ИПС "Әділет" (August 30, 1995), at https://adilet.zan.kz/rus/archive/docs/K950001000_/30.08.1995 (검색일: 2023. 11. 03).

한을 강화했다. 이 때문에 1995년 헌법개정을 계기로 카자흐스탄의 정치체제는 기존 '반(半)민주적 권위주의'에서 '전형적 권위주의'로 분류되기 시작했다.54)

1998년 10월 7일 개정된 헌법55)이 대통령의 임기를 기존 5년에서 7년으로 연장하고(41조 1항), 대통령 후보의 최고 연령 제한을 폐지한 데 이어(41조 2항), 2000년 5월 20일 헌법위원회는 이전의 대선이 1978년과 1993년 구 헌법에 따라 시행되었다고 해석하고, 1999년 4월 29일부터 시작되는 임기를 나자르바예프 대통령의 첫 번째 임기로 간주한다는 결정을 내렸다.56) 그 결과 나자르바예프 대통령에게 7년 임기를 두 번, 다시 말해 2013년 4월까지 14년을 집권할 수 있는 길이 열렸다.

2007년 5월 21일 다시 개정된 헌법57)은 대통령의 임기를 기존 7년에서 5년으로 단축했지만(41조 1항), 2회 초과 연임 제한을 '초대 대통령'에게 적용하지 않기로 하고(42조 5항), '초대 대통령' 지위를 헌법에 명시하는(46조 4항) 등 나자르바예프 대통령의 장기 집권은 물론, 퇴임 후 국정 전반에 걸친 실권 행사를 보장했다. 또한, 대통령이 임명하는 상원의원 수를 기존 7명에서 15명으로 늘리고(50조 3항), 대통령

---

54) 이재영, 고재남, 박상남, 이지은, 『카자흐스탄 정치 엘리트와 권력구조 연구』(서울: 대외경제정책연구원, 2009), p. 126.
55) ИПС "Әділет", "Конституция Республики Казахстан. Архивная версия. 07.10.1998. Конституция принята на республиканском референдуме 30 августа 1995 г.," ИПС "Әділет" (October 7, 1998), at https://adilet.zan.kz/rus/archive/docs/K950001000_/07.10.1998 (검색일: 2023. 11. 03).
56) ТАСС, "История президентских выборов в Республике Казахстан. Досье," ТАСС (February 25, 2015), at https://tass.ru/info/1791400 (검색일: 2023. 11. 03).
57) ИПС "Әділет", "Конституция Республики Казахстан. Архивная версия. 21.05.2007. Конституция принята на республиканском референдуме 30 августа 1995 г.," ИПС "Әділет" (May 21, 2007), at https://adilet.zan.kz/rus/archive/docs/K950001000_/21.05.2007 (검색일: 2023. 11. 03).

이 의장인 민족 회의가 헌법적 지위를 부여받고(44조 20항) 하원의원 9명을 선출하도록 하며(51조 1항), 기존과 달리 대통령이 특별한 조건 없이 상·하원의장 및 총리와 '협의' 후 의회(상·하원 전체) 또는 하원을 해산할 수 있도록 하는(63조 1항) 등 의회에 대한 대통령의 통제력도 대폭 강화했다.

나자르바예프 대통령의 퇴임 이후 본격적인 후계 구도를 염두에 두고 2017년 3월 10일 개정된 헌법[58]은 두 가지 명확한 목적을 가지고 있었다. 첫째, 대통령에게 집중되었던 권력을 의회와 지방에 분산시켜 차기 대통령의 권한을 약화하고자 했다. 기존에는 대통령이 외무, 국방, 내무, 법무장관을 제외한 장관을 총리의 제청에 따라 임명했는데, 이를 외무, 국방, 내무장관을 제외한 장관을 하원과 협의한 후 총리의 제청에 따라 임명하도록 했고, 기존에는 대통령이 정부와 광역자치단체장의 조치를 완전히 또는 부분적으로 취소 또는 중지시킬 수 있었는데, 이를 광역자치단체장의 조치만 완전히 또는 부분적으로 취소 또는 중지시킬 수 있도록 했다(44조 3항). 또한, 상·하원의 동의로 1년 이내의 기간에 대통령의 입법권 행사를 보장하는 조항을 삭제했다(53조 3항). 둘째, 퇴임 이후에도 국정 전반에 걸쳐 나자르바예프 대통령의 실권 행사를 법적으로 보장하고자 했다. "헌법으로 설정된 국가의 독립, 공화국의 단일성 및 영토적 통합성, 그것의 통치 형태, 그리고 독립 카자흐스탄의 설립자인 카자흐스탄 공화국의 초대 대통령·국가지도자에 의해 설정된 공화국의 기본 활동 원칙과 그의 지위는 불변이다."라고

---

58) ИПС "Әділет", "Конституция Республики Казахстан. Архивная версия. 10.03.2017. Конституция принята на республиканском референдуме 30 августа 1995 года.," ИПС "Әділет" (March 10, 2017), at https://adilet.zan.kz/rus/archive/docs/K950001000_/10.03.2017 (검색일: 2023. 11. 03).

명시하면서(91조 2항), 향후 헌법 또는 법 개정에도 불구하고 '초대 대통령'의 영향력과 지위가 유지될 수 있도록 했다. 이에 대한 후속 조치로 2018년 7월 5일 '카자흐스탄 공화국 안보 회의에 관한 법'59)을 새로 제정하여 안보 회의를 기존 협의·자문기관에서 헌법기관으로 격상하고(1조 1항), '초대 대통령·국가지도자'에게 종신 의장직을 맡을 권리를 부여했다(1조 2항).

하지만 2022년 카자흐스탄 시위가 진압된 이후인 3월 16일 토카예프 대통령은 '새로운 카자흐스탄: 개혁과 현대화의 길'60)이라는 제목의 교서를 발표하면서, 대통령 권한 제한, 입법부 개편, 선거제도 개선, 정당 체제 발전을 위한 기회 확대, 선거제도의 현대화, 인권 보호제도 강화, 언론의 경쟁력 제고와 시민사회 제도의 역할 강화, 행정구역 구조 개선, 지방자치의 탈집중화 등 광범위한 정치개혁을 제안했다. 이와 관련하여 발표된 정치개혁 프로그램은 초(超)대통령제에서 강력한 의회를 가진 대통령제로 전환, '강력한 대통령(strong President)·영향력 있는 의회(influential Parliament)·책임 있는 정부(accountable Government)' 공식의 실질적 시행 등을 개념적 틀로 제시하고, 대통령의 권한 제한, 혼합 비례-다수 선거제도 도입, 의회의 구성 과정 및 기능 재설정, 하원의 역할 강화, 정당 등록 절차 간소화와 정당 체제를 위한 기회 확대, 선거제

---

59) ИПС "Әділет", "О Совете Безопасности Республики Казахстан. Архивная версия. 05.07.2018. Закон Республики Казахстан от 5 июля 2018 года № 178-VI ЗРК," ИПС "Әділет" (July 5, 2018), at https://adilet.zan.kz/rus/archive/docs/Z1800000178/05.07.2018 (검색일: 2023. 11. 03).

60) Официальный сайт Президента Республики Казахстан, "Послание Главы государства Касым-Жомарта Токаева народу Казахстана - НОВЫЙ КАЗАХСТАН: ПУТЬ ОБНОВЛЕНИЯ И МОДЕРНИЗАЦИИ," Официальный сайт Президента Республики Казахстан (March 16, 2022), at
https://www.akorda.kz/ru/poslanie-glavy-gosudarstva-kasym-zhomarta-tokaeva-narodu-kazahstana-1623953 (검색일: 2023. 11. 03).

도 개선, 사법부의 독립성 및 투명성, 시민사회 제도와 미디어의 역할 강화, 기본 인권 보호를 특징 및 방향으로 규정했다.61) 이에 기초하여 국민투표(투표율 68.05%, 찬성 77.18%)를 거쳐 2022년 6월 8일 개정된 헌법,62) 그리고 같은 해 9월 17일 추가 개정된 헌법은 다음과 같이 권력 구조를 개편했다.

첫째, '초대 대통령'의 헌법적 지위와 권한을 박탈했다. '초대 대통령'의 헌법적 지위와 권한에 관한 모든 조항(42조 5항, 46조 4항, 71조 1항, 91조 2항)을 삭제하면서 나자르바예프 전 대통령은 영향력과 권한을 행사할 수 있는 모든 헌법적 기반을 상실하게 되었다. 그 결과 안보 회의 종신 의장, 헌법위원회 종신 위원, 민족 회의 명예 의장직을 기반으로 하여 국정 전반에 걸쳐 실권을 행사하던 '초대 대통령' 나자르바예프와 토카예프 대통령의 이른바 '양두체제'가 무너졌다.

둘째, 대통령의 영향력과 권한을 부분적으로 축소했지만, 실질적인 권한은 거의 그대로 유지했다. 대통령의 정당 가입 금지(43조 3항)를 규정하여 의회에 대한 대통령의 영향력을 축소하고, 대통령 친족의 공직 및 준 국가기관장직 진출 금지(43조 4항)를 규정하여 친족의 국정 개입도 차단했다. 대통령이 임명하는 상원의원 수를 기존 15명에서 10명으로 축소하되, 그중 5명은 민족 회의의 제안으로 임명하도록 하고

---

61) Official website of the President of the Republic of Kazakhstan, "President Kassym-Jomart Tokayev's political reform programme," Official website of the President of the Republic of Kazakhstan (March 16, 2022), at
http://www.akorda.at/en/president-kassym-jomart-tokayevs-political-reform-programme-172256 (검색일: 2023. 11. 03).
62) ИПС "Әділет", "Конституция Республики Казахстан. Архивная версия. 08.06.2022. Конституция принята на республиканском референдуме 30 августа 1995 года," ИПС "Әділет" (June 8, 2022), at
https://adilet.zan.kz/rus/archive/docs/K950001000_/08.06.2022 (검색일: 2023. 11. 03).

(50조 2항), 기존 민족 회의의 하원의원 9명 선출 권한을 박탈했다(51조 1항). 또한, 광역자치단체장의 조치를 완전히 또는 부분적으로 취소 또는 중지시킬 수 있다는 조항을 삭제하고(44조 3항), 광역자치단체장을 해당 지방의회의 동의하에 대통령이 임명하던 방식에서 대통령이 2인 이상의 후보를 추천하면 해당 지방의회 의원들의 투표를 통해 결정하는 방식으로 변경하여(87조 4항) 지방에 대한 대통령의 영향력도 축소했다. 하지만 기존 헌법이 부여한 대통령의 다른 실질적 권한은 거의 변화가 없다.[63] 여전히 대통령은 상·하원의장 및 총리와 '협의'만으로 의회(상·하원 전체) 또는 하원을 해산할 수 있고(63조 1항), 민족 회의 의장을 겸직하면서 상원의원 정수(定數)의 20%에 해당하는 10명을 임명할 수 있으며, 자신이 원하는 후보만을 추천하는 방식으로 광역자치단체장을 임명할 수 있다.

셋째, 기존 헌법위원회를 폐지하고 헌법재판소를 복원했다. 기존 헌법위원회는 대통령이 임명하는 의장과 위원 2인, 상원이 임명하는 2인, 하원이 임명하는 2인을 포함한 총 7인으로 구성되었는데, 헌법재판소는 상원의 동의로 대통령이 임명하는 소장과 독자적으로 임명하는 재판관 4인, 상원이 임명하는 3인, 하원이 임명하는 3인을 포함한 총 11인으로 구성되었다(71조 1항, 2항, 3항). 헌법위원회의 폐지와 헌법재판소의 복원은 모든 국민이 헌법소원 심판 청구를 할 수 있게 되었다는 의미와 함께, 헌법위원회 종신 위원이었던 나자르바예프 전 대통령의 사법적 권력 기반이 총 11인 중 소장을 포함한 무려 5명을 임명할 수 있는 권한을 가지게 된 대통령에게 이전되었다는 의미도 있다.

---

[63] Al Jazeera, "Kazakhstan holds referendum to amend constitution," Al Jazeera (June 5, 2022), at https://www.aljazeera.com/news/2022/6/5/kazakhstan-holds-referendum-marking-end-of-nazarbayev-rule (검색일: 2023. 11. 03).

넷째, 대통령의 중임을 금지했지만, 임기를 연장했다. 2022년 6월 8일 헌법개정 후 불과 약 3개월 만인 9월 17일 이루어진 추가 개정64)은 주로 대통령의 임기와 관련된 것이었다. "같은 사람이 연속 2회를 초과하여 공화국의 대통령으로 선출될 수 없다."라고 명시한 기존 조항을 "같은 사람이 1회를 초과하여 공화국의 대통령으로 선출될 수 없다."라고 수정하면서(42조 5항), 대통령의 연임은 물론, 중임까지 금지한 데 이어, 대통령의 임기를 기존 5년에서 7년으로 연장했다(41조 1항). 결과적으로 이른바 '7년 단임제'를 도입한 것이다. 이와 함께, "공화국의 대통령은 7년 임기로 선출되고, 같은 사람이 1회를 초과하여 공화국의 대통령으로 선출될 수 없다고 명시한 조항들은 불변이다."라는 내용을 재차 강조하면서(91조 2항), 이러한 중임 금지 조항은 "헌법의 해당 조항이 발효된 후 시행된 대선 결과에 따라 공화국의 대통령으로 선출된 사람들에게 적용된다."라고 명시했다(94-2조). 토카예프 대통령은 2019년 3월 20일 나자르바예프 전 대통령의 사임에 따라 상원의장 자격으로 대통령 권한대행을 맡았다. 이후 시행된 대선을 통해 2019년 6월 12일 첫 번째 임기를 시작했고, 기존 헌법에 따라 2024년 재선에 성공하면 2029년 6월 12일까지 임기를 수행할 수 있었다. 그런데 토카예프 대통령은 2022년 9월 17일 헌법 추가 개정을 통해 이른바 '7년 단임제'를 도입한 후 시행된 조기 대선을 통해 11월 26일 다시 7년 임기를 시작했고, 2029년 11월 26일까지 임기를 수행할 수 있게 되었다. 따라서 이른바 '7년 단임제' 도입은 장기 집권의 고리를 끊기 위

---

64) ИПС "Әділет", "Конституция Республики Казахстан. Архивная версия. 17.09.2022. Конституция принята на республиканском референдуме 30 августа 1995 года," ИПС "Әділет" (September 17, 2022), at https://adilet.zan.kz/rus/archive/docs/K950001000_/17.09.2022 (검색일: 2023. 11. 03).

한 '결단'일 수도 있지만, 토카예프 대통령이 향후 권력투쟁으로 인해 재선이 불확실한 2024년보다 경쟁자가 나타날 가능성이 작아 압도적 승리가 확실한 2022년 대선을 전략적으로 선택한 '결과'일 수도 있다. 또한, 나자르바예프 전 대통령의 집권기에 대통령의 임기와 관련된 헌법개정이 여러 차례 이루어졌다는 것을 고려하면, 2029년 대선 전에 다시 연임 또는 중임을 위한 헌법개정이 시도될 가능성도 있다.

2022년 카자흐스탄 시위를 계기로 토카예프 대통령은 정치개혁을 명분으로 하는 헌법개정을 통해 '초대 대통령'의 헌법적 지위와 권한을 박탈했다. 또한, 부분적으로 축소되기는 했지만, 대통령의 실질적인 권한을 거의 그대로 유지하면서, 나자르바예프 전 대통령의 사법적 권력 기반이었던 기존 헌법위원회를 폐지하고 자신이 영향력을 행사할 수 있는 인적 구성을 가진 헌법재판소를 복원했다. 이와 함께, 대통령의 중임을 금지하면서 임기를 연장하고, 승리가 확실한 조기 대선을 전략적으로 선택하여 2029년까지 안정적으로 권력을 유지할 수 있게 되었다. 따라서 정치개혁은 권력구조 개편을 통해 나자르바예프 전 대통령과 토카예프 대통령의 기존 '권력 복점' 구조를 해체하면서 토카예프 대통령의 권력 독점 구조를 형성하는 데 그친 것으로 보인다.

〈그림 1〉 2022년 카자흐스탄 시위 이전 '권력 복점' 구조

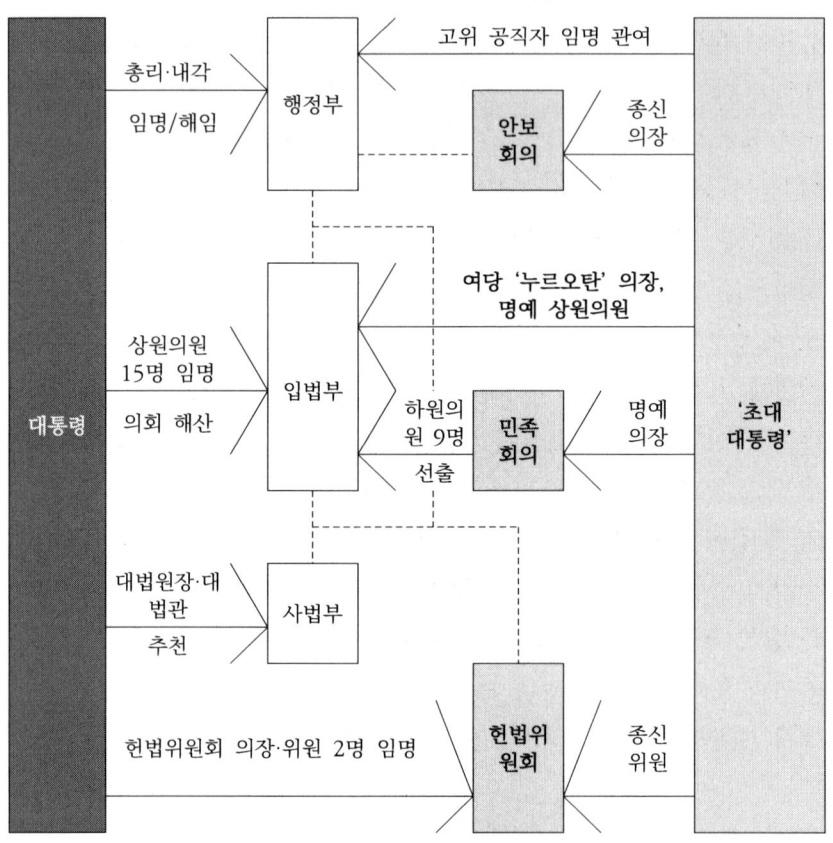

※ 진한 글자는 나자르바예프 전 대통령이 겸직했던 직위와 해당 기관

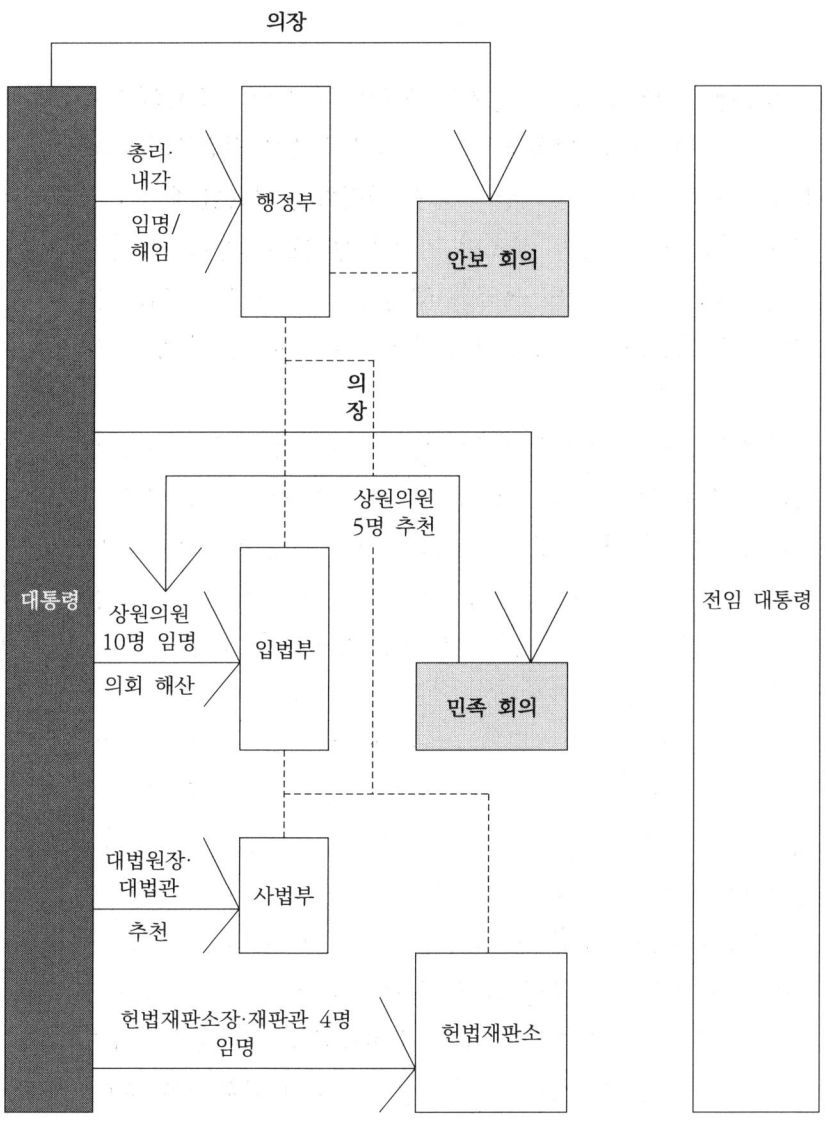

〈그림 2〉 2022년 카자흐스탄 시위 이후 '권력 복점' 구조 해체

※ 진한 글자는 토카예프 대통령이 겸직하고 있는 직위와 해당 기관

IV. 나오며

2022년 1월에 있었던 유혈사태를 동반한 전국적 규모의 반정부시위는 나자르바예프 전 대통령이 약 30년간 구축한 권위주의 체제에 대한 심각한 도전이자, 그가 퇴임 이후를 대비하여 구축한 후계자 토카예프 대통령과의 '권력 복점' 구조를 일거에 무너뜨린 정치변동의 발화점이 되었다. 따라서 이 글의 목적은 엘리트 집단 교체와 헌법개정을 통한 권력구조 개편을 중심으로 2022년 카자흐스탄 정치변동의 의미를 규정하는 데 있다.

비제도적 권력 기반인 엘리트 집단의 교체와 제도적 권력 기반인 헌법의 개정을 통한 권력구조 개편이라는 두 가지 핵심 변수에 초점을 맞추어, 2022년 카자흐스탄 정치변동의 의미를 분석한 결과는 다음과 같다. 첫째, 2022년 카자흐스탄 시위 이후 이루어진 엘리트 집단 교체는 친나자르바예프계 인사를 '탈나자르바예프화'에 동의하는 친토카예프계 인사로 단순히 교체하는 데 그쳤다. 2022년 시위를 계기로 토카예프는 '초대 대통령' 지위와 권한을 박탈하고, 정·재계 요직에서 친족집단을 축출하여 나자르바예프 전 대통령의 영향력을 축소하는 한편, 대통령 직속 기관, 행정부, 입법부, 사법부를 포함한 국가기관의 요직에서 친나자르바예프계 인사를 친토카예프계 인사로 교체하면서 자신의 권력 기반을 강화했다. 이와 같은 전격적인 엘리트 교체는 나자르바예프 전 대통령의 퇴임 후 후계자인 토카예프 대통령하에서 전개되고 있던 엘리트 집단 간 권력투쟁이 반정부시위를 계기로 표면화된 결과로 보인다. 권력 기반이 취약했던 토카예프 대통령은 나자르바예프 전 대통령의 장기 집권과 '상왕 정치'에 지친 국민의 불만을 이용하여 '탈나자르바예프화'에 동의하는 친토카예프계 인사로 엘리트 집단을 교체하는 데 성공했다.

둘째, 2022년 카자흐스탄 시위 이후 이루어진 헌법개정은 이전과 같이 대통령에 대한 권력 집중을 해소하지 못한 부분적인 권력구조 개편에 불과했다. 2022년 시위를 계기로 토카예프 대통령은 정치개혁을 명분으로 하는 헌법개정을 통해 '초대 대통령'의 헌법적 지위와 권한을 박탈했다. 또한, 부분적으로 축소되기는 했지만, 대통령의 실질적인 권한을 거의 그대로 유지하면서, 나자르바예프 전 대통령의 사법적 권력 기반이었던 기존 헌법위원회를 폐지하고 자신이 영향력을 행사할 수 있는 인적 구성을 가진 헌법재판소를 복원했다. 이와 함께, 대통령의 중임을 금지하면서 임기를 연장하고, 승리가 확실한 조기 대선을 전략적으로 선택하여 2029년까지 안정적으로 권력을 유지할 수 있게 되었다. 따라서 정치개혁은 권력구조 개편을 통해 나자르바예프 전 대통령과 토카예프 대통령의 기존 '권력 복점' 구조를 해체하면서 토카예프 대통령의 권력 독점 구조를 형성하는 데 그친 것으로 보인다. 또한, 여전히 대통령에 대한 권력 집중이 해소되지 않았기 때문에 향후 토카예프 대통령의 1인 권력 강화와 장기 집권의 여지도 있다.

참고문헌

<1차 자료>

ИПС "Әділет". "Конституция Республики Казахстан. Архивная версия. 30.08.1995. Конституция принята на республиканском референдуме 30 августа 1995 г." ИПС "Әділет" (August 30, 1995) at https://adilet.zan.kz/rus/archive/docs/K950001000_/30.08.1995 (검색일: 2023. 11. 03).

ИПС "Әділет". "Конституция Республики Казахстан. Архивная версия. 07.10.1998. Конституция принята нареспубликанском референдуме 30 августа 1995 г." ИПС "Әділет" (October 7, 1998) at https://adilet.zan.kz/rus/archive/docs/K950001000_/07.10.1998 (검색일: 2023. 11. 03).

ИПС "Әділет". "Конституция Республики Казахстан. Архивная версия. 21.05.2007. Конституция принята на республиканском референдуме 30 августа 1995 г." ИПС "Әділет" (May 21, 2007) at https://adilet.zan.kz/rus/archive/docs/K950001000_/21.05.2007 (검색일: 2023. 11. 03).

ИПС "Әділет". "Конституция Республики Казахстан. Архивная версия. 10.03.2017. Конституция принята нареспубликанском референдуме 30 августа 1995 года."

ИПС "Әділет" (March 10, 2017) at

https://adilet.zan.kz/rus/archive/docs/K950001000_/10.03.2017 (검색일: 2023. 11. 03).

ИПС "Әділет". "Конституция Республики Казахстан. Архивная версия. 08.06.2022. Конституция принята нареспубликанском референдуме 30 августа 1995 года." ИПС "Әділет" (June 8, 2022) at

https://adilet.zan.kz/rus/archive/docs/K950001000_/08.06.2022 (검색일: 2023. 11. 03).

ИПС "Әділет". "Конституция Республики Казахстан. Архивная версия. 17.09.2022. Конституция принята нареспубликанском референдуме 30 августа 1995 года." ИПС "Әділет" (September 17, 2022) at

https://adilet.zan.kz/rus/archive/docs/K950001000_/17.09.2022 (검색일: 2023. 11. 03).

ИПС "Әділет". "КОНСТИТУЦИЯ РЕСПУБЛИКИ КАЗАХСТАН. Утративший силу. Верховный Совет Республики Казахстан от 28 января 1993 года. Утратила силу в связи с принятием новой конституции 30 августа 1995 г., см. Указ Президента от 6 сентября 1995 г. N 2454." ИПС "Әділет" (January 28, 1993) at

https://adilet.zan.kz/rus/docs/K930001000_ (검색일: 2023. 11. 03).

ИПС "Әділет". "О внесении изменений и дополнений в некоторые акты Президента Республики Казахстан. Указ Президента Республики Казахстан от 9 октября 2019 года № 184." ИПС

"Әділет" (October 9, 2019) at https://adilet.zan.kz/rus/docs/U1900000184 (검색일: 2023. 11. 03).

ИПС "Әділет". "О внесении изменений и дополнений в некоторые конституционные законы Республики Казахстан. Конституционный закон Республики Казахстан от 7 февраля 2022 года № 105-VII ЗРК." ИПС "Әділет" (February 7, 2022) at https://adilet.zan.kz/rus/docs/Z2200000105 (검색일: 2023. 11. 03).

ИПС "Әділет". "О Первом Президенте Республики Казахстан - Елбасы. Архивная версия. 22.12.2017. Конституционный закон Республики Казахстан от 20 июля 2000 года N 83-II." ИПС "Әділет" (July 20, 2000) at https://adilet.zan.kz/rus/archive/docs/Z000000083_/22.12.2017 (검색일: 2023. 11. 03).

ИПС "Әділет". "О Совете Безопасности Республики Казахстан. Архивная версия. 05.07.2018. Закон Республики Казахстан от 5 июля 2018 года № 178-VI ЗРК." ИПС "Әділет" (July 5, 2018) at https://adilet.zan.kz/rus/archive/docs/Z1800000178/05.07.2018 (검색일: 2023. 11. 03).

<저서>

이재영, 고재남, 박상남, 이지은. 『카자흐스탄 정치 엘리트와 권력구조 연구』 서울: 대외경제정책연구원, 2009.

Higley, John and Michael Burton. *Elite Foundations of Liberal Democracy*. Lanham: Rowman & Littlefield Publishers, 2006.

<학술논문>

차재권. "헌법개정과 권력구조 변화의 정치동학: 경로의존 vs. 제도적 동형화." 『미래정치연구』 7권 2호(2017).

<인터넷 및 기타 자료>

AKIpress. "Nursultan Nazarbayev stripped of title of Honorary Senator." AKIpress (January 12, 2023) at https://akipress.com/news:691227:Nursultan_Nazarbayev_stripped_of_title_of_Honorary_Senator/ (검색일: 2023. 11. 03).

Al Jazeera. "Kazakhstan holds referendum to amend constitution." Al Jazeera (June 5, 2022) at https://www.aljazeera.com/news/2022/6/5/kazakhstan-holds-referendum-marking-end-of-nazarbayev-rule (검색일: 2023. 11. 03).

Bekbassova, Anar. "Kazakhstan Before Election: Is It Possible to Change the Parliament's Face?." CABAR (Februry 27, 2023) at https://cabar.asia/en/kazakhstan-before-election-is-it-possible-to-ch

ange-the-parliament-s-face (검색일: 2023. 11. 03).

Bulatkulova, Saniya. "President Calls On Citizens to Get Involved in Building New Kazakhstan, Says Secretary of State Erlan Karin." THE ASTANA TIMES (January 13, 2022) at https://astanatimes.com/2022/01/president-calls-on-citizens-to-get-involved-in-building-new-kazakhstan-says-secretary-of-state-erlan-karin/ (검색일: 2023. 11. 03).

Davis Center. "Sanzhar Zharkeshov." Davis Center at https://daviscenter.fas.harvard.edu/about/people/sanzhar-zharkeshov (검색일: 2023. 11. 03).

Hall, Natalie. "Who Will Run Post-Nazarbayev Kazakhstan?." The Diplomat (October 30, 2018) at https://thediplomat.com/2018/10/who-will-run-post-nazarbayev-kazakhstan/ (검색일: 2023. 11. 03).

informburo. "Суд приговорил Кайрата Сатыбалдыулы к шести годам лишения свободы." informburo (September 26, 2022) at https://informburo.kz/novosti/sud-prigovoril-kairata-satybaldyuly-k-sesti-godam-liseniya-svobody (검색일: 2023. 11. 03).

KazTAG. "CNS : Nephew of ex-president Nazarbayev - Samat Abish is under investigation." KazTAG (June 22, 2022) at https://kaztag.kz/en/news/cns-nephew-of-ex-president-nazarbayev-samat-abish-is-under-investigation (검색일: 2023. 11. 03).

KazTAG. "New head of KazTransOil is the son-in-law of the ex Majilis speaker." KazTAG (February 24, 2022) at https://kaztag.kz/en/news/new-head-of-kaztransoil-is-the-son-in-law-of-the-ex-majilis-speaker (검색일: 2023. 11. 03).

KazTAG. "Tokayev signed a decree NSC reformation." KazTAG (May 20, 2022) at https://kaztag.kz/en/news/tokayev-signed-a-decree-nsc-reformation (검색일: 2023. 11. 03).

Kumenov, Almaz. "Kazakhstan: Investigation into ex-president's nephew signals new turn in elite infighting." eurasianet (September 20, 2023) at https://eurasianet.org/kazakhstan-investigation-into-ex-presidents-nephew-signals-new-turn-in-elite-infighting (검색일: 2023. 11. 03).

Kumenov, Almaz. "Kazakhstan: Key Nazarbayev cronies undergo apparent purge." Eurasianet (January 17, 2022) at https://eurasianet.org/kazakhstan-key-nazarbayev-cronies-undergo-apparent-purge (검색일: 2023. 11. 03).

Kumenov, Almaz. "Kazakhstan: Parliament strips Nazarbayev of lifetime sinecures." Eurasianet (February 2, 2022) at https://eurasianet.org/kazakhstan-parliament-strips-nazarbayev-of-lifetime-sinecures (검색일: 2023. 11. 03).

Kumenov, Almaz. "Kazakhstan: Political party reshuffle hints at the arrival of a new order." Eurasianet (April 27, 2022) at https://eurasianet.org/kazakhstan-political-party-reshuffle-hints-at-the-arrival-of-a-new-order (검색일: 2023. 11. 03).

Official website of the President of the Republic of Kazakhstan. "President Kassym-Jomart Tokayev's political reform programme." Official website of the President of the Republic of Kazakhstan (March 16, 2022) at http://www.akorda.at/en/president-kassym-jomart-tokayevs-political-reform-programme-172256 (검색일: 2023. 11. 03).

Putz, Catherine. "Kazakhstan Annuls Law 'On the First President'." The Diplomat (January 11, 2023) at https://thediplomat.com/2023/01/kazakhstan-annuls-law-on-the-first-president/ (검색일: 2023. 11. 03).

Reuters. "Kazakh leader hands over ruling party leadership to ally." Reuters (April 26, 2022) at https://www.reuters.com/world/asia-pacific/kazakh-leader-hands-over-ruling-party-leadership-ally-2022-04-26/ (검색일: 2023. 11. 03).

Satubaldina, Assel. "Kazakh President Kassym-Jomart Tokayev Appoints Ten New Senate Deputies." THE ASTANA TIMES (January 25, 2023) at https://astanatimes.com/2023/01/kazakh-president-kassym-jomart-tokayev-appoints-ten-new-senate-deputies/ (검색일: 2023. 11. 03).

Seilkhanov, Adlet. "Tokayev meets newly appointed Supreme Court Chairman Aslambek Mergaliyev." Kazinform (December 8, 2022) at https://www.inform.kz/en/tokayev-meets-newly-appointed-supreme-court-chairman-aslambek-mergaliyev_a4011182 (검색일: 2023. 11. 03).

Shayakhmetova, Zhanna. "Kazakh President Appoints Elvira Azimova to Serve as Chair of Constitutional Court." THE ASTANA TIMES (December 30, 2022) at https://astanatimes.com/2022/12/kazakh-president-appoints-elvira-azimova-to-serve-as-chair-of-constitutional-court/ (검색일: 2023. 11. 03).

TASS. "Amanat party in Kazakh parliament supports introduction of seven-year presidential term." TASS (September 14, 2022) at https://tass.com/world/1507097 (검색일: 2023. 11. 03).

TASS. "Former national security chief of Kazakhstan detained on suspicion of treason." TASS (January 8, 2022) https://tass.com/world/1385043 (검색일: 2023. 11. 03).

Temirgaliyeva, Arailym. "Kanat Mussin appointed as Judge of Constitutional Court," Kazinform (December 30, 2022), at https://www.inform.kz/en/kanat-mussin-appointed-as-judge-of-constitutional-court_a4018471 (검색일: 2023. 11. 03).

THE ASTANA TIMES. "Amanat Party Nominates Kassym-Jomart Tokayev as Presidential Candidate." THE ASTANA TIMES (October 6, 2022) at https://astanatimes.com/2022/10/amanat-party-nominates-kassym-jomart-tokayev-as-presidential-candidate/ (검색일: 2023. 11. 03).

THE ASTANA TIMES. "Kazakh Parliament Adopts Constitutional Amendments on Single Presidential Term and Renaming of Capital." THE ASTANA TIMES (September 16, 2022) at https://astanatimes.com/2022/09/kazakh-parliament-adopts-constitutional-amendments-on-single-presidential-term-and-renaming

-of-capital/ (검색일: 2023. 11. 03).

THE ASTANA TIMES. "Smailov Becomes Kazakhstan's New Prime Minister." THE ASTANA TIMES (January 11, 2022) at https://astanatimes.com/2022/01/smailov-becomes-kazakhstans-new-prime-minister/ (검색일: 2023. 11. 03).

Алимова, Ельнур. "Должности новые, кадры — старые. Что не так с последними назначениями Токаева?." Радио Азаттык (September 7, 2023) at https://rus.azattyq.org/a/32581985.html (검색일: 2023. 11. 03).

Алимова, Ельнур. "Зачем Токаев «играет с огнём» и почему Казахстан ждёт очередной «карманный» парламент?." Радио Азаттык (February 4, 2023) at https://rus.azattyq.org/a/review-tokayev-is-playing-with-fire/32255276.html (검색일: 2023. 11. 03).

Вааль, Тамара. "Партия «Нур Отан» переименована в «Аманат»." Власть (March 1, 2022) at https://vlast.kz/novosti/48934-partia-nur-otan-pereimenovana-v-amanat.html (검색일: 2023. 11. 03).

Дюсенгулова, Рабига. "Гульмире Сатыбалды объявили приговор." TENGRI NEWS (March 9, 2023) at https://tengrinews.kz/crime/gulmira-satyibaldyi-pyitalas-pokinut-kazahstan-prokuratura-493147/ (검색일: 2023. 11. 03).

Известия. "Протесты в Казахстане." Известия at https://iz.ru/story/protesty-v-kazakhstane (검색일: 2023. 11. 03).

Известия. "Токаев назвал протесты в Казахстане актом внешней агрессии." Известия (January 5, 2022) at https://iz.ru/1273681/2022-01-05/tokaev-nazval-protesty-v-kazakhstane-aktom-agressii (검색일: 2023. 11. 03).

Кайыртайулы, Манас. "«"Новый Казахстан" очень похож на старый». Западный эксперт – о Токаеве и «коллективном режиме»." Радио Азаттык (September 13, 2023) at https://rus.azattyq.org/a/interview-luca-anceschi-new-kazakhstan-tokayev/32587203.html (검색일: 2023. 11. 03).

Калмурат, Аян. "Племянник Назарбаева указан учредителем офшора, владеющего «Казахтелекомом»." Радио Азаттык (February 17, 2021) at https://rus.azattyq.org/a/31107946.html (검색일: 2023. 11. 03).

Михайлов, Валерий. "Казахстан поджигают с помощью сжиженного газа." РИА Новости (January 4, 2022) at https://ria.ru/20220104/kazakhstan-1766581833.html (검색일: 2023. 11. 03).

Настоящее Время. "В Казахстане арестовали бывшего министра юстиции Марата Бекетаева. Его подозревают взлоупотреблении должностными полномочиями." Настоящее Время (October 23, 2023) at https://www.currenttime.tv/a/kazakhstan-arest-beketaeva/32650263.html (검색일: 2023. 11. 03).

Официальный сайт Президента Республики Казахстан. "Государственный Советник Республики Казахстан

КаринЕрлан Тынымбаевич." Официальный сайт Президента Республики Казахстан at https://www.akorda.kz/ru/gosudarstvennyy-sekretar-respubliki-kazahstan-karin-erlan-tynymbaevich-502738 (검색일: 2023. 11. 03).

Официальный сайт Президента Республики Казахстан. "Послание Главы государства Касым-Жомарта Токаева народу Казахстана - НОВЫЙ КАЗАХСТАН: ПУТЬ ОБНОВЛЕНИЯ И МОДЕРНИЗАЦИИ." Официальный сайт Президента Республики Казахстан (March 16, 2022) at https://www.akorda.kz/ru/poslanie-glavy-gosudarstva-kasym-zhomarta-tokaeva-narodu-kazahstana-1623953 (검색일: 2023. 11. 03).

Официальный сайт Президента Республики Казахстан. "Советник Президента Республики Казахстан Бозумбаев Канат Алдабергенович." Официальный сайт Президента Республики Казахстан at https://www.akorda.kz/ru/executive_office/executive_office_stucture/pomoshchnik-prezidenta-respubliki-kazahstan-bozumbaev-kanat-aldabergenovich (검색일: 2023. 11. 03).

Официальный информационный ресурс Премьер-Министра Республики Казахстан. "Премьер-Министр Республики Казахстан." Официальный информационный ресурс Премьер-Министра Республики Казахстан at https://primeminister.kz/ru/government/composition/smailov (검색일: 2023. 11. 03).

Официальный информационный ресурс Премьер-Министра

Республики Казахстан. "Распоряжением Премьер-Министра РК Бекетаев Марат Бакытжанович назначен советником Премьер-Министра РК." Официальный информационный ресурс Премьер-Министра Республики Казахстан at https://primeminister.kz/ru/hrpolitic/appointments/rasporyazheniem-premer-ministra-rk-beketaev-marat-bakytzhanovich-naznachen-sovetnikom-premer-ministra-rk-1404938 (검색일: 2023. 11. 03).

Официальный информационный ресурс Премьер-Министра Республики Казахстан. "СОСТАВ ПРАВИТЕЛЬСТВА." Официальный информационный ресурс Премьер-Министра Республики Казахстан at https://primeminister.kz/ru/government/composition/ (검색일: 2023. 11. 03).

ТАСС. "История президентских выборов в Республике Казахстан. Досье." ТАСС (February 25, 2015) at https://tass.ru/info/1791400 (검색일: 2023. 11. 03).

ТАСС. "Назарбаев, Нурсултан Абишевич." ТАСС at https://tass.ru/encyclopedia/person/nazarbaev-nursultan-abishevich (검색일: 2023. 11. 03).

ТАСС. "Правительство Казахстана объявило о снижении цены на сжиженный газ в Мангистауской области." ТАСС (January 4, 2022) at https://tass.ru/ekonomika/13352231 (검색일: 2023. 11. 03).

Хамитов, Марсель. "Д.АШИМБАЕВ: КАЖДЫЙ ВТОРОЙ ВЫСОКОПОСТАВЛЕННЫЙ ИЗ СТАРШЕГО ЖУЗА,

КАЖДЫЙ ДЕСЯТЫЙ – ШАПРАШТЫ." ia-centr (June 24, 2020) at https://ia-centr.ru/experts/marsel-khamitov/d-ashimbaev-kazhdyy-vtoroy-vysokopostavlennyy-iz-starshego-zhuza-kazhdyy-desyatyy-shaprashty/ (검색일: 2023. 11. 03).

Қазақстан Республикасы Ұлттық қауіпсіздік комитеті. "Сағымбаев Ермек Алдабергенұлы." Қазақстан Республикасы Ұлттық қауіпсіздік комитеті at https://www.gov.kz/memleket/entities/knb/about/structure/people/16?lang=kk (검색일: 2023. 11. 03).

제3부 카자흐스탄

8장

카자흐스탄 엘리트 정치 구조의 변화: 나자르바예프와 토카예프 체제의 과두제 비교

김 시 헌 · 박 상 운
(한국외국어대학교 국제지역대학원 · 한신대학교 유라시아연구소)

> I. 들어가며
> II. 윈터스의 과두제 유형에 대한 논의
> III. 나자르바예프 체제의 과두제 특징
>   1. 통치의 본질: 국가 권력의 사유화
>   2. 강제력 행사에 있어 과두들의 역할: 국가 경제력과 물리력의 1인 독점
> IV. 토카예프 체제의 과두제 특징
>   1. 통치의 본질: 대통령 권력의 일부 분산
>   2. 강제력 행사에 있어 과두들의 역할: 국가 경제력과 물리력의 일부 분산
> V. 나오며

08

카자흐스탄 엘리트 정치 구조의 변화: 나자르바예프와 토카예프 체제의 과두제 비교*

김 시 헌 · 박 상 운

한국외국어대학교 국제지역대학원·한신대학교 유라시아연구소

I. 들어가며

2022년 1월 카자흐스탄에서 발생한 반정부 시위를 전후로, 카자흐스탄의 엘리트 정치 구조가 변화하고 있는가? 권위주의체제가 지속되고 있는 유라시아 지역의 국가들에서는 통치자의 사망이나 혈연에 의한 부자 간의 승계를 제외하곤 권력 교체가 거의 일어나지 않는다.[1] 예를

---

* 이 글은 세계지역연구논총 제41집 3호(2023)에 게재된 논문을 일부 수정 및 보완한 것임
1) 강봉구, "유라시아 국가들의 권위주의를 어떻게 볼 것인가,"
  https://preview.kstudy.com/W_files/kiss5/30702814_pv.pdf (검색일: 2023. 09. 23).

들어, 투르크메니스탄에서는 2006년 12월 21일 사파르무라트 니야조프(Saparmurat Niyazov) 대통령이 사망하면서 구르반굴리 베르디무하메도프(Gurbanguly Berdimuhamedow)가 정권을 잡았고, 2022년 2월 11일 조기 사임을 발표하면서 2022년 3월 12일 조기 대선을 치러 그의 아들인 세르다르 베르디무하메도프(Serdar Berdimuhamedow) 부총리가 대통령에 당선되어 부자 간의 권력 세습이 이루어졌다. 그리고 우즈베키스탄에서도 2016년 9월 2일 이슬람 카리모프(Islam Karimov) 대통령이 사망하면서 샤브카트 미르지요예프(Shavkat Mirziyoyev)가 정권을 잡았다.

카자흐스탄은 독립 이후 장기 집권했던 누르술탄 나자르바예프(Nursultan Nazarbayev)가 2019년 3월 19일에 사임을 발표하고, 같은 해 6월 대선에서 카심-조마르트 토카예프(Kassym-Jomart Tokayev)가 새 대통령으로 당선되었으나, 나자르바예프가 막후에서 카자흐스탄의 국부(Pater Patriae)로 군림하면서 후계자인 토카예프가 행사할 수 있는 권한은 제한적이었다. 그러던 중 2022년 1월 반정부 시위를 계기로 카자흐스탄 독립 이후 최초의 실질적인 권력 교체가 이루어졌다. 2022년 1월 2일 카자흐스탄에서 발생한 전국적인 반정부 시위는 지난 30여 년 동안 견고했던 나자르바예프 체제가 무너지고, 토카예프 체제가 실질적으로 출범하는 분기점이 되었다. 시위의 발단은 액화천연가스(LNG) 가격 인상이었으나, 정치 개혁에 대한 요구가 더해지면서 시위의 성격이 시민의 경제적 어려움에 대한 표출에서 대대적인 반정부 투쟁으로 변모하게 되었다. 시위대는 '노인은 물러가라!(Shal, Ket)'라고 외쳤고 전국에 설치된 나자르바예프의 동상을 파괴했으며 주요 관공서를 습격하였다. 반정부 시위가 내부적으로 통제하기 어려울 만큼 확대되자, 결국 토카예프 대통령은 국가비상사태를 선포하고 러시아가 주축이 된 집단안보조약기구(CSTO; Collective Security Treaty Organization)에 평화유지군 파견을 요청해 시위를 진압하였으며, 나자르바예프가 보유했던 실권을 모두 박탈하면서 온전히 자신의 체제를 구축하기 시작했다.

나자르바예프의 실각은 카자흐스탄의 독립과 체제 전환 이후 최초로 발생한 유의미한 정치변동이다. 왜냐하면 나자르바예프가 토카예프로 하여금 자신의 후계체제를 구축하여 장기간 권력을 유지하려 했음에도 불구하고, 예상치 못한 반정부 시위가 하나의 계기로 작동하면서 그의 장기 집권 체제가 무너졌기 때문이다. 물론, 2022년 1월 반정부 시위의 촉발 요인이 액화천연가스 가격 인상으로 인한 시민들의 경제적 불만이 아니라, 내부 엘리트 그룹 간의 갈등이나 토카예프 대통령과 러시아 푸틴 대통령이 사전에 계획한 의도된 사건이라는 주장도 있지만[2], 나자르바예프에서 토카예프로의 실질적인 권력교체가 이루어졌다는 사실 자체는 달라지지 않는다. 앞으로 토카예프의 실질적인 집권이 카자흐스탄에 어떤 변화를 가져올지 현재로선 예단하긴 어렵지만, 독립 이후 최초의 권력 교체라는 중대한 정치적 사건을 엘리트 정치 구조의 관점에서 접근한다면, 카자흐스탄 정치체제의 특성을 분석하고 그 변화 양상을 추적할 수 있을 것이다. 카자흐스탄 엘리트에 대한 기존연구들은 주로 엘리트 순환(Elite circulation)과 후원주의(Clientelism)를 토대로 '누가 카자흐스탄을 통치하는가?'와 '카자흐스탄은 어떻게 통치되고 있는가?'를 논의해 왔다. 전자는 어떤 특성을 가

---

[2] 오은경, "카자흐스탄 권력다툼의 승자는 러시아 푸틴," https://www.sisajournal.com/news/articleView.html?idxno=232007 (검색일: 2022. 09. 23); Ivan Nechepurenko and Andrew Higgins, "In Kazakhstan's Street Battles, Signs of Elites Fighting Each Other" https://www.nytimes.com/world/asia/kazakhstan-protests.html (검색일: 2022. 09. 23); Мадина Джанталеева, "Политические элиты Казахстана и кризис 2022 года," Вопросы элитологии 3-3 (2022), pp. 85-90.

진 정치/경제 엘리트가 정부나 경제 기관의 주요 요직을 차지하는지를 추적하면서 카자흐스탄의 중추가 되는 핵심적인 지배 엘리트가 누구인지를 분석한다.3) 그리고 후자는 나자르바예프 대통령이 지난 30여 년간 집권하는 동안 씨족이나 다른 지배 엘리트의 충성도에 기반해 공직과 국가자원을 어떻게 배분하여 카자흐스탄을 다스려 왔는지를 분석한다.4) 이러한 연구들은 카자흐스탄 정치체제의 특성과 정치변동을 파악하는 데 유용한 접근법이지만, 유형화된 분석틀을 적용하지 않다 보니 거시적인 관점에서 엘리트 정치 구조의 변화를 추적하지 못하는 한계가 있다. 이에 따라 본 논문의 목적은 제프리 윈터스(Jeffrey Winters)의 과두제 유형을 토대로 2022년 1월 반정부 시위 전후 카자흐스탄 엘리트 정치 구조의 변화를 비교 분석하는 데 있다. 특히, 윈터스가 제시한 '통치의 본질'과 '강제력 행사에 있어 과두들의 역할'의 두 가지 척도를 나자르바예프와 토카예프 체제에 적용해서 두 체제에서의 과두제의 특징을 분석하여 카자흐스탄 엘리트 정치 구조의 변화 양상을 설명

---

3) 박상남, "카자흐스탄 정치 엘리트 연구," 이재영 외 4인, 『카자흐스탄 정치 엘리트와 권력구조 연구』 (서울: 대외경제정책연구원, 2009), pp. 22-71; 황영삼, "카자흐스탄 재계 현황과 재계 엘리트의 특징: 정치권력과 관련성을 중심으로," 『아태연구』 제17권 제1호 (2010); 정재원, "카자흐스탄 자본가계급의 출현," 『역사비평』 통권 125호 (2018); Александр Агеев и др., Элита Казахстана: власть, бизнес, общество (Алматы: ИНЭС-ЦА, 2008); Дарья Осинина, "Элитные группы Республики Казахстан и особенности принятия стратегических политических и экономических решений в транзитный период." Гуманитарные науки. Вестник Финансового университета 11-5 (2021).
4) 엄구호, "중앙아시아의 민주주의와 씨족 정치," 『세계지역연구논총』 제27집 3호 (2009), pp. 197-200; 박상남, "권위주의 국가 엘리트 구조의 변화와 작동원리: 독립 이후 카자흐스탄 '후견 네트워크'를 중심으로," 『중소연구』 제34권 제4호 (2011); 정선미, "카자흐스탄 권위주의 체제 성립과 권력승계: 권력의 제도화와 정당성을 중심으로," 『국가전략』 제28권 3호 (2022b); Sally Cummings, Kazakhstan: Power and the Elite (London: I.B. Tauris, 2005); Jonathan Murphy, "Illusory Transition? Elite Reconstitution in Kazakhstan, 1989 – 2002." Europe-Asia Studies 58-4 (2006); Rico Iaascs, "Nur Otan, Informal Networks and the Countering of Elite Instability in Kazakhstan," Europe-Asia Studies 65-6 (2013).

할 것이다. 본 연구의 분석 범위는 나자르바예프 체제와 2022년 1월 반정부 시위 이후로 실질적으로 권력을 장악한 토카예프 체제로 설정하였다.

II. 윈터스의 과두제 유형에 대한 논의

엘리트 이론(Elite theory)은 국가의 권력 구조를 '다수의 지배'가 아닌 '소수의 지배'로 가정한다. 즉, 정치체제와 관계없이 소수의 엘리트가 국가를 통치한다는 '과두제의 철칙(Iron law of oligarchy)'이 작동한다는 것이다. 이러한 가정에 착안했을 때, 과두제(Oligarchy)는 엘리트 정치 구조의 특징과 변화 양상을 비교 분석하는데 적합한 개념이다. 엘리트 정치 구조는 정치 엘리트와 구별된다. 정치 엘리트는 개별적인 행위자를 뜻하지만, 엘리트 정치 구조는 정치 엘리트의 행태를 제약하는 '구조'이자 국가의 정치체제 특성을 반영하는 엘리트 구조를 의미한다. 그래서 엘리트 정치 구조에 관한 기존연구들은 과두제의 개념을 적용해 왔는데,[5] 윈터스의 과두제 유형이 대표적이라고 할 수 있다. 윈터스는 모든 종류의 사회가 소수의 지배 아래에 놓여 있다고 가정한 후, 개념적으로 과두(Oligarch)와 과두제를 분리한다. 그는 소수의 지배집단을 엘리트로 상정한 다음, 과두를 그 엘리트 그룹 내에서 막

---

[5] 주장환·연담린, "체제전환기 중러 엘리트 정치 구조 변화에 대한 비교분석: 다른 과정, 같은 결과," 『Analyses & Alternatives』 제6권 제3호 (2022); David Dalton, "The wealth of the few: the role of material resource power in the institutional reproduction of the Ukrainian oligarchy through its extractive political and economic practices, 2014-17," Doctoral thesis of University College London (2022).

대한 부(Wealth)를 보유하고 있는 극소수의 핵심 집단 혹은 개인이라고 정의한다. 과두는 재산 보호(또는 증식)를 목적으로 정치적 의사결정을 하는데, 그 이유는 부가 모든 권력의 핵심적인 원천이기 때문이다.6) 과거에는 과두가 재산을 보호(또는 증식)하기 위해 성벽을 쌓거나 용병을 고용했다면, 현재는 이것이 법률과 같은 제도적 틀 안에서 이루어지고 있다.7) 하지만 과두는 여전히 여러 위협에 직면할 수 있다. 과두는 위로부터는 국가 또는 통치자, 아래로부터는 시민에 의해 수직적 위협(Vertical threats)을 받을 수 있다. 그리고 과두 집단 내에서는 한 행위자가 다른 행위자의 재산을 침해하는 수평적 위협(Lateral threats) 역시 발생할 수 있다.8) 이에 따라 과두는 부의 방어(Wealth defense)를 위해 정치 전략(Political strategy)을 수립하게 되고, 이것이 전반적인 엘리트 구조인 과두제로 나타나게 된다.9)

과두제는 '통치의 본질(Nature of Rule)'과 '강제력 행사에 있어 과두들의 역할(Oligarch's role in provision of coercion)'에 따라 유형별로 서로 다른 특징을 갖는다.10) 우선, '통치의 본질'은 국가 내에서 과두의 통치가 '개인적'인지 혹은 '집단적'인지에 따라 구분할 수 있다. 여기서 '개인적'이라는 것은 권위주의나 전체주의 국가에서 주로 나타나는 권력의 사유화 현상이라고 할 수 있다. 그리고 '집단적'이라는 것은 국가 내에 여러 이익 집단들 간 갈등과 경쟁이 존재하는 다원주의적 권력 구조를 의미한다. 즉, 특정 과두가 국가 권력을 자의적으로 행사

---

6) Jeffrey Winters and Benjamin Page, "Oligarchy in the United States?," Perspectives on Politics 7-4 (2009), p. 732.
7) Jeffrey Winters, "Oligarchy and Democracy," The American Interest 7-2 (2011a), pp. 21-23.
8) Jeffrey Winters, Oligarchy (Cambridge: Cambridge University Press, 2011b), pp. 20-26.
9) 주장환·연담린 (2022), p. 169.
10) 주장환, "체제전환기 국가, 엘리트 연구: 쟁점과 제안," 『국제지역연구』 제26권 제1호 (2022), pp. 32-35.

하는지, 아니면 과두들 간에 경쟁과 타협을 통해 법이나 규칙을 만들어 제도화된 범위 내에서 권력을 행사하는지에 따라 통치의 본질이 달라진다는 것이다. 다음으로, '강제력 행사에 있어 과두들의 역할'은 그들의 무장 정도가 높고 낮은지에 따라 구분할 수 있다. 다만, 그 정도의 차이가 있을 뿐 강제력을 완전하게 내려놓은 과두는 존재하지 않는다. 과두들이 개별적으로 무장하고 있다면, 특정 과두가 강제력을 독점하지 못한 상태여서 그 체제는 불안정할 가능성이 높다. 반대로, 특정 과두가 국가의 강제력을 완전히 통제하고 있다면, 다른 과두들의 무장은 해제되었거나 그 힘이 미약해서 체제가 안정적일 가능성이 높다. 아래의 <그림 1>은 윈터스의 과두제 유형을 재구성한 것이다.

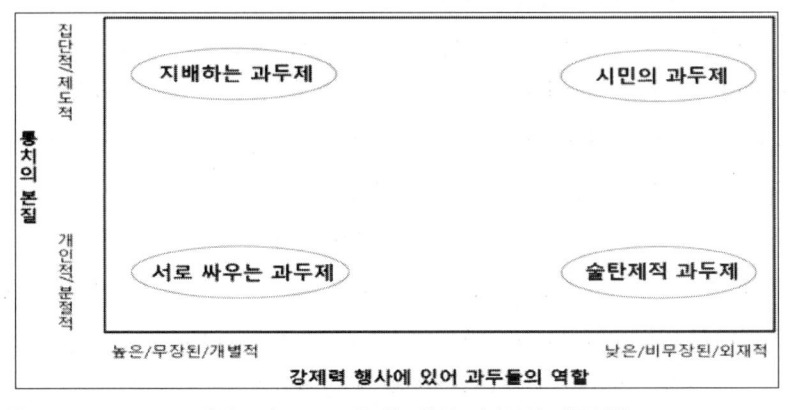

<그림 1> 윈터스의 과두제 유형

출처: Jeffrey Winters (2011b), p. 34를 참고하여 저자들이 재구성함.

윈터스의 과두제 유형은 서로 싸우는 과두제(Warring Oligarchy), 지배하는 과두제(Ruling Oligarchy), 술탄제적 과두제(Sultanistic Oligarchy), 시민의 과두제(Civil Oligarchy)의 네 가지로 구분된다.[11]

먼저, '서로 싸우는 과두제'에서는 엘리트 집단 내의 극단적인 갈등이 표출된다. 과두들 간의 분열은 내부 응집성을 약화시키면서 특정 과두의 정치 참여나 의사결정을 매우 분절적으로 이루어지게 만든다. 그리고 과두들 간의 격렬한 생존 경쟁 하에서 일시적으로 우세한 세력을 가진 특정 과두가 나타날 수 있으나, 얼마 지나지 않아 다른 과두들과 영토, 인구, 자원의 소유권을 두고 지속적으로 대립하게 된다. 즉, '서로 싸우는 과두제'는 '통치의 본질'이 개인적인 성격을 띠고, '강제력 행사에 있어 과두들의 역할'에 있어서 개별 과두들의 무장 정도가 높다. 예를 들어, 중세 유럽의 봉건사회와 현대 아프리카 군벌이 해당된다.

둘째, '지배하는 과두제'에서는 부의 방어 행위가 '서로 싸우는 과두제'보다 집단적(제도적)으로 이루어진다. 정치·경제적 자원을 둘러싼 과두들 간의 경쟁은 존재하지만, 이를 규율할 수 있는 비교적 안정적인 형태의 합의된 규칙이 존재한다. 그리고 완전히 무장하고 위험한 과두 집단은 매우 불안정하고 거의 존재하지 않는다. 즉, '지배하는 과두제'는 '통치의 본질'이 집단적인 성격을 띠고, '강제력 행사에 있어 과두들의 역할'에 있어서 개별 과두들의 무장 정도가 낮다. 예를 들어, 그리스 로마 집정관, 근현대 이탈리아 마피아 집단이 해당된다.

셋째, '술탄제적 과두제'에서는 특정 과두가 국가 물리력을 독점한다. 이러한 상황에서 다른 과두들은 물리력을 장악한 최고 통치자의 권위에 기대어 자신의 자산과 지위를 유지한다. 법에 의한 통치는 존재하지 않고, 최상위 과두와 그 아래 하위 과두들 간 후원(Patron)-피후원(Client) 관계가 형성되어 비제도적 요인이 국가의 정책 결정 과정에

---

11) 지그하르트 네켈, "과두적 불평등," 이창남(편), 『폭력과 소통: 트랜스내셔널 정의를 위하여』 (서울: 세창, 2017), p. 167; Jeffrey Winters (2011b), pp. 32-36; Jeffrey Winters and Benjamin Page (2009), p. 733.

영향을 미치게 된다. 그리고 최상위 과두는 억압적 기구들을 동원하여 다른 과두들의 무장을 해제하거나 개별적으로 보유한 물리력을 제압한다. 즉, '술탄제적 과두제'는 '통치의 본질'이 매우 개인적이고, '강제력 행사에 있어 과두들의 역할'에 있어서 개별 과두들의 무장 정도가 매우 낮다. 예를 들어, 수하르토 집권기의 인도네시아, 스탈린 집권기의 소련, 마오쩌둥 집권기의 중국이 해당된다.

마지막으로, '시민의 과두제'에서는 과두들이 완전히 무장 해제되어 있고 특정 과두에 의존해 통치되지 않는다. '지배하는 과두제'에서는 과두들이 자신의 권력을 다른 과두 집단에 넘겨주고 '술탄제적 과두제'에서는 최고 통치자가 모든 권력을 독점하지만, '시민의 과두제'에서는 과두들이 권력을 비인격적이고 제도화된 정부에 양도한다. 과두는 법률과 같은 제도적인 요소들을 기반으로 권력을 행사하고, 부를 방어하기 위해 물리력을 행사할 유인도 낮아진다. 이로 인해 법에 의한 통치가 개별 과두들의 강제력보다 더 강력하게 작동한다. 그래서 과두는 체제의 생존에 심각한 위협을 느끼지 않는 한 대중을 비롯한 하위 과두들의 집단적(또는 제도적)인 의사결정을 허용한다. 즉, '시민의 과두제'는 '통치의 본질'이 매우 집단적인 성격을 띠고, '강제력 행사에 있어 과두들의 역할'에 있어서 개별 과두들의 무장 정도가 매우 낮다. 다만, 미국과 같은 선거 민주주의 국가만 반드시 '시민의 과두제'에 해당되는 것은 아니다. 싱가포르나 말레이시아와 같이 연성 권위주의(soft-authoritarian) 국가들도 '시민의 과두제'로 분류할 수 있다.

III. 나자르바예프 체제의 과두제 특징

1. 통치의 본질: 국가 권력의 사유화

소련의 붕괴와 카자흐스탄의 독립 이후, 나자르바예프는 1991년 대통령으로 당선된 때부터 자신의 권력을 점차 강화해 나가기 시작했다. 초기에 나자르바예프는 소련의 관료집단, 전통적인 주즈(zhuz) 종족집단 등 구체제 엘리트들과 권력을 분점하여 국정을 운영했다.12) 그 이유는 1986년 12월 러시아인 서기장 임명에 대한 불만으로 촉발된 젤톡산 시위(Jeltoqsan)를 계기로 나자르바예프가 1989년 카자흐 소비에트 사회주의 공화국(Kazakh Soviet Socialist Republic)의 서기장이 될 수 있었기 때문이다. 따라서 나자르바예프는 서기장으로서 집권 초반까지 지역과 혈연을 기반으로 형성된 집단인 대주즈(Senior zhuz), 중주즈(Middle zhuz), 소주즈(Junior zhuz) 그리고 러시아 민족 출신의 관료집단 사이에서 이해관계를 조정하고 균형을 맞추는 역할에 집중했다. 하지만 소련의 해체 이후 나자르바예프는 공화국의 대통령으로서 시장경제로의 급진적인 이행, 개헌, 수도 이전 등을 두고 의회(최고 소비에트; Supreme Soviet)와 힘겨루기를 시작했다. 그 과정에서 독립 이후 선거를 통해 구성된 의회가 아니라는 나자르바예프의 논리에 따라 1993년 의회가 자진 해산했고, 그 사이에 나자르바예프는 1993년 1월 28일에 제정된 독립헌법의 개정을 추진했다.13) 개헌안은 1995년 4월 실시된 국민투표에서 약 95%의 찬성률로 통과되면서, 카자흐스탄 공화국의

---

12) 방일권, "카자흐스탄 엘리트의 사회배경과 씨족 정치: 소주즈(Zhuz) 출신 엘리트를 중심으로," 『국제지역연구』 제14권 제1호 (2010), pp. 78-79; 박상남 (2011), p. 173.
13) 이혜정·박지범, "카자흐스탄 권위주의의 길," 『중소연구』 제33권 제2호 (2009), pp. 193-195.

첫 번째 개헌이 이루어졌다.

　소위 나자르바예프 헌법이라 불리는 1995년 8월 30일에 개정된 헌법은 대통령의 행정, 사법, 입법 권한 강화가 핵심이었다.14) 대통령은 총리, 주요 국가 기관장, 국가안보회의(Security Council)와 민족회의(Assembly of People)의 위원, 주지사, 시장 등 지역 행정부 수장을 임명할 수 있게 되었다. 그리고 헌법재판소를 대체하는 헌법위원회(Constitutional Council)를 설치하고, 대통령이 헌법위원회 위원장에 대한 임명권을 행사할 수 있게 되었다. 또한 단원제였던 의회를 양원제로 개편한 뒤 대통령은 상원의원 7명에 대한 임명권도 보장받게 되었다.15) 이를 계기로 나자르바예프는 강력한 대통령의 권한을 바탕으로 구체제의 엘리트 집단 간 분열과 경쟁을 적절하게 이용하면서, 그들의 갈등을 조정하는 중재자 역할을 맡아 자신의 권력을 공고화하기 시작했다.16) 그리고 나자르바예프는 볼라샥(Bolashak International Scholarship)이라 불리는 국가장학금을 만들어 해외 유학파 출신의 새

---

14) Тенгриньюс.kz, "Назарбаев: Конституция 1995 года стала главным фактором казахстанского успеха."
https://tengrinews.kz/kazakhstan_news/nazarbaev-konstitutsiya-1995-goda-stala-glavnyim-faktorom-219566/ (검색일: 2023. 09. 23); 정선미, "2022년 카자흐스탄 헌법개정의 주요 내용과 특징: 헌법개정 연혁과 권력구조 변화를 중심으로," 『슬라브학보』 제37권 4호 (2022a), pp. 187-188.

15) 이후 모든 헌법 개정의 주요 내용은 헌법 원안과 수정안이 연도별로 표기된 다음 자료를 활용하였다; Закон.kz, "КОНСТИТУЦИЯ РЕСПУБЛИКИ КАЗАХСТАН с изменениями и дополнениями по состоянию на 19.09.2022 г.,"
https://online.zakon.kz/Document/?doc_id=1005029&pos=5;-90#pos=5;-90 (검색일: 2023. 09. 23).

16) Sally Cummings, Power and Change in Central Asia (London: Routledge, 2001), pp. 64-68; Роман Бейбалаев, "Особенности формирования политической элиты современного Казахстана," Социально-гуманитарные знания 6-6 (2019), p. 309; Dosym Satpaev, "An Analysis of the Internal Structure of Kazakhstan's Political Elite and an Assessment of Political Risk Levels," in Tomohi Uyama (ed.), Empire, Islam, and Politics in Central Eurasia (Hokkaido: Slavic Research Center, Hokkaido University, 2007), pp. 284-285.

로운 관료집단을 양성했고, 내각에 자신의 친인척을 적극적으로 등용했다. 또한, 나자르바예프는 수도를 알마티(Almaty)에서 아스타나(Astana)로 이전한 뒤, 1998년 10월 7일에 시행한 개헌으로 대통령 임기를 기존의 5년에서 7년으로 2년 더 연장했고, 하원 선거제도를 기존의 단순다수제에서 정당명부식 비례대표제가 가미된 혼합형 다수대표제로 개편하였다. 이후, 1999년 1월 조기 대선에서 나자르바예프는 약 81%의 득표율로 재선에 성공했고, 같은 해 10월 총선에서 여당인 오탄(Otan)은 66석 중 23석(득표율: 33.17%)을 차지해 원내 제1당이 되었다.

2000년대부터 나자르바예프는 국가 권력을 사유화하는 작업에 속도를 내기 시작했다. 특히, 2000년대 초반 에너지 부국인 카자흐스탄은 국제적인 원자재 가격의 상승으로 인해 연평균 약 10%의 국내총생산(GDP) 성장률을 달성하면서 나자르바예프에 대한 국민적 지지도 높아져 대내외적 조건이 나자르바예프에게 유리하게 전개되었다. 이러한 상황에서 나자르바예프는 추가 개헌과 법률 제정을 통해 자신의 우상화 작업에 돌입하게 된다. 2000년 7월 20일에는 초대 대통령법(Constitutional Law On the First President of the Republic of Kazakhstan)을 제정해 나자르바예프에게 국부를 뜻하는 엘바시(Елбасы) 칭호를 부여했으며, 초대 대통령의 민족회의 의장직과 국가안보회의, 헌법위원회 위원직을 종신 보장했다. 그리고 나자르바예프를 기념하는 박물관과 흉상을 제작하여 국가 기록물로 관리할 것, 대통령과 그 가족에게 여러 특권을 제공할 것(연금, 면책특권, 나자르바예프와 그 가족에 대한 비방을 중범죄로 규정) 등이 명시되었다.[17]

한편 나자르바예프는 패권 정당(Hegemonic party)을 만들어 의회 권력도 완전히 장악했다.18) 2004년 9월 총선에서 여당인 오탄은 66석 중 42석(득표율: 60.6%)을 차지했으나, 2006년에 나자르바예프는 오탄을 중심으로 그의 장녀인 다리가 나자르바예바(Dariga Nazarbayeva)가 이끄는 정당인 아사르(Asar)와 시민당(Civic Party), 농업당(Agrarian Party)을 흡수 통합하여 '조국의 광명'이라는 뜻의 정당인 '누르오탄(Nur Otan)'을 창당했다. 그리고 2007년 5월 21일 개헌을 통해 초대 대통령의 연임 제한 규정을 삭제했고, 대통령이 임명할 수 있는 상원 의원의 수를 기존 7명에서 15명으로 증원했다. 그 결과, 2007년 총선에서 여당인 누르오탄은 민족회의에서 임명하는 9석을 제외한 나머지 98석(득표율: 88.4%)을 모두 차지했다. 이로써 나자르바예프의 국가 권력 사유화 작업은 2007년 총선을 기점으로 정점에 이르렀다.

이후, 나자르바예프의 행보는 공고화된 체제의 유지와 관리로 약설할 수 있다. 2011년 2월 2일 나자르바예프에게 언제든 비정기적인 조기 대선을 실시할 수 있는 권한을 부여한 개헌이 시행되었다. 그리고 같은 해 4월 조기 대선에서 나자르바예프는 약 95%의 득표율로 다시 한번 대통령으로 당선되었다. 또한, 의회는 나자르바예프가 카자흐스탄 공화국의 첫 번째 대통령으로 당선된 12월 1일을 초대 대통령의 날(Day of the First President of the Republic of Kazakhstan)로 지정하는 법안을 통과시키면서, 나자르바예프에 대한 우상화를 심화하였다. 누르오탄은 2012년과 2016년 총선에서 각각 98석 중 83석(2012년 득표

---

17) 초대 대통령법은 2010년 개정되었으며, 연장선상에서 2017년 개헌에서 '엘바시'의 종신적인 지위 보장에 관한 규정이 추가되었다; Закон.kz, "Конституционный закон Республики Казахстан от 20 июля 2000 года № 83-II О Первом Президенте Республики Казахстан - Лидере Нации,"
https://online.zakon.kz/Document/?doc_id=32577104&pos=4;-108#pos=4;-108 (검색일: 2023. 09. 23).

18) Rico Iaascs (2013), pp. 1068-1074.

율: 80.99%; 2016년 득표율: 82.2%)을 차지했고, 나자르바예프는 2015년 조기 대선에서 약 98%의 압도적 득표율로 재당선되었다. 카자흐스탄의 국민 여론도 독립 이후 국가 발전에 있어 나자르바예프의 업적을 존중하고 지지하는 경향이 큰 편이었다.19)

그런데 2019년 3월 19일 나자르바예프는 대통령직 사임을 발표했다. 나자르바예프의 대통령직 사임은 발표 이전부터 안정적인 권력의 승계와 유지를 위해 철저하게 사전 기획된 것이었다.20) 약 26년 동안 우즈베키스탄을 통치해오던 이슬람 카리모프가 2016년에 사망하고, 그의 후임으로 정권을 잡은 미르지요예프가 카리모프의 친인척과 측근을 축출하는 것을 지켜본 나자르바예프가 장기적인 관점에서 안정적인 권력 승계를 추진한 것이다.21) 이러한 나자르바예프의 의도는 대통령과 행정부의 권한을 의도적으로 축소한 2017년의 개헌에서 발견할 수 있다.22) 2017년 3월 10일 개정된 헌법의 특징은 대통령의 권한 약화, 그리고 입법부와 사법부의 권한 강화로 꼽을 수 있다. 우선, 대통령이 외무부와 국방부 장관을 제외한 내각의 고위 관료들을 임명할 때 의회의 동의를 받도록 하고, 의회는 내각에 대한 책임과 권한을 가지고 장관 해임 권한을 보유할 수 있게 되었다. 헌법위원회의 결정에 대한 대통령의 거부권도 삭제했으며, 앞으로의 모든 개헌안은 위원회의 검토 이후 채택할 수 있게 하였다. 뒤이어, 2018년 7월 5일에는 국가안보회의

---

19) 김상철, "2015 카자흐스탄 조기 대선, 시행 배경과 향후 전망," https://rus.or.kr/70/11527351 (검색일: 2023. 09. 23).
20) 윤도원, "2019년 카자흐스탄 권력승계 연구: 권력복점의 제도화를 중심으로,"『아시아리뷰』제10권 제1호 (2020), pp. 197-202; Kristiina Silvan, "Managed Leadership Succession in Kazakhstan: A Model for Gradual Departure?," FIIA Briefing Paper 279 (2020), pp. 6-7.
21) 구세진, "포스트 나자르바예프 시대의 개막? 갈림길에 선 카자흐스탄," https://diverseasia.snu.ac.kr/?p=2836 (검색일: 2023. 09. 23).
22) 정선미 (2022a), pp. 190-193; 정선미 (2022b), pp. 160-163.

법(The Law On the Security Council of the Republic of Kazakhstan)을 통해 자문기구였던 국가안보회의를 국방 예산, 동원, 비상사태선포 등과 관련된 의사결정기구로 격상시켰고, 초대 대통령이 국가안보회의의 종신 의장직을 맡게 하였다.

이와 같이 나자르바예프는 퇴임 이후에도 의회 의석의 절대다수를 장악하고 있는 누르오탄의 당수, 민족회의 의장, 국가안보회의 의장, 헌법위원회 위원직을 겸임하며, 국가의 핵심 권력 기관들을 완벽하게 장악한 채 자신의 체제를 유지해 나아갔다.[23] 나자르바예프로부터 대통령직을 승계받은 토카예프는 2019년 초대 대통령의 업적을 기념하기 위해 수도의 명칭을 나자르바예프의 이름을 따서 '누르술탄(Nur-Sultan)'으로 개칭할 것을 명시하는 개헌을 단행했다. 따라서 나자르바예프가 자신의 권력을 집중시키고 사유화했음을 고려할 때, '통치의 본질'은 개인적 성격을 띤다고 할 수 있을 것이다.

2. 강제력 행사에 있어 과두들의 역할: 국가 경제력과 물리력의 1인 독점

나자르바예프는 자신의 권력을 공고화하는 과정에서 국가 재정수입의 근간인 석유·가스 부문을 장악했다. 2000년대 초 석유와 가스 등 에너지 가격이 상승한 반면에, 카자흐스탄의 국민 대다수는 급격한 사유화의 과정에서 빈부격차가 심화되는 구조적인 불평등에 불만이 쌓이고 있었다. 이에 따라 나자르바예프는 정부가 해외 자본가 집단과 결

---

[23] Роман Бейбалаев, "Особенности формирования политической элиты современного Казахстана," Социально-гуманитарные знания 6-6 (2019), pp. 310-311.

탁하여 국가 자산을 약탈하고 사익을 추구하는 민간 자본가 집단을 억제해야 한다는 명분으로 국가자본주의 정책을 추진하기 시작했다.24) 나자르바예프는 2001년 석유와 가스의 수송산업을 장악하기 위해 카즈트란스오일(KazTransOil)과 카즈트란스가스(KazTransGas)를 합병시켜 트란스네프티와 가스(TNG)를 만들었다. 그리고 2002년 석유 생산 기업인 카자흐오일(KazakhOil)과 트란스네프티와 가스가 다시 한번 합병하여 카즈무나이가즈(KazMunayGas)를 설립했다. 이후에도 카즈무나이가즈는 2004년 석유와 가스의 탐사 및 생산업체인 우제니무나이가즈(UzenMunayGas)와 엠바무나이가즈(EmbaMunaiGas)를 합병했고, 2007년 카라잔바스무나이(Karazhanbasmunai)와 카즈게르무나이(Kazgermunai)의 주식을 각각 50%씩 인수했다. 이로써 2007년을 기점으로 카즈무나이가즈는 카자흐스탄의 주요 에너지와 관련된 산업의 모든 부분을 장악한 거대한 독점기업으로 부상했다.25) 그리고 나자르바예프는 에너지부 차관이었던 우자크바이 카라발린(Uzakbay Karabalin)을 회장으로, 자신의 차녀인 디나라 나자르바예바(Dinara Kulibaeva)의 남편이자 대표적인 부호인 티무르 쿨리바예프(Timur Kulibayev)를 제1부회장으로 내세워 경영권을 장악했다.26)

이후 2008년 세계 금융 위기로 에너지 가격이 하락하자, 나자르바예프는 국가 자산을 효율적으로 관리할 수 있는 국영 펀드의 창설을 주도한다.27) 이렇게 탄생하게 된 삼룩-카지나(Samruk-Kazyna)는 카자흐스탄

---

24) 정재원 (2018), p. 70.
25) КазМунайГаз, "История О компании «КазМунайГаз»," http://www.kmgep.kz/rus/the_company/history/ (검색일: 2023. 09. 23).
26) Martha Olcott, "KazMunayGas: Kazakhstan's national oil and gas company," The Baker Institute for Public Policy of Rice University Report (2007), pp. 20-25.
27) 황영삼 (2010), pp. 115-156.

전체 국내총생산(GDP)의 약 60%에 달하는 운용기금을 관리하게 되었다.28) 이렇게 탄생한 삼룩-카지나는 카즈무나이가즈, 철도회사인 카자흐스탄 테미르 졸리(Kazakhstan Temir Joly), 화학공업사인 삼룩-카지나 온듀(Samruk-Kazyna Ondeu), 탄광 및 야금업체인 타우-켄 삼룩(Tau-Ken Samruk) 등의 지분 100%와 전력회사인 카자흐스탄 송전망공사(KEGOC; Kazakhstan Electricity Grid Operating Company), 항공사인 에어 아스타나(Air Astana)와 통신사인 카자흐텔레콤(Kazakhtelecom) 등의 지분을 다수 보유하게 되었다. 이렇게 나자르바예프는 카자흐스탄 산업에서 중요한 여러 기업을 하나의 국영 펀드가 소유하게 만든 뒤, 다시 한번 자신의 측근과 친인척을 중용했다. 현직 총리였던 카림 마시모프(Karim Massimov)가 이사회의 의장, 전임 대통령실 실장이었던 카이라트 켈림베토프(Kairat Kelimbetov)가 대표이사로 임명되었다. 그리고 쿨리바예프가 부사장으로 내정되며 카즈무나이가즈에 이어 삼룩-카지나의 경영진에 합류하게 되었다.29) 또한, 나자르바예프는 조카인 카이라트 사티발디울리(Kayrat Satybaldy)와 삼녀인 알리야 나자르바예바(Aliya Nazarbayeva)의 남편인 디마쉬 도사노프(Dimash Dossanov)를 각각 카즈무나이가즈의 자회사가 된 카자흐오일의 부회장, 카즈트란스오일 이사회의 의장으로 임명하였다.

이렇게 나자르바예프는 국가의 경제력을 독점함과 동시에, 반정부 인사와 시위를 탄압하여 다른 과두들의 영향력 행사 가능성을 원천적으로 차단했다. 대표적으로 나자르바예프의 권위주의적 정부 운영을 비판하며 1999년 대선에 출마했던 아케잔 카제겔딘(Akejan Kajegeldin) 전임 총리와 2001년 반정부 성향의 야당인 카자흐스탄의 민주적 선택

---

28) 정재원 (2018), p. 74.
29) 황영삼 (2010), pp. 157-160.

(Democratic Choice of Kazakhstan)을 창당했던 무흐타르 아블야조프(Mukhtar Ablyazov) 전임 에너지산업통상부 장관은 모두 해외로 추방되었다.30) 그리고 주러시아 대사와 정보부 장관직을 역임했던 알틴벡 사르센바이울리(Altynbek Sarsenbayuly)와 알마티 시장, 알마티주 주지사직을 역임했던 자만벡 누르카딜로프(Zamanbek Nurkadilov)가 제거되었다. 또한, 나자르바예프는 2011년 망기스타우주(Mangystau Region) 자나오젠(Zhanaozen)의 석유 노동자 파업으로 촉발된 반정부 성향의 독립 정당 결성을 요구하는 시위를 강경 진압했다. 이 외에도, 2016년 외국인의 토지 매입 반대를 주창하는 시위와 2019년 대선의 선거 조작을 규탄하고 정치 개혁을 요구하는 시위는 모두 강제 해산되었으며, 시위를 주도한 다수의 인사들이 구금되었다.

이처럼 2022년 1월 반정부 시위로 나자르바예프가 실각하기 이전까지, 그는 국가 권력의 원천이라고 할 수 있는 경제력과 물리력을 안정적으로 독점했다. 나자르바예프는 국가 자산을 재국유화한 뒤 국영기업의 주요 보직에 친인척들을 중용했다. 그리고 체제에 대항하는 반정부 인사나 시위를 신속하고 무자비하게 진압하는 등 국가가 행사할 수 있는 강제력을 완벽하게 통제하고 있었다. 따라서 나자르바예프 체제에서 본인과 이너 서클(Inner circle)을 제외하면, 다른 엘리트 집단의 경제력과 물리력 행사 여지는 거의 없었다고 할 수 있다.

종합하면, 윈터스가 제시한 '통치의 본질'과 '강제력 행사에 있어 과두들의 역할'의 두 가지 척도를 적용했을 때, 나자르바예프 체제는 국

---

30) 이유신, "나자르바예프 대통령과 그의 정적 아블야조프,"
https://www.kiep.go.kr/aif/issueDetail.es?brdctsNo=118678&mid=a30200000000&search_option=&search_keyword=&search_year=&search_month=&search_tagkeyword=&systemcode=04&search_region=&search_area=&currentPage=139&pageCnt=10 (검색일: 2023. 09. 23).

가 권력을 사유화하여 통치의 본질이 '개인적' 성격에 가깝다. 그리고 국가의 경제력을 독점하고, 반대세력을 진압하여 다른 과두들의 영향력을 무력화시켜 강제력 행사에 있어 다른 과두들의 '무장 정도가 낮다'고 할 수 있다. 이에 나자르바예프 체제의 엘리트 정치 구조는 '술탄제적 과두제'와 유사하다.

Ⅳ. 토카예프 체제의 과두제 특징

1. 통치의 본질: 대통령 권력의 일부 분산

토카예프는 모스크바국립국제관계대학교(MGIMO; Moscow State Institute of International Relations)를 졸업하고 외무부 장관, 총리, 상원의장직 등을 역임한 외교관 및 행정 관료 출신이다. 나자르바예프 체제에서 토카예프는 초기에 유력한 후계자로 여겨지진 않았으나,[31] 토카예프가 자신의 파벌을 구축하지 않았고, 풍부한 외교 경험과 부정·부패 스캔들이 없었다는 점에서 나자르바예프에겐 안정적인 후계자였다.[32] 2019년 3월 19일에 나자르바예프 대통령이 사임을 발표하자 대통령직을 승계받은 토카예프는 같은 해 6월 대선에서 승리한 이후, 취임 연설에서 나자르바예프의 정책 기조에 따라 카자흐스탄을 발전시키겠다고 공언했다.[33] 그리고 같은 해 9월 연례 교서에서 토카예

---

31) 추영민, "'새로운 카자흐스탄' 건설과 토카예프 대통령 재선의 의미," 주장환(편), 『엘리트로 보는 유라시아의 변화 I』 (오산: 한신대학교 유라시아연구소, 2023) pp. 108-109.
32) Роман Бейбалаев (2019), p. 311.

프는 나자르바예프의 정책을 계승하겠다고 재차 천명하면서도, 다른 한편으론 '국민의 목소리를 듣는 정부(Listening State)'를 만들겠다고 강조했다.34)

그러던 중 2022년 1월에 발생한 반정부 시위는 토카예프로 하여금 나자르바예프의 권력을 약화시키는 하나의 도화선이 되었다. 토카예프는 1월 반정부 시위를 진정시키는 과정에서 나자르바예프가 사유화한 권력을 회수하기 시작했다. 먼저, 반정부 시위가 격화되자 토카예프는 사태진압을 위해 나자르바예프의 국가안보회의 의장직을 인계받았다. 그리고 토카예프는 1월 28일 누르오탄의 당수 직위도 이어받은 뒤, 당명을 '선조의 언약'이라는 의미를 가진 '아마나트(Amanat)'로 변경했다. 곧이어, 2월에는 나자르바예프의 민족회의 의장직도 박탈하였다.35) 또한, 2022년 3월 토카예프는 나자르바예프의 시대를 넘어 새로운 국가 건설을 약속하는 '새로운 카자흐스탄: 혁신과 현대화의 길(New Kazakhstan: The Path Of Renewal And Modernisation)'이라는 제목의 담화를 발표했다.36) 주요 내용은 카자흐스탄 정치의 현대화, 기존의 초대통령제 국가에서 강력한 의회를 가진 대통령제 국가로의 전환, 인

---

33) Касым-Жомарт Токаев, "Выступление Касым-Жомарта Токаева на официальной церемонии вступления в должность избранного Президента Республики Казахстана," https://www.akorda.kz/ru/speeches/internal_political_affairs/in_speeches_and_addresses/vystuplenie-kasym-zhomarta-tokaeva-na-oficialnoi-ceremonii-vstupleniya-v-dolzhnost-izbrannogo-prezidenta-respubliki-kazahstana (검색일: 2023. 09. 23).
34) Касым-Жомарт Токаев, "Послание Главы государства Касым-Жомарта Токаева народу Казахстана 2019,"
https://www.akorda.kz/ru/addresses/addresses_of_president/poslanie-glavy-gosudarstva-kasym-zhomarta-tokaeva-narodu-kazahstana (검색일: 2023. 09. 23).
35) 정선미 (2022b), p. 166.
36) Касым-Жомарт Токаев, "Новый Казахстан: путь обновления и модернизации," https://www.akorda.kz/ru/poslanie-glavy-gosudarstva-kasym-zhomarta-tokaeva-narodu-kazahstana-1623953 (검색일: 2023. 09. 23).

권 보호와 시민사회의 발전, 국가 행정 구역의 재편 등 이었다. 그리고 이 담화를 기반으로 작성된 개헌안은 국민투표에서 약 77%의 찬성률로 통과되었다.37)

2022년 6월 8일 개정된 헌법의 핵심 내용을 보면, 우선 나자르바예프 체제보다 대통령의 인사권이 축소되었다. 대통령이 임명할 수 있는 상원의원수를 15명에서 10명으로 줄이고, 5명은 민족회의의 추천을 통해 임명할 것을 명시했다. 그리고 지역 정부 수장에 대한 대통령의 해임권이 삭제되었고, 이들의 임명은 최소 2인 이상의 후보를 제시하고 지방의회의 동의 아래 진행될 수 있게 하였다. 또한, 초대 대통령의 지위와 특권에 관한 모든 조항을 삭제했고, 대통령의 친인척이 국가 기관의 고위 관직에 임명될 수 없다는 조항이 추가되었다.

둘째, 여당이 절대다수의 의석을 차지할 수 있게 만들었던 하원 선거제도를 개편하였다. 2007년 제4대 하원부터 의원은 정당명부식 비례대표제로만 선출되었는데, 이를 지역구 대표(전체 의석의 30%)와 비례대표를 선출하는 혼합형 선거제로 변경하였다. 지역구 선거는 소선거구 단순다수제를 적용해서 카자흐스탄 국민이 직접 후보자를 선출할 수 있게 한 것이다. 그리고 비례대표제의 경우, 정당의 의석 배분 기준인 봉쇄조항을 7%에서 5%로 낮춰 과거보다 타 정당들의 원내 진입 가능성을 높였다. 또한, 기존에 민족회의에서 9명의 하원의원을 임명하던 조항을 삭제해 대통령의 정치적 의사가 일방적으로 반영될 여지를 줄였다.

셋째, 인권 보호 차원에서 사형제도가 폐지되었고, 정치적 책임성 강

---

37) 조대현, "카자흐스탄에 평화는 찾아왔는가?: 2022년 1월 반정부 시위 그 이후," https://diverseasia.snu.ac.kr/?p=6118 (검색일: 2023. 09. 23); 추영민 (2023), pp. 114-118; 정선미 (2022a), pp. 195-196.

화를 위해 지역구 의원에 대한 국민소환제가 도입되었다. 그리고 나자르바예프 체제에서 설립되었던 헌법위원회가 폐지되고 헌법재판소를 다시 설치해서 대통령의 사법권 장악을 약화시켰다.

뒤이어, 2022년 9월 토카예프는 국가자본주의(state capitalism)를 탈피할 수 있는 구조적인 경제 개혁을 약속하는 '정의로운 국가. 국민 통합. 번영하는 사회(A Fair State. One Nation. Prosperous Society)'라는 제목의 담화도 발표했다.[38] 담화의 후반부에는 경제 현대화를 위해 정치 현대화의 지속적인 추진을 피력하며, 또 한 번의 개헌과 조기 대선 및 총선을 시행했다. 토카예프는 2022년 9월 27일 개헌을 통해 2019년 누르술탄으로 개칭되었던 수도의 이름을 다시 아스타나로 환원하였고, 대통령의 임기를 5년에서 7년으로 연장하는 대신 연임제에서 단임제로 변경하였다. 그리고 같은 해 11월 조기 대선에서 토카예프는 약 81%의 득표율로 '새로운 카자흐스탄 공화국'의 대통령으로 재선에 성공했다. 또한, 2023년 3월 제8대 하원의원 선거가 조기에 실시되었다. 선거 결과, 여당인 아마나트는 98석 중 62석을 차지해, 나자르바예프 체제하에서 절대다수의 의석을 확보했던 당시의 여당과는 상반된 모습을 보였다. 특히, 아마나트의 득표율은 53.9%였는데, 이는 1999년 이후 역대 여당들 중 최저 득표율이었다. 이전 제7대 하원에서는 총 3개 정당들인 누르오탄, 악졸, 인민당(Народная партия)이 의회에 진출했으나, 제8대 하원에서는 총 6개 정당들인 아마나트, 아우일, 레스푸블리카, 악졸, 인민당, 전국사회민주당을 비롯해 7명의 무소속 의원이 원

---

[38] Касым-Жомарт Токаев, "Справедливое государство. Единая нация. Благополучное общество,"
https://www.akorda.kz/ru/poslanie-glavy-gosudarstva-kasym-zhomarta-tokaeva-narodu-kazahstana-181130 (검색일: 2023. 09. 23).

내에 진입하면서 과거에 비해 원내정당의 수가 많아졌다. 특히, 반정부 성향의 전국사회민주당(Nationwide Social Democratic Party)이 4석을 확보했고, 2000년 창당 이후 23년 만에 제1야당(8석)이 된 아우일(Auyl)과 2023년 창당해 주로 젊은 후보를 공천한 레스푸블리카(Respublica)가 제2야당(6석)이 된 것도 나자르바예프 체제보다 야당들의 의회 진입장벽이 낮아졌음을 보여준다.

이러한 점들을 고려할 때, 토카예프 체제에서 '통치의 본질'은 '개인적'에서 '집단적' 성격으로 이동하고 있는 것으로 보인다. 나자르바예프 체제에서는 대통령의 행정, 사법, 입법 권한을 확대하고 국가 요직에 측근과 친인척을 중용하여 국가 권력을 사유화했다면, 토카예프 체제에서는 대통령의 권한을 축소하고, 반대세력(야당들)의 의회 진출을 일부 허용하고 있다. 물론, 토카예프 대통령이 아직까지 자신의 후원 세력을 확실히 구축하지 못한 상황에서, 이러한 일련의 변화들은 정권의 안정을 목적으로 다른 과두들과의 정치적 타협의 결과물일 수 있다. 그럼에도 불구하고 2022년 1월 반정부 시위 이후부터 토카예프가 나자르바예프에 비해 집단적인 통치 체제를 구축해 나가는 경향을 보이는 것은 사실이다.

2. 강제력 행사에 있어 과두들의 역할: 국가 경제력과 물리력의 일부 분산

2022년 1월 2일 반정부 시위 발생 당시, 토카예프 대통령은 국내의 물리력을 확실히 장악하진 못한 상태였다. 그 이유는 카자흐스탄의 군과 경찰을 통제하는 국가안보위원회에 여전히 나자르바예프의 측근인 카림 마시모프 의장과 조카인 사마트 아비시(Samat Abish) 제1부위원장이 있었기 때문이다. 그리고 1월 5일 나자르바예프가 실각한 뒤 망기스타우주의 주방위군과 현지 경찰의 일부가 시위대에 합류하기까지 했다. 시위대가 누르오탄 당사, 알마티 시청, 무기고 등을 공격하였으나, 토카예프는 시위를 진압하는데 실패하였다. 결국 토카예프는 국가비상사태를 선포하고, 집단안보조약기구에 파병을 요청했다. 러시아군으로 구성된 약 2,500명의 집단안보조약기구 평화유지군은 1월 6일~7일 카자흐스탄에 투입되어 시위를 진압했고, 카림 마시모프와 사마트 아비시를 비롯한 국가안보위원회 인사들이 체포되었다.39) 이후, 토카예프는 러시아를 신뢰할 수 있는 파트너라고 언급하며, 양국의 관계가 더욱 가까워지는 듯한 모습을 보였다.40)

정리하면, 토카예프는 국가의 물리력을 통솔하지 못한 채 시위를 자체적으로 진입하지 못하고, 러시아의 군사력을 빌려 내부적 위기를 모면한 것이다. 이는 나자르바예프 체제에서 반정부 시위들이 발생했을 당시, 나자르바예프가 공권력을 동원하여 빠르게 시위를 진압했던 모습과 비교했을 때 토카예프가 보유했던 물리력이 제한적이었음을 의미한다. 그 이유는 전술한 바와 같이 나자르바예프가 사실상 국가안보위원회를 장악하고 있었기 때문이다.

다음으로, 토카예프는 나자르바예프의 친인척들이 국영기업(기관)에서 보유한 경제적 지위를 박탈하는 동시에, 민영화를 추진하면서 국가가 독점한 경제 자산의 일부를 해체하고 있다. 먼저, 1월 반정부 시위

---

39) 이후 토카예프는 예르멕 사김바예프(Ермек Сагимбаев)를 국가안보위원회 의장으로 임명하였다; 김소연·제성훈, "2022년 카자흐스탄 정치변동의 내용과 의미: 엘리트 집단 교체와 헌법개정을 통한 권력 구조 개편을 중심으로," 『중소연구』 제47권 제1호 (2023).
40) 김소연, "2022 카자흐스탄에 불어온 역(逆) 색깔혁명."
https://www.kiep.go.kr/aif/issueDetail.es?brdctsNo=327641&mid=a10200000000&&search_option=&search_keyword=&search_year=&search_month=&search_tagkeyword=&systemcode=04&search_region=&search_area=&currentPage=15&pageCnt=10 (검색일: 2023. 09. 23).

이후, 토카예프는 나자르바예프의 조카인 사티발디울리의 카자흐텔레콤 지분을 모두 몰수하였다. 그리고 둘째 사위인 쿨리바예프와 셋째 사위인 도사노프는 각각 상공회의소 회장직과 카즈트란스오일 회장직에서 물러났다. 장녀 다리가의 내연남으로 알려진 카이란 샤리프바예프(Kairat Sharipbaev)도 카즈트란스가스 회장직에서 사임했다.41) 또한, 토카예프는 1월 반정부 시위의 피해 복구를 명분으로 '살리칼리 우르팍 기금(Salikaly Urpak Foundation)'을 조성했는데, 나자르바예프의 동생인 볼라트 나자르바예프(Bolat Nazarbayev)는 223만 달러를 기부하고, 자신이 보유한 '알마티 중공업 공장(Almaty Heavy Machine Building Plant)'의 지분 중 약 32%를 국가에 양도했다.42)

둘째, 토카예프는 2022년 9월 대국민담화와 2023년 3월 의회 연설에서 지속적인 경제 발전을 위한 국가 산업의 탈독점화를 주장하며, 공정한 경쟁과 분배를 위해 중소기업의 육성 및 지원을 약속했다. 토카예프는 나자르바예프 체제에서 국가자본주의의 상징이었던 삼룩-카지나의 비효율적이고 투명하지 못한 운용을 비판하면서, 카즈무나이가즈와 카자흐스탄 테미르 졸리, 에어 아스타나, 카자흐스탄 송전망공사 등 주요 국영기업의 민영화를 발표했다. 구체적으로, 2023년 상반기까지 해당 국영기업의 경영진에 대한 인사이동이 완료될 것이고, 2025년

---

41) 다만, 사티발디울리를 제외한 친인척들은 경영진에서 물러났으나, 실제 보유 자산을 몰수당하지는 않아 여전히 막대한 경제력을 보유하고 있다. 2023년 포브스(Forbes) 선정 기준으로 쿨리바예프 부부는 약 80억 달러, 장녀 다리가는 약 6억 달러, 다리가의 아들인 누랄린 알리예프는 약 2억 6천만 달러의 재산을 가진 것으로 집계되었다.
42) Интерфакс, "Младший брат Назарбаева перечислил в фонд 'Народу Казахстана' 1 млрд тенге," https://www.interfax.ru/amp/821488 (검색일: 2023. 09. 23); Ведомости, "Брата Назарбаева обязали вернуть 31,9% акций завода в Алма-Ате," https://www.vedomosti.ru/society/news/2023/03/16/966773-obyazali-brata-nazarbaeva-vernut-aktsii-zavoda (검색일: 2023. 09. 23).

까지 국가가 필수적으로 보유해야 할 지분을 제외한 나머지는 모두 민영화할 계획이다.43)

이처럼 토카예프는 1월 반정부 시위 당시 국가의 물리력을 확실히 장악하지 못하고 러시아의 군사력을 빌려 정권을 유지했으며, 국가가 독점해왔던 경제력의 일부를 분산하는 모습을 보이고 있다. 이에 따라 '강제력 행사에 있어 과두들의 역할' 측면에서 토카예프 체제는 나자르바예프 체제처럼 1인 중심의 강력한 물리력과 경제력을 행사하고 있다고 보기 어렵고, 물리력과 경제력을 가진 다른 과두들과의 경쟁과 타협을 기반으로 정권을 유지할 가능성이 높다.

종합하면, 토카예프 체제는 대통령에게 집중되었던 권력을 일정 부분 분산하고, 반대세력의 의회 진출을 용이하게 하여 통치의 본질이 '집단적' 성격을 띠고 있다. 그리고 1월 반정부 시위 당시 국가의 물리력을 완전히 장악하지 못해 러시아의 군사력을 빌렸고, 국영기업의 민영화를 통해 국가의 경제력 독점을 완화하고 있다는 점에서, 나자르바예프 체제에 비해 강제력 행사에 있어 다른 과두들의 '무장 정도가 약간 높다'고 할 수 있다. 이에 따라 토카예프 체제의 엘리트 정치 구조는 '술탄제적 과두제'에서 벗어나 '지배하는 과두제'로 조금 변화하고 있다고 판단된다. 아래의 <그림 2>는 2022년 1월 반정부 시위 이후, 카자흐스탄 엘리트 정치 구조의 변화 양상을 제시한 것이다.

---

43) 변현섭, "1월 소요사태 이후 카자흐스탄의 경제정책 방향과 시사점," 『슬라브硏究』 제39권 제1호 (2023), pp. 153-155.

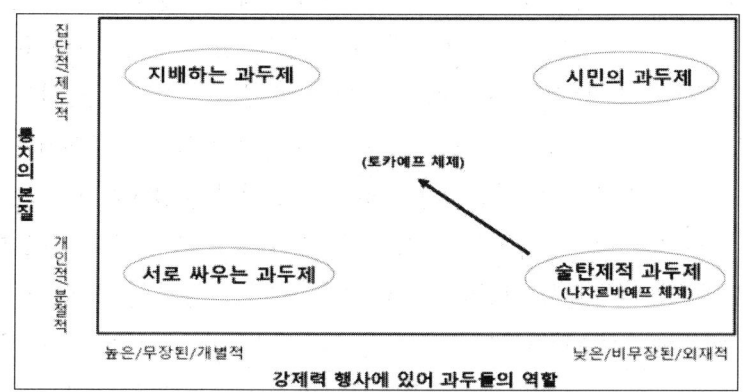

〈그림 2〉 카자흐스탄의 엘리트 정치 구조 변화

출처: Jeffrey Winters (2011b), p. 34를 참고하여 저자들이 재구성함.

윈터스가 과두제 유형을 분류할 때 기준으로 설정한 두 가지 척도들인 '통치의 본질'과 '강제력 행사에 있어 과두들의 역할'을 카자흐스탄의 엘리트 정치 구조에 적용하면 다음과 같이 정리할 수 있다.

첫째, '통치의 본질'은 국가 권력의 집중과 분산으로 요약될 수 있다. 나자르바예프 체제는 국가 권력이 1인에게 집중되어 있었던 반면에, 토카예프 체제는 나자르바예프가 사유화했던 국가 권력을 일부 분산하면서 '통치의 본질'이 개인적 성격에서 집단적 성격으로 약간 이동하는 경향을 보였다.

둘째, '강제력 행사에 있어 과두들의 역할'은 경제적 소유 구조의 집중과 분산, 그리고 사회 통제의 강화와 이완이라는 두 가지 차원으로 요약될 수 있다. 경제적 소유 구조의 집중과 분산 측면에서 나자르바예프 체제는 국가의 주요 재정 원천인 석유와 가스를 국유화한 후, 나자르바예프의 측근과 친인척들을 전면에 배치해 국영기업(기관)을 장악했다. 이에 비해 토카예프 체제는 일부 국영기업(기관)의 민영화를 통해 국가 독점적 경제 소유 구조를 일정 부분 해체하고 있다. 그리고 사회 통제의 강화와 이완 측면에서 나자르바예프 체제는 국가의 물리력을 완전히 장악하여 반대세력을 확실히 제압할 수 있었으므로, 강력한 사회 통제 기제가 작동하고 있었다. 반면에, 토카예프 체제는 2022년 1월 반정부 시위를 러시아군의 지원을 받아 진압하기 이전까지 국가의 무력기관을 나자르바예프의 측근과 친인척들이 장악하고 있었던 상태여서 국가의 물리력을 완벽하게 통제하지 못하고 있었기 때문에 사회 통제가 일부 이완되어 있을 수밖에 없었다. 이에 따라 '강제력 행사에 있어 과두들의 역할'에 있어서 나자르바예프 체제는 다른 과두들이 경제력과 물리력을 거의 행사할 수 없었던 반면에, 토카예프 체제는 국가의 경제적 독점을 일부 완화하고 물리력을 완벽히 장악하지 못하면서 다른 과두들의 경제력과 물리력 행사가 과거보다 약간 높아졌다.

V. 나오며

지금까지 윈터스의 과두제 유형을 적용해서 2022년 1월 반정부 시위를 전후로 카자흐스탄의 엘리트 정치 구조가 변화하고 있는지를 살펴보았다. 카자흐스탄의 엘리트를 분석한 기존연구들은 주로 국가(또는 경제) 기관의 핵심 엘리트 교체나 씨족(또는 엘리트의 충성)과 국가 자원 배분의 관계를 분석해왔다. 이러한 연구들은 카자흐스탄에서 최고 통치자가 어떻게 권력을 공고해 나가는지를 설명할 뿐만아니라 내부적으로 엘리트 간 경쟁과 갈등 또는 협력과 타협의 양상을 파악하여 체제의 안정성을 평가하는데 기여하였다. 하지만 기존연구들은 한 국가의 엘리트 정치 구조의 특징을 파악할 수 있는 '과두제' 개념을 적용하지 않아 거시적 차원에서 카자흐스탄 엘리트 정치 구조의 변화를 추적하지 못했다. 이에 따라 본 연구는 2022년 1월 반정부 시위로 촉발된 나자르바예프에서 토카예프로의 실질적인 권력 교체에 주목하여, 윈터스의 과두제 유형을 바탕으로 카자흐스탄의 엘리트 정치 구조가 변화하고 있는지를 분석하였다. 윈터스가 과두제를 세분화할 때 적용한 두 가지 척도들인 '통치의 본질'과 '강제력 행사에 있어 과두들의 역할'로 나자르바예프와 토카예프 체제를 비교 분석한 결과, 두 체제의 엘리트 정치 구조에서 일부 비연속성을 발견하였다.

먼저, '통치의 본질' 측면에서 나자르바예프는 독립 이후 수차례의 헌법개정(1995년 개헌 ~ 2018년 개헌)과 개인의 우상화를 통해 국가 권력을 1인에게 집중시키며 사유화했다. 반면, 2022년 1월 반정부 시위 이후부터 카자흐스탄의 권력을 실질적으로 장악한 토카예프는 두 차례의 헌법개정을 통해 대통령의 권력을 일부 분산하였고, 하원 선거제도를 개정해 반대세력(야당들)의 원내 진입을 보다 수월하게 하였다. 따라서 나자르바예프 체제는 국가 권력을 최고 통치자가 독점했으므로 '통치의 본질'이 매우 개인적인 성격을 띠지만, 토카예프 체제에서는 상대적으로 최고 통치자의 권력이 일정 부분 분산되었으므로 '통치의 본질'이 집단적인 성격을 가진다고 할 수 있다.

둘째, '강제력 행사에 있어 과두들의 역할' 측면에서 나자르바예프는 국가자본주의 노선으로 국가 자산을 중앙집권화하여 그 경영권을 친인척과 측근에게 배분하는 동시에, 반정부 집단과 인사를 강력하게 탄압하고 공권력을 완벽하게 통제하고 있었다. 즉, 경제적 소유 구조가 나자르바예프를 중심으로 집중화되어 있었고, 사회 통제도 매우 엄격하게 이루어졌다. 이에 비해 토카예프는 2022년 1월 반정부 시위 당시에 공권력을 완벽하게 장악하지 못해 러시아군의 지원을 받아 시위를 진압하였고, 나자르바예프 체제에서 국유화했던 국영기업의 일부를 재민영화하여 국가의 경제 독점을 완화하였다. 즉, 토카예프 체제는 시위를 자력으로 진압하지 못했고 국가가 독점한 경제력의 일부를 해체했으므로, 나자르바예프 체제보다 경제적 소유 구조가 일정 부분 분산되었고 사회 통제력도 상대적으로 이완되어 있었다. 따라서 나자르바예프 체제는 국가 경제력과 사회 통제력을 완전히 장악하고 있어서 다른 엘리트 집단의 경제적 영향력과 강제력의 행사 여지가 거의 없다고 할 수 있다. 반면에, 토카예프 체제에서는 국가 경제력의 일부가 다른 민간 엘리트들에게 분산되고 2022년 1월 반정부 시위 때 사회 통제력을 완전히 행사하지 못했으므로, 다른 엘리트 집단의 경제적 영향력과 강제력의 행사 정도가 약간 높아졌다고 할 수 있다.

이와 같이 윈터스의 과두제 유형을 적용했을 때, 지난 30년 동안 카자흐스탄을 통치했던 나자르바예프 체제는 '술탄제적 과두제'였으나, 2022년 1월 반정부 시위 이후 실질적으로 권력을 장악한 토카예프 체제는 '지배하는 과두제'로 약간 이동하여 카자흐스탄의 엘리트 정치 구조에서 일부 변화의 조짐이 나타나고 있는 것으로 보인다. 다만, 현재의 카자흐스탄 엘리트 정치 구조가 기존의 '술탄제적 과두제'에서 '지배하는 과두제'로 완전히 변화했다고 보기는 어렵다. 왜냐하면 토카예프가 취한 일련의 조치들이 정권 안정을 위해 다른 엘리트들과의 일시적인 타협의 결과물이거나, 자신에게 충성하는 엘리트 집단을 견고하게 구축하기 위해 지대 추구(rent seeking)를 용이하게 하는 하나의 전략일 수도 있기 때문이다. 따라서 앞으로 토카예프 체제가 어떻게 운영되는지를 지속적으로 관찰해서 카자흐스탄 엘리트 정치 구조의 변화 양상에 주목할 필요가 있다.

참고문헌

강봉구. "유라시아 국가들의 권위주의를 어떻게 볼 것인가."
　　　　https://preview.kstudy.com/W_files/kiss5/30702814_pv.pdf
　　　　(검색일: 2023. 09. 23).
구세진. "포스트 나자르바예프 시대의 개막? 갈림길에 선 카자흐스탄."
　　　　https://diverseasia.snu.ac.kr/?p=2836 (검색일: 2023. 09. 23).
김상철. "2015 카자흐스탄 조기 대선, 시행 배경과 향후 전망."
　　　　https://rus.or.kr/70/11527351 (검색일: 2023. 09. 23).
김소연. "2022 카자흐스탄에 불어온 역(逆) 색깔혁명."
　　　　https://www.kiep.go.kr/aif/issueDetail.es?brdctsNo=327641&mid=a10200000000&&search_option=&search_keyword=&search_year=&search_month=&search_tagkeyword=&systemcode=04&search_region=&search_area=&currentPage=15&pageCnt=10
　　　　(검색일: 2023. 09. 23).
김소연·제성훈. "2022년 카자흐스탄 정치변동의 내용과 의미: 엘리트 집단 교체와 헌법개정을 통한 권력 구조 개편을 중심으로." 『중소연구』 제47권 제1호(2023).
박상남. "권위주의 국가 엘리트 구조의 변화와 작동원리: 독립 이후 카자흐스탄 '후견 네트워크'를 중심으로."『중소연구』 제34권 제4호(2011).
방일권. "카자흐스탄 엘리트의 사회배경과 씨족 정치: 소주즈(Zhiz) 출신 엘리트를 중심으로."『국제지역연구』 제14권 제1호(2010).
변현섭. "1월 소요사태 이후 카자흐스탄의 경제정책 방향과 시사점."『슬라브研究』 제39권 제1호(2023).

엄구호. "중앙아시아의 민주주의와 씨족 정치." 『세계지역연구논총』 제27집 3호(2009).

오은경. "카자흐스탄 권력다툼의 승자는 러시아 푸틴." https://www.sisajournal.com/news/articleView.html?idxno=232007 (검색일: 2023. 09. 23).

윤도원. "2019년 카자흐스탄 권력승계 연구: 권력복점의 제도화를 중심으로." 『아시아리뷰』 제10권 제1호 (2020).

이유신. "나자르바예프 대통령과 그의 정적 아블야조프." https://www.kiep.go.kr/aif/issueDetail.es?brdctsNo=118678&mid=a30200000000&search_option=&search_keyword=&search_year=&search_month=&search_tagkeyword=&systemcode=04&search_region=&search_area=&currentPage=139&pageCnt=10 (검색일: 2023. 09. 23).

이재영·고재남·박상남·이지은. 『카자흐스탄 정치 엘리트와 권력구조 연구』 서울: 대외경제정책연구원(2009).

이혜정·박지범. "카자흐스탄 권위주의의 길." 『중소연구』 제33권 제2호(2009).

정선미. "2022년 카자흐스탄 헌법개정의 주요 내용과 특징: 헌법개정 연혁과 권력구조 변화를 중심으로." 『슬라브학보』 제37권 4호(2022a).

_____. "카자흐스탄 권위주의 체제 성립과 권력승계: 권력의 제도화와 정당성을 중심으로." 『국가전략』 제28권 3호(2022b).

정재원. "카자흐스탄 자본가계급의 출현." 『역사비평』 통권125호(2018).

조대현. "카자흐스탄에 평화는 찾아왔는가?: 2022년 1월 반정부 시위 그 이후."

https://diverseasia.snu.ac.kr/?p=6118 (검색일: 2023. 09. 23).

주장환. "체제전환기 국가, 엘리트 연구: 쟁점과 제안." 『국제지역연구』 제26권 1호(2022).

주장환·연담린. "체제전환기 중러 엘리트 정치 구조 변화에 대한 비교분석: 다른 과정, 같은 결과." 『Analyses & Alternatives』 제6권 제3호(2022).

지그하르트 네켈. "과두적 불평등." 이창남(편). 『폭력과 소통: 트랜스내셔널한 정의를 위하여』. 서울: 세창, 2017.

추영민. "새로운 카자흐스탄' 건설과 토카예프 대통령 재선의 의미." 주장환(편). 『엘리트로 보는 유라시아의 변화 I』. 오산: 한신대학교 유라시아연구소, 2023.

황영삼. "카자흐스탄 재계 현황과 재계 엘리트의 특징: 정치권력과 관련성을 중심으로." 『아태연구』 제17권 제1호(2010).

Cummings, Sally. Kazakhstan: Power and the Elite. London: I.B. Tauris, 2005.

_____. Power and Change in Central Asia. London: Routledge, 2001.

Dalton, David. "The wealth of the few: the role of material resource power in the institutional reproduction of the Ukrainian oligarchy through its extractive political and economic practices, 2014-17." *Doctoral thesis of University College London* (2022).

Iaascs, Rico. "Nur Otan, Informal Networks and the Countering of Elite Instability in Kazakhstan." *Europe-Asia Studies* 65-6 (2013).

Murphy, Jonathan. "Illusory Transition? Elite Reconstitution in Kazakhstan, 1989 – 2002." *Europe-Asia Studies* 58-4 (2006).

Nechepurenko, Ivan and Higgins, Andrew. "In Kazakhstan's Street Battles, Signs of Elites Fighting Each Other." https://www.nytimes.com/2022/01/07/world/asia/kazakhstan-protests.html (검색일: 2023. 09. 23).

Olcott, Martha. "KazMunayGas: Kazakhstan's national oil and gas company." *The Baker Institute for Public Policy of Rice University Report* (2007).

Satpaev Dosym. "An Analysis of the Internal Structure of Kazakhstan's Political Elite and an Assessment of Political Risk Levels." in Tomohi Uyama (ed.), *Empire, Islam, and Politics in Central Eurasia*. Hokkaido: Slavic Research Center, Hokkaido University, 2007.

Silvan, Kristiina. "Managed Leadership Succession in Kazakhstan: A Model for Gradual Departure?." *FIIA Briefing Paper* 279 (2020).

Winters, Jeffrey and Page, Benjamin. "Oligarchy in the United States?." *Perspectives on Politics* 7-4 (2009).

Winters, Jeffrey. "Oligarchy and Democracy." *The American Interest* 7-2 (2011a).

_____.*Oligarchy*. Cambridge: Cambridge University Press, 2011b.

Агеев, Александр., Ануар, Байшуаков и Ерлан, Сейтимов. Элита Казахстана: власть, бизнес, общество. Алматы: ИНЭС-ЦА,

2008.

Бейбалаев, Роман. "Особенности формирования политической элиты современного Казахстана." Социально-гуманитарные знания 6-6 (2019).

Ведомости. "Брата Назарбаева обязали вернуть 31,9% акций завода в Алма-Ате." https://www.vedomosti.ru/society/news/2023/03/16/966773-obyazali-brata-nazarbaeva-vernut-aktsii-zavoda (검색일: 2023. 09. 23).

Джанталеева, Мадина. "Политические элиты Казахстана и кризис 2022 года." Вопросы элитологии 3-3 (2022).

Закон.kz. "Конституционный закон Республики Казахстан от 20 июля 2000 года № 83-II О Первом Президенте Республики Казахстан - Лидере Нации." https://online.zakon.kz/Document/?doc_id=32577104&pos=4;-108#pos=4;-108 (검색일: 2023. 09. 23).

_____. "КОНСТИТУЦИЯ РЕСПУБЛИКИ КАЗАХСТАН сизменениями и дополнениями по состоянию на 19.09.2022 г.." https://online.zakon.kz/Document/?doc_id=1005029&pos=5;-90#pos=5;-90 (검색일: 2023. 09. 23).

Интерфакс. "Младший брат Назарбаева перечислил в фонд 'Народу Казахстана' 1 млрд тенге." https://www.interfax.ru/amp/821488 (검색일: 2023. 09. 23).

КазМунайГаз. "История о компании ≪КазМунайГаз≫." http://www.kmgep.kz/rus/the_company/history/ (검색일: 2023. 09. 23).

Осинина, Дарья. "Элитные группы Республики Казахстан и особенности принятия стратегических политических и экономических решений в транзитный период." Гуманитарные науки. Вестник Финансового университета 11-5 (2021).

Тенгриньюс.kz. "Назарбаев: Конституция 1995 года стала главным фактором казахстанского успеха." https://tengrinews.kz/kazakhstan_news/nazarbaev-konstitutsiya-1995-goda-stala-glavnyim-faktorom-219566/ (검색일: 2023. 09. 23).

Токаев, Касым-Жомарт. "Выступление Касым-Жомарта Токаева на официальной церемонии вступления в должность избранного Президента Республики Казахстана." https://www.akorda.kz/ru/speeches/internal_political_affairs/in_speeches_and_addresses/vystuplenie-kasym-zhomarta-tokaeva-na-oficialnoi-ceremonii-vstupleniya-v-dolzhnost-izbrannogo-prezidenta-respubliki-kazahstana (검색일: 2023. 09. 23).

_____. "Послание Главы государства Касым-Жомарта Токаева народу Казахстана 2019." https://www.akorda.kz/ru/addresses/addresses_of_president/poslanie-glavy-gosudarstva-kasym-zhomarta-tokaeva-narodu-kazahstana (검색일: 2023. 09. 23)..

_____. "Новый Казахстан: путь обновления и модернизации." https://www.akorda.kz/ru/poslanie-glavy-gosudarstva-kasym-zhomarta-tokaeva-narodu-kazahstana-1623953 (검색일: 2023. 09.23).

_____."Справедливое государство. Единая нация.

Благополучное общество." https://www.akorda.kz/ru/poslanie-glavy-gosudarstva-kasym-zhomarta-tokaeva-narodu-kazahstana-181130 (검색일: 2023. 09. 23).

제3부 카자흐스탄

9장

2022년 카자흐스탄 헌법개정의 주요 내용과 특징

정 선 미
(한국외대 HK+ 국가전략사업단)

Ⅰ. 들어가며
Ⅱ. 카자흐스탄 헌법개정 연혁 및 특징
  1. 1993년 헌법개정
  2. 1995년 신헌법
  3. 1998년·2007년 헌법개정과 초대 대통령법
Ⅲ. 2022년 카자흐스탄 헌법개정 배경과 경과
  1. 2017년 헌법개정
  2. 이중권력제도 구축
  3. 카자흐스탄 소요사태와 2022년 헌법개정
Ⅳ. 2022년 헌법개정의 주요 내용과 특징
  1. 2022년 6월 헌법개정
  2. 2022년 9월 헌법개정과 조기대선
Ⅴ. 나오며

09

2022년 카자흐스탄 헌법개정의 주요 내용과 특징*

정 선 미
한국외대 HK+ 국가전략사업단

I. 들어가며

   2022년은 카자흐스탄의 사회 전반이 혼란을 겪는 대전환의 시기였다. 새해 벽두부터 카자흐스탄 서부지역인 자나오젠에서 정부의 LPG 보조금 지급과 가격 상한제 폐지에 불만을 품은 시민들의 대규모 시위가 벌어졌으며, 이 시위는 코로나19 팬데믹으로 인한 경제 불황과 맞물리면서 주요 요직을 차지하고 있는 나자르바예프 전 대통령과 그의 친인척들에 대한 불만으로 번지면서 전국으로 급속히 확산되었다. 시위가 유혈사태로까지 격화되자 카자흐스탄 정부는 비상사태를 선포하고, CSTO 평화유지군 파견을 요청하는 등 시위를 진압하기 위한 필사의 노력을

---

* 이 글은 슬라브학보 제37권 제4호의 글을 일부 수정 및 보완한 것임.

다하였으며, 그 결과 나자르바예프와 그의 친인척들이 주요 요직에서 모두 물러나면서 카자흐스탄 소요사태는 열흘 만에 종료되었다.

카자흐스탄 소요사태는 헌법개정과 조기 대선으로 이어졌다. 토카예프 대통령은 3월 16일 국정연설을 통해 카자흐스탄의 민주주의 발전과 국가 안정성을 도모하기 위해서 헌법개정을 포함한 정치·경제 개혁이 필요함을 역설했다. 이어 6월에는 27년 만에 치러진 국민 투표에서 초대 대통령과 행정부의 권한 축소, 헌법재판소 신설, 입법부 권한 확대 등을 내용으로 하는 헌법 개정안이 77%의 찬성으로 통과되었다.[1] 9월 1일, 토카예프 대통령은 TV 연설을 통해 대통령 임기를 5년 연임제에서 7년 단임제로 변경하는 것을 제안하고, 이어 하원(마질리스)에서 이를 명시한 개헌안이 통과되면서 카자흐스탄은 7번째 개헌을 단행하게 된다. 이후 11월 20일 치러진 조기 대선에서 토카예프 대통령이 81%라는 압도적인 득표율로 재선에 성공하면서 그의 임기가 2029년으로 연장되었다.[2]

헌법은 국가의 기본 법칙으로서, 국민의 기본적 인권을 보장하고 국가의 정치 조직 구성과 정치 작용 원칙을 세우며 시민과 국가의 관계를 규정하거나 형성하는 최고의 규범이다.[3] 그러나 그동안 카자흐스탄에서 헌법은 대통령의 권력을 제도적으로 강화하는 수단으로 사용되었다. 독립 초기 경제 개혁을 둘러싸고 의회와 극심한 권력 다툼을 벌이던 나자르바예프 대통령은 헌법개정을 통해 자신의 권력을 구조적으로

---

[1] "Kazakhstan Votes by Substantial Margin of 77.18 Percent in Favor of Constitutional Amendments," The Astana Times(June 6, 2022), at https://astanatimes.com/2022/06/kazakhstan-votes-by-substantial-margin-of-77-18-percent-in-favor-of-constitutional-amendments/(검색일: 2022.10.12.).

[2] "Казахстан уйдет на все четыре стороны," Коммерсантъ(2022년 11월 21일), https://www.kommersant.ru/doc/5680212(검색일: 2022.10.12.).

[3] 계희열, 『헌법학(上)』 (서울: 박영사, 2005), p.4.

공고화하였으며, 사임하기 직전까지 헌법개정을 통해 '초대 대통령'으로서의 자신의 권력을 제도적으로 보장했다.

헌법을 분석하는 것은 국가의 권력구조를 파악할 수 있을 뿐만 아니라, 지향하는 국가의 모습과 사상을 살펴볼 수 있다. 이러한 점에서 그 동안 카자흐스탄 헌법개정의 의미와 특징에 관한 국내외 연구들이 다수 수행되었다. 박상남은 2007년 헌법개정이 카자흐스탄 권위주의 체제에서 지니는 의미와 역할을 서술하였다.[4] 이혜정, 박지범은 2007년 헌법개정을 중심으로 카자흐스탄 권위주의 공고화 과정을 분석하였다.[5] 손영훈은 다수의 논문을 통해 헌법을 통한 카자흐스탄 국민 정체성 및 국민 형성 과정과 민족통합 과정을 분석하였다.[6] Kembayev, Z.는 2017년 헌법개정의 도입 배경과 내용 및 특징을 기존 헌법 내용을 바탕으로 분석하였다.[7]

기존 연구들은 나자르바예프 시기 헌법에 관한 연구로 카자흐스탄 헌법이 개인 권위주의 체제 및 정부 정책에 어떠한 영향을 미쳤는지를 분석한다. 그러나 2022년 헌법개정은 카자흐스탄의 '민주화'를 목표로 한 대통령의 권한 축소를 내용으로 삼고 있으며, 국민 투표를 거쳤다는 점에서 기존의 카자흐스탄 헌법개정과는 성격이 다르다. 또한, 이 헌법은 토카예프 정권이 나자르바예프의 후계자라는 기존의 이미지에서 벗어나 새로운 카자흐스탄을 이끌어나갈 민주적 정당성을 지닌 국

---

[4] 박상남, "권위주의 국가 엘리트 구조의 변화와 작동원리:독립 이후 카자흐스탄 "후견 네트워크"를 중심으로," 『중소연구』 제34권 4호(2011), pp. 165-187.
[5] 이혜정, 박지범, "카자흐스탄 권위주의의 길," 『중소연구』 제33권 2호(2009), pp. 177-208.
[6] 손영훈, "카자흐스탄 민족통합 과정에서 카자흐어의 역할 연구," 『중동연구』 제27권 3호 (2009), pp. 155-179., 손영훈, "카자흐스탄의 '러시아인 문제'와 카자흐화 정책," 『중동연구』 제25권 2호(2007), pp. 117-150.
[7] Kembayev, Z., "Recent constitutional reforms in Kazakhstan: A move towards democratic transition?," Review of Central and East European Law 42-1(Nov 2017), pp. 294-324.

가수반으로서의 정치적 입지를 다지는 디딤돌로 작용하고 있다. 이처럼 2022년 헌법개정은 토카예프 정권이 만들고자 하는 새로운 카자흐스탄의 모습이 그대로 담겨있으나 비교적 최근 헌법개정이 이뤄졌다는 점에서 이에 관한 국내외 연구가 미진한 상태이다.

본 연구는 토카예프의 헌법개정의 배경과 특징을 살펴보고, 이것이 지닌 함의를 분석하는 것을 목표로 한다. 이는 최근의 헌법개정 사항을 다루고 있다는 점에서 초기적이지만 기존 연구의 공백을 보완한다. 또한, 헌법에 나타난 정치 구조의 변화를 분석함으로써 토카예프 정권의 국정 전반을 관통하는 정치철학을 살펴볼 수 있다는 점에서 의의를 지닌다. 본 논문은 카자흐스탄이 독립 초기까지 사용했던 브레즈네프 헌법부터 2022년 9월 제7차 헌법개정까지를 연구범위로 삼고, 헌법 전문을 중심으로 분석한다. 본 논문은 다음과 같이 구성된다. 2장은 카자흐스탄 헌법개정의 연혁과 특징을 살펴보고, 이것이 카자흐스탄 권력구조에 어떠한 영향을 미쳤는지를 분석한다. 3장은 2022년 헌법개정의 배경과 경과에 관해서 기술한다. 4장에서는 2022년 헌법개정의 주요 내용과 특징을 분석한다. 5장에서는 연구 내용을 요약하고 이것이 지닌 함의를 논한다.

II. 카자흐스탄 헌법개정 연혁 및 특징

카자흐스탄은 1995년 신헌법을 제정한 이후 현재까지 총 7차례의 헌법개정을 단행했다. 신헌법에서는 대통령의 지위와 임기, 선출방식 등을 규정하고 양원제와 헌법위원회를 도입했으며, 이어 1998년과 2007년에는 초대 대통령에 관한 권한을 강화하는 내용의 헌법개정이 이루어졌다.

2017년에는 기존의 헌법개정 방향과 반대로 대통령의 권한을 축소하고, 입법부와 헌법위원회 역할을 강화하는 한편, 초대 대통령에 대한 헌법적 지위를 규정했다. 이는 1940년생인 나자르바예프의 퇴임 이후 권력을 제도적으로 보장하기 위함이었다. 그러나 2022년 초 카자흐스탄 소요사태 발생 이후 토카예프는 헌법개정을 통해 초대 대통령의 헌법적 지위를 박탈하고 대통령의 권한을 축소하는 한편 입법부와 사법부 간 균형을 도모하고, 대통령 임기를 7년 단임으로 변경하였다.

본 장에서는 카자흐스탄의 신헌법이 제정된 배경을 살펴보고, 대통령 권한 강화를 주요 내용으로 했던 제헌헌법과 2011년까지의 헌법 내용과 특징을 살펴본다. 이를 통해 그동안 헌법이 카자흐스탄 권력 구조에 어떠한 영향을 미쳤는지를 분석한다.

〈표 1〉 카자흐스탄 개헌안 비교

차수	공포 날짜	주요 내용	비고
제헌	1995.08.30	대통령 임기 5년, 대통령의 임명권 강화, 양원제 도입, 대통령 임명 상원의원 7명, 헌법위원회 도입, 대통령 명예와 존엄성의 불가침 선언	국민투표 실시
1차	1998.10.07	대통령 임기 7년, 연령제한 폐지, 하원 선출 방식 정당명부식으로 변경	
2차	2007.05.21	대통령 임기 5년, 초대 대통령에 한해서 연임 제한 규정 철폐, 대통령 임명 상원의원 15명, 민족회의 선출 하원의원 9명 포함 하원 의원수 107명	
3차	2011.02.02	대통령의 결정에 따른 임시 대통령 선거 실시	
4차	2017.03.10	대통령 권한 축소, 입법부 역할과 기능 강화, 헌법위원회 역할 강화, 초대 대통령의 헌법적 지위 규정	
5차	2019.03.23	수도 이름 누르술탄으로 변경	
6차	2022.06.08	초대 대통령의 헌법적 지위 박탈, 대통령 권한 축소, 대통령 임명 상원의원 10명, 하원의원 98명으로 축소, 입법부 대표성과 역할 제고, 헌법재판소 설치	국민투표 실시
7차	2022.09.17	대통령 임기 7년 단임	

출처: 카자흐스탄 헌법을 참고하여 저자 작성

1. 1993년 헌법개정

    소비에트 사회주의 공화국 연방 구성국이었던 카자흐스탄은 독립 초기까지 1977년 브레즈네프 헌법을 따랐다.[8] 이 헌법은 소련 사회 전체에 대한 공산당의 지도적 지위를 규정한 헌법으로, 소련은 이 헌법에 따라 주요 정책 결정을 내리기 위해 당료들과의 합의를 거쳐야 했다. 이는 당시 소련 서기장이었던 고르바초프가 개혁개방 정책을 추진하는 데 걸림돌로 작용하였다. 이에 그는 대통령에게 권력이 집중되는 대통령제 도입을 제안했고, 반대파들과 격렬한 토론을 거친 끝에 1990년 3월 공산당의 권력독점을 규정한 헌법 제6조의 폐기와 대통령제 도입을 내용으로 하는 헌법 개정안이 소련인민대표회의에서 통과되면서 소련은 대통령에게 권력이 집중된 대통령제를 채택하게 된다.

    이어서 1990년 4월 카자흐 SSR 공산당 중앙위원회(Central Committee of the KazSSR Communist Party)가 최고 소비에트에 요청한 카자흐 SSR의 대통령제 도입이 승인되면서 카자흐스탄 역시 대통령제를 도입하게 된다.[9] 최고 소비에트는 카자흐 SSR에 대통령제를 도입하면서 초대 대통령으로 당시 서기관이었던 나자르바예프를 선출했다. 이어 1991년 8월 쿠데타로 고르바초프가 실각하고, 연방 공화국들이 연이어 독립을 선언하자 정국이 혼란에 빠지는 걸 방지하고 정권의 정당성을 확보하기 위해 카자흐스탄은 12월 1일 조기 대선을 실시

---

8) Sorokowski, A., "The 1977 USSR Constitution: A Document of Social, National and International Consolidation," Hastings International and Comparative Law Review 1-3(Winter 1978), p. 338.
9) Nurumov, D., & Washchanka, V., "Presidential Terms in Kazakhstan: Less is More?," in Baturo, A., & Elgie, R., The Politics of Presidential Term Limits(London: Oxford University Press, 2019), pp. 222-223.

하게 된다.10) 이 선거에서 단독 출마한 나자르바예프는 98%의 득표율을 획득하면서 카자흐스탄 초대 대통령으로 선출된다.

1991년 12월 16일 카자흐스탄은 소련 연방 공화국 중 마지막으로 독립을 선언하면서 신생 독립국으로 국제무대에 등장하게 된다. 그러나 소련의 갑작스러운 붕괴로 새로운 헌법을 마련하지 못한 카자흐스탄은 입법, 사법, 행정의 권한을 최고 소비에트에 부여한 브레즈네프 헌법을 독립 초기까지 그대로 사용하였는데, 이는 대통령과 최고 소비에트 간 갈등을 유발하게 된다. 독립 카자흐스탄의 초대 대통령이자 고르바초프 개혁개방 정책의 지지자였던 나자르바예프는 중앙계획경제에서 탈피하여 시장경제로 이행하기 위해서 IMF의 체제전환 권고안을 수용하여 가격자유화, 국유기업 사유화 등 일련의 경제 개혁을 추진했다.11) 그러나 보수파가 다수 포진한 카자흐 최고 소비에트가 IMF 권고안을 거부하자 나자르바예프의 개혁정책은 저항에 부딪치게 된다.12)

1993년 1월 28일, 독립 초기부터 각계 전문가들이 모여 작성한 카자흐스탄 최초의 헌법이 격렬한 논쟁을 거친 끝에 최고 소비에트에서 채택되었다. 이 헌법은 엄격한 삼권분립에 입각한 대통령제를 표방하였으나, 최고 소비에트가 헌법을 채택할 수 있는 권한을 지니는 등 광범위한

---

10) "Kazakhstan's long term president to run in snap election–again," The Guardian(March 11, 2015), at
https://www.theguardian.com/world/2015/mar/11/kazakhstan-president-early-election-nursultan-nazarbayev(검색일: 2022.11.10.).
11) 김영진, "카자흐스탄의 체제전환과 경제발전: 초기조건, 전략, 경제실적," 『슬라브硏究』 제25권 1호(2009), p. 115.
12) Kembayev, Z., "The rise of presidentialism in post-soviet central Asia: the example of Kazakhstan," in R. Grote and T. Röder, Constitutionalism in Islamic Countries: Between Upheaval and Continuity(London: Oxford University Press, 2012), p. 435.

입법 권한을 지니고 있었고, 이로 인해 경제 개혁을 둘러싸고 행정부와 입법부 간 갈등이 더욱 심화되었다.13) 1993년과 1995년 두 차례 발생한 의회해산은 양측의 갈등이 극명하게 분출된 사건이었다. 나자르바예프는 최고 소비에트를 헌법에서 규정하고 있는 견제와 균형의 원리에 위배될 뿐만 아니라 시장경제로의 전환에 적합하지 않은 구체제의 유산이라는 점을 들어 1993년 '자발적 해산(voluntary disbandment)' 시켰다.14) 이어 1995년 헌법재판소가 총선 개표절차 위헌을 이유로 총선 무효 판결을 내리면서 최고 소비에트가 해산되게 된다.15)

2. 1995년 신헌법

나자르바예프는 최고 소비에트 해산한 동안 대통령령을 통해 국정을 운영하는 한편, 자신의 임기를 2000년까지 연장하고 새로운 헌법을 도입하는 것에 대한 국민 투표를 시행했다. 그 결과 투표안이 95%의 찬성률을 기록하며 통과되면서 카자흐스탄은 1995년 8월 30일 신헌법을 제정하게 된다.16) 신헌법은 대통령의 막대한 권한과 권력을 제도적으로 보장한 소위 '나자르바예프 헌법' 이었다. 카자흐스탄 신헌법의

---

13) Webb Williams, N., Hanson, M., "Captured Courts and Legitimized Autocrats: Transforming Kazakhstan's Constitutional Court," Law & Social Inquiry(Feb 2022), p. 14.
14) Kembayev, Z., "The rise of presidentialism in post-soviet central Asia: the example of Kazakhstan," in R. Grote and T. Röder, Constitutionalism in Islamic Countries: Between Upheaval and Continuity(London: Oxford University Press, 2012), p. 435.
15) Sayabayev, D., "Sociopolitical associations in independent Kazakhstan: Evolution of the phenomenon," Pacific Science Review B: Humanities and Social Sciences 2-3(Nov 2016), p.96.
16) "Независимость. Хроника Событий: Референдум 29 апреля 1995 года вывел Казахстан из политического кризиса," KAZINFORM(September 8, 2016), at
https://www.inform.kz/ru/nezavisimost-hronika-sobytiy-referendum-29-aprelya-1995-goda-vyvel-kazakhstan-iz-politicheskogo-krizisa_a2946592(검색일: 2022.11.11.)

주요 내용은 다음과 같다.

첫째, 대통령의 임기 및 선출방식을 규정하였다. 신헌법은 대통령을 국가원수이자 대외정책의 주요 방향을 결정하고 국내 및 국제관계에서 카자흐스탄을 대표하는 최고위직으로 규정하였다(제40조 1항). 신헌법에 따르면 카자흐스탄 대통령은 보통, 평등, 직접선거에 기초하여 5년마다 무기명 투표로 선출되며(제41조 1항), 35세 이상, 65세 이하이며, 카자흐스탄에서 15년 이상 거주한 모국어에 능통한 국민은 대통령의 피선거권이 있다(제41조 2항). 이와 더불어 정기 대통령 선거는 12월 첫 번째 주 일요일에 실시되며, 총선과 겹칠 수 없고(제41조 3항), 대통령 선거는 유권자의 50% 이상이 투표에 참여해야 유효하며, 투표에 참여한 유권자의 50% 이상을 득표해야 당선됨을 명시했다.

둘째, 양원제를 도입하고, 대통령의 상원의원 임명권을 보장했다. 카자흐스탄은 최고 소비에트를 폐지하고 신헌법을 통해 상원(Сенат)과 하원(Мажилис)으로 구성되는 양원제를 도입하였다(제50조 1항). 상원은 행정구역에서 각 2명씩 선출되며, 대통령은 7명의 상원의원을 별도로 임명한다(제50조 2항). 하원은 선거구에서 직접선거를 통해 선출된 67명의 의원으로 구성된다(제50조 3항). 신헌법은 대통령이 입법부를 구성하는 상원의원을 임명하는 권한을 보장함으로써 입법부에 대한 대통령의 영향력을 강화했다.

셋째, 입법권과 의회 해산권을 대통령에게 부여했다. 신헌법에 따르면 대통령은 헌법과 법률에 기초하여 그 행사를 위해 공화국 전체를 구속하는 법령(указы)과 명령(распоряжения)을 발의할 수 있고(제45조 1항), 전시 또는 대통령이 정한 우선 검토 법률안을 의회가 심의하지 않을 경우 대통령은 법령을 제정할 수 있음(제45조 2항)을 명시함으로써 대통령의 입법권을 제도적으로 보장하였다. 또한, 신헌법은 의회의 정부에 대한 불신임 표명, 총리 임명 동의에 대한 거부, 정부 기관과의 심각한 의견 차이가 있는 경우 대통령은 의회를 해산할 수 있도록 규정하였으며(제63조 1항), 의회의 불신임 표명과 관련하여 내각의 사임이 거부된 경우 대통령은 의회를 해산할 권리가 있음(제70조 6항)을 명시함으로써 입법부에 대한 대통령의 막강한 권력을 부여했다.

넷째, 정부 내각과 국가 기관에 대한 대통령 임명권이 강화되었다. 대통령은 의회의 동의를 받아 국무총리의 임명과 해임 권한을 가지며, 국무총리의 추천을 받아 내각과 중앙 집행기관을 구성, 폐지, 개편할 수 있다(제44조 3항). 또한, 대통령은 의회의 동의를 바탕으로 국립은행 총재에 대한 임명권을 지니며(제44조 4항), 상원 동의를 받아 검찰총장, 국가안보위원회 위원장을 임명하거나 해임할 수 있다(제44조 5항). 이뿐만 아니라 대통령은 군대의 최고사령부를 임명하고 해임할 수 있으며(제44조 12항), 국가안보회의(Совета Безопасности), 민족회의(Ассамблея народа Казахстана), 최고사법위원회(Высший Судебный Совет)를 구성하고(제44조 20항) 지역 행정부 수장(Аким)을 임명한다(제87조 4항). 이처럼 중앙 및 지방정부를 포함한 주요 국가 기관에 대한 대통령의 막강한 임명권은 이들에 대한 대통령의 통제권을 강화했다.

마지막으로 헌법위원회(Конституционный Совет)의 권한 확대이다. 헌법위원회는 대선 및 총선과 관련하여 분쟁이 발생할 경우 위헌 여부를 결정하고 국민 투표를 시행할 수 있으며, 대통령이 서명하기 전 의회가 채택한 법률과 비준 전 국제조약의 합헌 여부에 대해 검토한다(제72조). 이때 위헌으로 결정될 경우 법률 및 국제조약은 서명 또는 비준 및 발효될 수 없다(제74조 1항). 이처럼 막강한 헌법위원회의 권한은 대통령이 헌법위원회 의장을 임명(제71조 2항)하고, 헌법위원회의 종신 의원이 공화국 전직 대통령이라는 점(제71조 1항)에서 대통령이 헌법과 법률에 대한 통제권을 지니고 있음을 시사했다.

이밖에도 신헌법은 대통령의 명예와 존엄성을 불가침의 영역으로 선언(제46조 1항) 함으로써 대통령을 모욕한 개인을 기소할 수 있는 근거를 제공하는 등 개인, 지방, 정부, 입법, 사법 등 거의 모든 분야에서 대통령이 영향력을 확대할 수 있도록 제도적으로 보장했다.

3. 1998년·2007년 헌법개정과 초대 대통령법

나자르바예프 대통령은 1995년 신헌법이 제정된 이후 대통령의 권한을 확대하는 방향으로 헌법개정을 단행해왔다. 1998년 헌법개정은 대통령의 임기를 5년에서 7년으로 연장하고(제41조 1항), 65세로 규정했던 나이 제한을 폐지했다(제41조 2항). 또한, 하원의 선출방식을 직접선거에서 정당명부식으로 변경했다(제95조 2항). 이러한 조치들은 1940년생인 나자르바예프가 2005년 이후까지 집권을 연장할 수 있는 길을 열어주었을 뿐만 아니라, 하원의 절대다수를 차지하고 있는 오탄(Отан)당의 당 대표가 나자르바예프라는 점에서 대통령의 하원 장악력을 높여주었다. 나자르바예프는 개헌 이후 1999년 치러진 조기 대선에서 81%를 득표하면서 재선에 성공하게 된다.

2007년 헌법개정에서는 대통령 임기가 다시 5년에서 7년으로 변경되고(제41조 1항), 초대 대통령에 한해서 연임 제한 규정이 철폐되었다(제42조 5항). 또한, 대통령이 임명하는 상원의원 수를 기존 7명에서 15명으로 확대(제50조 제2항)하였으며, 하원의원 수를 67명에서 107명으로 늘리고, 이 중 대통령 자문기구인 민족회의에서 9명을 선출하도록 규정하였다(제51조 1항). 이는 대통령이 입법부 일부에 대한 직접 임명권을 지닌다는 점과 민족회의 의장이 대통령이라는 점에서 입법부에 대한 대통령의 권한 확대를 의미했다.

2011년 헌법개정에서는 헌법이 정한 방식과 기간 내에서 대통령의 결정에 따라 임시 대통령 선거가 실시된다(제41조 3-1항)는 조항이 추가되었다. 이에 따라 대통령은 대통령 선거 일정을 자신의 필요에 따라 변경할 수 있게 되었다. 이 외에도 초대 대통령을 국부를 뜻하는 엘바시(Елбасы)로 칭하고 종신토록 그의 명예뿐만 아니라 정치적 사회적 지위를 보장하는 '초대 대통령법'이 2000년 헌법안으로 제정되었다. 이 법안은 2010년 개정되면서 초대 대통령과 그 가족에 대한 면책특권, 재산 불가침성, 경호 보장, 거주지 제공 등 막대한 권한과 지위를 부여하면서 초대 대통령인 나자르바예프와 그의 일가족이 종신토록 권력을 영위를 누릴 수 있게 제도적으로 보장하였다.

III. 2022년 카자흐스탄 헌법개정 배경과 경과

1. 2017년 헌법개정

2017년 3월 나자르바예프는 대통령의 권한을 축소하고, 입법부와 헌법위원회의 기능을 강화하는 내용의 헌법개정을 단행했다. 이로 인해 대통령을 포함한 행정부, 입법부, 사법부 등 하나의 기관이 단독으로 주요 결정을 내릴 수 없는 구조가 제도적으로 확립되었다. 이는 과거 몇 차례 있었던 카자흐스탄의 헌법개정이 대통령의 권한과 역할을 강화한 것과는 반대의 행보였다. 2017년 헌법개정의 주요 내용과 특징은 다음과 같다.

첫째, 대통령의 권한이 일부 행정부로 이전되거나 축소되었다. 먼저 개정된 헌법은 대통령에게 부여되었던 국가 프로그램 승인 권한(제44조 8항)과 국가 예산을 지원받는 모든 기관에 대한 재정 및 직원 보수에 대한 통합 시스템 승인권(제44조 9항)이 삭제되었다. 대통령에게 부여되었던 이 권한은 각각 헌법 제66조 1항과 9-1항을 통해 정부로 이전되었다. 또한, 대통령의 공화국 경비대 구성권(제44조 18항)과 대통령의 합법적 입법 근거 조항(45조 2항) 및 법령 발포권(61조 2항)도 삭제되면서 대통령의 권한이 대폭 축소되었다.

둘째, 입법부의 역할과 기능이 강화되었다. 개정헌법은 대통령이 내각을 구성할 때 총리의 추천을 받아 하원과 협의를 거쳐야 함(제44조 3항)을 규정하고, 대통령의 내각 인사 해임에 대한 의회의 의결정족수를 기존 2분의 1 이상에서 3분의 2 이상으로 상향(제57조 6항)함으로써 대통령의 해임권을 제한했다. 또한, 대통령에게 한정되었던 정부 활동 및 주요 결정에 대한 보고 범위를 의회로까지 확대하고(제67조 4항), 정부의 권력 이양 대상을 기존에 새로 선출된 대통령으로 한정 지었던 제70조 1항에 하원을 추가함으로써 정부에 대한 의회의 권한을 확대했다. 이와 더불어 개정헌법은 지방의회(маслихат)는 자발적 또는 대통령에 의해 조기 해산할 수 있다는 제86조 5항의 내용을 수정하여, 대통령이 지방의회의 조기 해산을 결정할 때 국회의장과 국무총리와의 협의를 거쳐야 함을 명시했다. 이같은 개정으로 지방정부에 대한 대통령의 권한은 축소되고 입법부의 영향력은 확대됐다.

셋째, 헌법위원회의 역할이 강화되었다. 개정헌법은 발효된 법률 또는 법령의 합헌성 심의에 대한 항소를 대통령이 헌법위원회에 제기해야 한다는 조항(제44조 10-항)을 추가하고, 헌법개정 사안은 국민 투표에 제출되거나, 합헌이라는 헌법위원회의 결정이 있는 경우 의회의 심의에 부친다(제91조 3항)는 조항을 추가했다. 또한, 대통령이 동의하지 않을 경우 헌법위원회의 결정이 수락되지 않는다(제73조 4항)는 조항도 삭제하면서 헌법위원회에 대한 대통령의 영향력은 약화되고, 헌법개정에 관한 헌법위원회의 권한이 강화되었다.

마지막으로 초대 대통령의 헌법적 지위가 헌법에 규정되었다. 개정헌법은 국가의 통일성과 영토보전을 보장한 제91조 2항에 카자흐스탄의 건국자이자 카자흐스탄 공화국 초대대통령- 엘바시가 수립한 공화국의 기본원칙과 그의 위상은 변하지 아니한다는 내용을 추가하여 나자르바예프의 종신적 지위에 관한 헌법적 근거를 마련했다.

2. 이중권력제도 구축

소련 말기부터 30년 가까이 카자흐스탄을 집권한 나자르바예프는 나이가 들어가면서 다른 권위주의 국가의 지도자들과 마찬가지로 권력승계 문제를 직면하였다. 특히 그와 동년배인 이슬람 카리모프 우즈베키스탄 대통령이 2016년 갑작스럽게 서거하자 나자르바예프는 갑작스러운 리더십 교체로 인한 불확실성과 내부 갈등을 저지하고 자신과 주변 엘리트들의 정치적 생존을 영구적으로 도모하기 위해 2017년 헌법개정을 시작으로 권력승계를 제도적으로 준비했다.

2018년 7월, 국가안보회의를 헌법기관으로 격상하고, 국가안보회의의 권한과 조직을 규정한 법령이 발포되었다.[17] 법령에 따르면 국가안

---

[17] Информационно-правовая система нормативных правовых актов Республики Казахстан, "О Совете Безопасности Республики Казахстан," Әділет, at https://adilet.zan.kz/rus/docs/Z1800000178#z0(검색일: 2022.11.18.).

보회의는 국가안보와 국방 분야의 통일된 국가정책을 이행하고 조정하는 기관으로, 의장은 대통령이 맡는다. 이어 2019년 2월에는 이 법령의 규정을 일부 수정한 대통령령 제838조가 승인되었다.[18] 수정된 법령에 따르면 초대 대통령인 엘바시는 국가안보회의의 종신 의장직을 맡을 권리가 있으며, 국가안보회의의 임무와 기능을 대통령의 계엄령, 비상사태 선포, 군 동원령 선포 등과 관련된 결정 초안 개발, 군부대 활동 감시, 국방 및 공공질서에 할당된 예산 집행 결과 분석 등 국방과 관련된 전반적인 부분으로 확대하였다. 이는 초대 대통령인 나자르바예프의 영구적인 카자흐스탄 군사력 장악을 제도적으로 가능케 하였다.

나자르바예프가 단행한 헌법개정과 법령 제정은 현직 대통령과 전직 대통령 간 이중권력구조를 만들었다. 2017년 헌법개정을 통해 대통령과 정부에 대한 입법부의 영향력이 강화된 상태에서 상원의원 9명을 선출하는 민족회의 의장직과 비례대표체제 하에서 역대 총선에서 지속적으로 압도적인 의석수를 차지해온 누르오탄(Нур Отан)당의 당대표직을 나자르바예프가 차지한다는 것은 사실상 그가 입법부를 통제할 수 있다는 것을 의미했다. 이와 더불어 헌법개정 및 국민 투표의 합헌성을 심의하는 헌법위원회의 위원직을 나자르바예프가 유지하는 것은 현직 대통령이 헌법개정을 통해 권력을 강화할 수 있는 길을 막는 제도적 장치로 작용했다. 이뿐만 아니라 국방 및 국가안보와 관련된 법률과 정책을 조정하는 국가안보회의 의장직은 현직 대통령이 독단적으로 군사력을 사용하는 것을 방지함으로써 나자르바예프가 자신과 주변 정치 엘리트들의 정치적 생존을 도모할 수 있게 하였다.

---

18) Информационно-правовая система нормативных правовых актов Республики Казахстан, "О Совете Безопасности Республики Казахстан," Әділет, at https://adilet.zan.kz/rus/docs/Z1800000178#z0(검색일: 2022.11.18.).

<그림 1> 카자흐스탄 권력구조 도식도

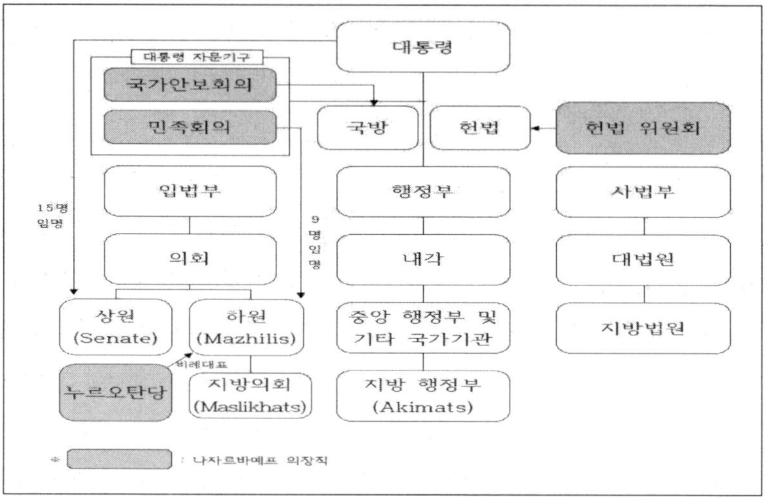

출처: 정선미, "카자흐스탄 권위주의 체제 성립과 권력승계 : 권력의 제도화와 정당성을 중심으로," 『국가전략』제28권 3호(2022), p. 161.

 2019년 3월 19일 나자르바예프 대통령은 TV 연설을 통해 공식적으로 사임을 발표했다. 그의 사임으로 임시 대통령직은 맡은 토카예프 상원의장은 조기 대선을 통해 공식적으로 카자흐스탄 2대 대통령으로 취임하게 된다. 그러나 나자르바예프는 대통령직에서 내려왔을 뿐, 전직 대통령의 종식 위원 자격을 명시한 헌법위원회에 관한 헌법안 2737조, 초대 대통령-엘바시의 종신 의장 지위를 적시한 '민족회의 규정'에 관한 대통령령 149조를 통해 여전히 막강한 권력을 행사하는 헌법위원회 위원직과 민족회의 의장직, 그리고 집권 여당인 누르오탄당의 당대표직을 유지하였고, 이는 현직 대통령과 전직 대통령이 권력을 공유하는 이중권력제도를 구축했다.

3. 카자흐스탄 소요사태와 2022년 헌법개정

카자흐스탄 전직 대통령과 현직 대통령 간 이중권력제도는 나자르바예프가 사임 전 철저하게 제도적 장치를 준비한 덕분에 안정적으로 작동을 시작했다. 나자르바예프의 사임 직후 당시 상원의장이었던 토카예프는 헌법에 따라 임시 대통령이 되었다. 그는 바로 다음 날 의회에서 취임선서와 함께 수도의 이름을 아스타나(Астана)에서 전임 대통령 이름을 딴 누르술탄(Нур-Султан)으로 변경할 것을 제안하고, 이를 헌법개정을 통해 헌법에 명시(제2조 3-1항)함으로써 나자르바예프에 대한 존경과 존중을 보였다. 그는 같은 해 10월 내각 임명에 대한 초대 대통령의 자문적 지위를 보장하는 대통령령을 발포하고, 나자르바예프가 사임 전 구성한 마민 내각을 대선 이후에도 변경 없이 유지하면서 통치 연합의 연속성을 보였다. 그러나 공고해 보였던 나자르바예프와 토카예프의 이중권력제도는 2022년 소요사태로 무너지게 된다.

2022년 1월 2일, 카자흐스탄 서부에 위치한 자나오젠에서 대규모 시위가 발생했다. 시위의 직접적인 이유는 LPG 가격 상한선 상향과 보조금 폐지로 인한 LPG 가격 폭등이었으나, 이 시위는 코로나19로 인한 경제 불황과 사회경제적 불평등의 심화 등과 맞물리면서 카자흐스탄 전역으로 빠르게 확산되었다. 시위대의 분노는 지난 30년간 개인 권위주의 체제를 구축하고, 대통령직에서 물러났음에도 여전히 국가 요직에 앉아 권력을 행사하고 있는 나자르바예프에게 돌아갔다. 시위대는 늙은이는 물러가라는 의미의 카자흐어 "샬, 켓(Шал, кет)"을 외치며 도시 곳곳에 설치된 나자르바예프 동상을 끌어 내렸다.

카자흐스탄 소요사태는 나자르바예프와 그의 정치 연합의 실각으로 이어졌다. 토카예프 대통령은 시위가 유혈사태로 번지자 1월 5일 국가

비상사태를 선포했으며, 나자르바예프의 국가안보위원회 의장직을 박탈하고 자신이 의장직에 올랐다.19) 같은 날 마민 내각이 사태에 책임을 지고 물러나자 토카예프는 제1부총리였던 알리칸 스마일로프를 수장으로 하는 새로운 내각을 구성했다.20) 1월 28일 집권여당인 누르오탄 당대표로 선출된 토카예프는 이어 당명을 '미래세대로의 위임'을 뜻하는 아마나트(Аманат)로 개명했으며,21) 2월에는 나자르바예프의 국가안보위원회 종신 위원직과 민족회의 종신 의장직 박탈하는 법안을 통과시켰다.22)

　소요사태가 일단락된 후인 3월 16일 토카예프 대통령은 '새로운 카자흐스탄: 재생과 현대화의 길'이라는 국정연설을 통해 개혁안을 발표하고 헌법개정의 필요성을 역설했다. 이어 4월 27일에는 코샤노프 하원의장이 초대 대통령-엘바시의 지위 및 특혜를 박탈하고, 헌법재판소를 출범하는 내용의 헌법 개정안이 헌법위원회에서 심의 중임을 대중에게 알렸다.23) 헌법에서 초대 대통령을 삭제하는 것은 초대 대통령의

---

19) "Kazakh president removes ex-leader from post amid worst unrest in a decade," CNBC(January 5, 2022), at
　　https://www.cnbc.com/2022/01/05/kazakh-president-removes-ex-leader-from-post-amid-worst-unrest-in-a-decade.html(검색일: 2022.11.18.).
20) "Алихан Смаилов стал премьер-министром Казахстана," Капитал(January 11, 2022), at
　　https://kapital.kz/nazancheniya/101805/alikhan-smailov-stal-prem-yer-ministrom-kazakhstana.html(검색일: 2022.11.20.).
21) "Nur Otan No More? Kazakhstan's Ruling Party Rebrands as 'Amanat'," The Diplomat(March 2, 2022), at
　　https://thediplomat.com/2022/03/nur-otan-no-more-kazakhstans-ruling-party-rebrands-as-amanat/(검색일: 2022.11.20.).
22) "Пожизненное председательство Елбасы в Совбезе и АНК отменено," Капитал(February 7, 2022), at
　　https://kapital.kz/gosudarstvo/102684/pozhiznennoye-predsedatel-stvo-yelbasy-v-sovbeze-i-ank-otmeneno.html(검색일: 2022.11.22.).
23) "Конституционный закон о Первом Президенте утратит силу - спикер Мажилиса," Tengri News(April 27, 2022), at

권한과 지위를 규정한 모든 규범과 법률들의 효력이 자동으로 상실되는 것을 의미했으며, 이는 나자르바예프가 그동안 초대 대통령으로서 누렸던 특권적 지위가 박탈되고 전직 대통령으로서의 예우만 받게 된다는 것을 뜻했다. 이 헌법 개정안은 6월 5일 치러진 국민 투표에서 77%의 높은 찬성률로 채택되면서 진정한 토카예프 정권의 시작을 알렸다.24)

Ⅳ. 2022년 헌법개정의 주요 내용과 특징

1. 2022년 6월 헌법개정

토카예프 대통령은 2022년 3월 16일 국정연설을 통해 1월 소요사태에 대한 조사 결과를 발표하고, 대통령 권력 제한, 정부 대표부 개편, 선거제도 개선, 행정구역 개편, 지방분권화 등 카자흐스탄 발전을 위한 열 가지의 개혁안을 발표했다. 그는 이같은 개혁을 수행하기 위해서는 30개 이상의 헌법 조항 개정과 20개 이상의 법률이 채택되어야 함을 주장하며 개헌의 필요성을 밝혔다.25) 그의 개혁 의지가 담긴 헌법 개

---

https://tengrinews.kz/kazakhstan_news/konstitutsionnyiy-zakon-pervom-prezidente-utratit-silu-467420/(검색일: 2022.11.22.).
24) "Референдум в Казахстане - 2022: известны результаты экзитполов," Sputnik(June 6, 2022), at
https://ru.sputnik.kz/20220606/referendum-v-kazakhstane-2022-izvestny-rezultaty-ekzitpolov-25330752.html(검색일: 2022.11.23.).
25) "Послание Главы государства Касым-Жомарта Токаева народу Казахстана," Akorda(March 16, 2022), at

정안은 6월 5일 치러진 국민 투표에서 높은 지지율로 채택되면서 토카예프 정권의 첫 헌법개정이 이뤄졌다. 이 개정안은 토카예프가 국정연설에서 발표한 바와 같이 민주화에 기여하고, 국가의 안정을 보장하는 것을 목적으로 35개의 헌법 조항을 수정하였다. 주요 헌법개정의 내용은 다음과 같다.

첫째, 대통령 권한이 축소되었다. 새롭게 개정된 헌법은 연임 제한 규정을 초대 대통령에 한해서 예외로 하는 제42조 5항의 내용과 초대 대통령의 지위와 권한을 규정한 제46조 4항을 삭제함으로써 그동안 초대 대통령으로서 나자르바예프가 누리던 헌법적 특권과 지위를 박탈하였다. 또한, 대통령은 재임 기간 정당의 구성원이 될 수 없으며(제43조 3항), 대통령의 가까운 친인척은 정치 또는 공무직을 맡을 수 없음을 명시했다(제43조 4항). 이러한 조치들은 정당 명부식으로 하원의원의 선출이 이뤄지고 있는 상황에서 거대 여당의 대표인 전임 대통령이 입법부에 권력을 행사하는 것을 차단하고, 대통령 친인척의 부정부패 문제를 제도적으로 방지할 수 있다. 이와 더불어 대통령이 임명하는 상원의원의 수를 15명에서 10명으로 줄이고, 이 중 5명은 민족회의의 제안에 따라 임명함을 규정(제50조 2항)함으로써 대통령이 입법부에 미치는 영향력을 낮췄다. 이외에도 주지사의 결정과 명령을 취소할 수 있는 여러 제약조건 중 대통령이 취소할 수 있다는 내용을 삭제함으로써 대통령의 지방 행정부에 대한 영향력을 약화시켰다(제88조 4항).

둘째, 입법부의 대표성과 역할이 제고되었다. 개정헌법은 107명의 하원의원 중 민족회의에서 9명을 선출하던 제도를 폐지하고 하원의원의 수를 98명으로 줄였으며, 전국구와 지역구를 혼합한 방식으로 선출

---

https://www.akorda.kz/ru/poslanie-glavy-gosudarstva-kasym-zhomarta-tokaeva-narodu-kazahstana-1623953(검색일: 2022.11.27.).

한다(제50조 3항)고 규정하였다. 이밖에도 유권자가 지역구에서 선출된 의원을 헌법이 정한 방식에 따라 소환할 수 있다는 규정을 추가함으로써(제50조 5항 3호) 대의민주제의 결함을 보완하고 입법부의 대의성과 책임성을 강화하였다. 마지막으로 헌법을 채택할 수 있는 권한을 의회에 부여하고(제53조 1-1항) 의장을 포함한 11명의 헌법재판소 재판관 중 상원과 하원이 각각 3명씩 임명하도록 규정(제71조 3항)하면서 국가의 근간이 되는 헌법의 채택과 심사에 대한 입법부의 영향력을 확대했다.

셋째, 헌법재판소가 설치되었다. 개정헌법은 헌법 4장을 헌법위원회에서 헌법재판소로 변경하고, 헌법재판소의 구성과 역할 등을 규정하였다. 카자흐스탄의 헌법재판소는 1995년 신헌법이 제정되면서 헌법위원회로 대체되었다. 헌법위원회는 그동안 헌법의 우위성(верховенство)을 담보하는 기관으로 헌법을 포함하여 법적 규범의 해석을 제공했다. 헌법위원회는 대통령, 상원의장, 하원의장, 총리, 법원 등을 청원권자로 한정하고 대통령 선거, 국회의원 선거, 국민 투표, 법률안, 비준전 국제조약 등을 심판대상으로 삼았다. 반면 헌법재판소는 개인의 청원을 허용하고 심판대상을 한정 짓지 않는다는 점에서 국민의 헌법적 권리를 보호하는 데 일조한다.

마지막으로 인권 제도가 강화되었다. 헌법 개정안은 법원, 법무부, 검찰청에 관한 내용을 규정한 7장에 인권위원을 추가하고, 시민의 권리와 자유를 증진하는 것을 인권위원의 역할과 기능으로 헌법에 명시하였다(제83조 1항). 이와 더불어 개정헌법은 인권위원 권한 행사의 독립성을 보장하고(제83조 2항), 중대한 범죄를 제외하고 상원의 동의 없이 인권위원에게 민형사상의 책임을 묻지 않으며(제83조 3항), 법적 지위와 활동을 헌법으로 정한다(제83조 4항)고 명시했다. 개정헌법은 이처럼 막강한 권한을 인권위원에 부여함으로써 개인의 자유와 권리를 제도적으로 보장하고자 한다.

2. 2022년 9월 헌법개정과 조기대선

토카예프는 9월 1일 국정연설에서 대통령 임기를 5년에서 7년으로 늘리고, 연임제에서 단임제로 변경을 제안했다.26) 대통령 임기에 대한 제안을 포함한 헌법 개정안이 의회와 헌법위원회의 검토를 거쳐 9월 17일 최종 승인되면서 카자흐스탄 헌법은 또 한 번 개정되었다. 이 개정헌법은 제3조 3항에 카자흐스탄 수도를 '아스타나'로 명시함으로써 카자흐스탄 수도 명칭이 전임 대통령의 이름을 딴 누르술탄에서 과거의 지명인 아스타나로 원복되었고, 제71조 1항을 수정하여 헌법재판소 소장을 포함한 11명의 재판관 임기를 6년에서 8년으로 늘리고 연임을 제한하였다.

9월 헌법개정에서 무엇보다도 중요한 내용은 대통령의 임기에 관한 것이었다. 이 개정안에 따르면 대통령의 임기는 5년에서 7년으로 임기가 늘어났으며(제41조 1항), 같은 인물이 두 번 이상 대통령을 할 수 없음(제42조 5항)을 명시하였다. 개정헌법은 또한 임기와 연임제한을 규정한 제91조 2항을 추가하여 대통령의 임기와 단일제 내용을 다시 한번 확인함으로써 이를 명확하게 했으며, 제94-2조를 추가하여 대통령 임기와 관련된 규정이 헌법개정 이후 선출된 대통령부터 적용된다

---

26) "Послание Главы государства Касым-Жомарта Токаева народу Казахстана," Akorda (September 1, 2022), at https://www.akorda.kz/ru/poslanie-glavy-gosudarstva-kasym-zhomarta-tokaeva-narodu-kazahstana-181130 (검색일: 2022.11.27.).

고 명시하였다.

헌법개정 나흘 후인 9월 21일, 대통령으로서 임시 대통령 선거일을 결정할 수 있는 헌법적 권한(제41조 3-1항)을 지닌 토카예프는 조기 대선 일을 11월 20일로 정하는 대통령령을 발했다.27) 이 선거에서 81.3%의 득표율을 기록한 토카예프는 11월 26일 취임식을 갖고 공식 임기를 시작했다.28) 헌법이 개정된 이후 선출된 토카예프의 임기는 헌법에 규정된 바와 같이 연임이 불가능한 7년 임기를 가지게 되었다.

V. 나오며

1991년 소련의 붕괴로 갑작스럽게 독립을 맞이한 카자흐스탄은 독립 초기까지 소련 헌법을 사용했다. 이 헌법은 고르바초프 시기 개정되어 대통령제를 채택하였으나 여전히 최고 소비에트에 최고 권력기관의 기능을 부여했다. 이같은 권력 구조는 독립 초기 시장경제로의 이행을 적극적으로 추진했던 나자르바예프 대통령과 보수파가 다수 포진했던 최고 소비에트 간 갈등을 불러일으켰다. 그 결과 나자르바예프는 최고 소비에트가 삼권분립의 원리에 위배될 뿐만 아니라 구시대적인

---

27) "О назначении внеочередных выборов Президента Республики Казахстан," Akorda (September 21, 2022), at https://www.akorda.kz/ru/o-naznachenii-vneocherednyh-vyborov-prezidenta-respubliki-kazahstan-2184328(검색일: 2022.11.27.).

28) "Kazakh President Tokayev wins re-election with 81.3% of vote," Reuters(October 22, 2022), at https://www.reuters.com/world/asia-pacific/tokayev-wins-kazakh-presidential-election-with-813-vote-2022-11-21/(검색일: 2022.11.28.).

산물이라는 이유로 1993년 '자발적 해산' 시켰다. 이어 1995년에는 선거 개표절차에 위헌적 소지가 있었다는 헌법재판소의 판결에 따라 최고 소비에트가 해산되었다. 나자르바예프는 최고 소비에트 해산으로 입법부가 공백인 사이 대통령령으로 국정을 운영하는 한편 새로운 헌법 도입에 대한 국민 투표를 시행하게 된다. 국민 투표 시행 결과 이 헌법안은 95% 찬성을 얻으며 1995년 카자흐스탄은 마침내 새로운 헌법을 도입하게 된다.

1995년 헌법은 소위 '나자르바예프 헌법'이라고 불릴 정도로 대통령에게 막대한 권력을 제도적으로 부여했다. 신헌법은 대통령의 임기를 5년으로 규정하고, 피선거권과 선출방식 등을 규정하였다. 제정헌법은 입법부에 대한 대통령의 임명권과 해산권을 부여하였으며, 대통령은 상원의원 중 7명을 직접 임명할 수 있었을 뿐만 아니라, 입법부와 대통령 간 심각한 견해차이가 있는 경우 대통령은 의회를 해산할 수 있음을 명시했다. 또한, 대통령은 법령과 결의안을 발의할 수 있었으며, 대통령이 정한 우선 검토 법률안을 의회가 심의하지 않을 경우 대통령이 법령을 제정할 수 있도록 규정하는 등 대통령에게 입법권까지 부여했다.

신헌법은 대통령에게 내각과 중앙 집행기관을 구성, 폐지, 개편할 수 있는 권한을 부여하였으며, 검찰총장, 국가안보위원회 위원장의 임명권도 보장했다. 이밖에도 국가안보회의, 민족회의, 최고사법위원회 구성 권한과 지방 행정부 수장의 임명권을 대통령에게 부여하면서 국정 전반에 대한 대통령의 권한을 강화하였다. 무엇보다도 신헌법은 대통령이 의장을 임명하는 헌법위원회를 헌법의 우위성을 담보하는 최고기관으로 정의하고 선거의 위헌 여부, 법률 및 국제조약 등의 합헌 일치 여부 등을 검토하는 권한을 헌법위원회에 주었다. 게다가 대통령의 명예와 존엄을 불가침의 영역으로 선언함으로써 개인, 지방, 정부, 입법, 사법 등 카자흐스탄의 거의 모든 분야에서 대통령이 영향력을 행사할 수 있는 구조가 제도적으로 만들어졌다. 이후 나자르바예프는 1998년 헌법개정을 통해 대통령의 임기를 5년에서 7년으로 연장하고, 65세 이하였던 대통령 피선거권 나이 제한을 폐지함으로써 1940년생인 나자르바예프가 2005년 이후까지 집권을 연장할 수 있는 길을 열었다. 또한, 하원 선출방식을 직접선거에서 정당명부식으로 변경하면서 거대 여당의 대표인 나자르바예프가 입법부에 미치는 영향력은 더욱 확대되었다.

2017년 헌법개정은 지난 개헌들이 대통령의 권력을 강화하는 방향으로 개정된 것과 달리 대통령의 권한을 축소하고, 입법부와 헌법위원회의 역할과 기능을 강화하는 방향으로 이루어졌다. 이는 나자르바예프가 고령이라는 점에서 갑작스러운 리더십 교체로 인한 정권의 불확실성과 내부 갈등을 줄이고 주변 엘리트들의 정치적 생존을 영구적으로 도모하기 위함이었다. 헌법개정 결과 대통령을 포함한 행정부, 입법부, 사법부 등 하나의 기관이 독단적으로 주요 결정을 내릴 수 없게 되었으며, 국부(엘바시)인 초대 대통령의 지위와 권한을 헌법에 규정함으로써 나자르바예프의 종신적 지위에 관한 헌법적 근거가 마련되었다. 또한, 헌법개정을 통해 막강한 권력이 부여된 누르오탄 당대표직, 헌법위원회 위원직, 민족회의 의장직을 나자르바예프가 사임 후에도 유지함으로써 현직 대통령과 전직 대통령 간 이중권력제도가 구축되게 된다.

그러나 공고해 보였던 나자르바예프와 토카예프의 이중권력제도는 2022년 새해 초 카자흐스탄 서부지역에서 발생한 시위로 무너지게 된다. LPG 가격 폭등에 대한 항의로 시작된 시위대의 분노는 경제 불황과 불평등 심화 등의 상황과 맞물리면서 지난 30년간 카자흐스탄을 집권했으며, 대통령직을 사임했음에도 여전히 국가 요직에 앉아 권력을 행사하고 있는 나자르바예프에게 돌아갔다. 카자흐스탄 전역으로 번진 시위에서 나자르바예프의 퇴진을 촉구하는 목소리가 높아지자, 나자르바예프와 그의 측근들은 결국 실각하게 된다. 나자르바예프로부터 주요 직책을 넘겨받은 토카예프는 2022년 6월 국민 투표를 통해 초대 대통령의 헌법적 지위를 박탈하고 대통령의 권한을 축소하는 한편, 입법부 권한 확대와 헌법재판소 설치를 내용으로 하는 헌법 개정안을 채택했다. 이어 9월에는 대통령 임기를 7년 단임제로 변경하는 내용의 추가 헌법개정을 단행하였다.

2022년 토카예프가 단행한 두 차례의 헌법개정은 토카예프가 추구하는 민주주의와 평등에 대한 가치를 보여준다. 그러나 토카예프가 이끄는 카자흐스탄이 과연 지난 30년간 지속된 개인 권위주의 체제에서 벗어나 민주주의로 전환될 수 있을 것인가에 대한 의견은 분분하다. 일부는 토카예프가 외무부 장관과 유엔 제네바 사무국 카자흐스탄 대사직을 수행하면서 보여주었던 평등과 자유에 대한 소신을 비추어 보았을 때 그의 개혁에 진정성이 있다고 평가한다.[29] 2022년 소요사태 이후 보여준 토카예프의 행보 역시 이러한 평가에 힘을 실어주고 있다. 토카예프는 지난 4월 집권당인 아마나트 당 대표직에서 물러나며 입법부가 대통령에게 종속되는 것을 방지했다.[30] 또한, 대통령 임기를 늘리는 개헌이 토카예프의 임기를 7년 더 연장시키는 효과를 가져올

---

29) "Tokayev leads Kazakhstan to democracy and equality," eureporter(September 11, 2022), at https://www.eureporter.co/kazakhstan-2/2022/09/11/tokayev-leads-kazakhstan-to-democracy-and-equality/(검색일: 2022.11.23.).
30) "President Tokayev Steps Down as Chairman of Kazakhstan's Ruling Party Amanat Following Promise to Limit President's Powers," The Astana Times(April 26, 2022), at https://astanatimes.com/2022/04/president-tokayev-steps-down-as-chairman-of-kazakhstans-ruling-party-amanat-following-promise-to-limit-presidents-powers/(검색일: 2022.11.23.).

것이라던 세간의 의혹과 달리 토카예프는 개헌에서 변경된 대통령 임기는 헌법개정 이후 당선된 대통령부터 적용된다는 절을 추가하고, 개헌 이후 대선을 치르면서 세간의 의혹을 불식시켰다.31)

토카예프의 개혁에 대해 회의적인 시각 역시 여전히 존재한다. 헌법개정을 통해 대통령의 임기가 7년 단임제로 변경되면서 토카예프의 임기가 오히려 5년 연임 때보다 6개월 늘어났다는 점에서 그의 대통령 임기 제한이 다분히 보여주기식이었다는 주장32)과 개헌이 지난 소요 사태에서 목도된 시민의 분노가 현 정권으로 번지는 것을 막기 위한 조치였다는 의견도 존재한다.33) 또한, 나자르바예프 정권 당시 대선을 치를수록 대통령의 득표율이 높아졌는데, 토카예프 역시 첫 번째 선거(70.9%)보다 두 번째 선거(81.3%)에서 득표율이 10% 이상 높아졌다는 점에서 이전 정부와 일치하는 패턴을 보인다는 이유로 토카예프 정부 역시 나자르바예프와 같은 길을 걷게 될 것이라는 주장 또한 존재한다.34) 그러나 분명한 점은 개인 권위주의 체제를 구축한 나자르바예프조차 헌법개정을 통해 정해진 규칙과 법률안에서 권력을 공고화했다는 점을 고려할 때, 토카예프가 어떠한 선택을 할지라도 이는 헌법을 근거로 할 것이라는 점이다.

본 연구는 국가의 기본 법칙이자 최고 규범인 카자흐스탄 헌법의 내

---

31) "Эксперты: Досрочные выборы больше нужны Токаеву, чем Казахстану," Forbes (September 1, 2022), at https://forbes.kz/process/expertise/ekspertyi_dosrochnyie_vyiboryi_bolshe_nujnyi_tokaevu_chem_kazahstanu/(검색일: 2022.11.23.).
32) Ibid.
33) "Kazakhstan: Tokayev announces early presidential elections," eurasianet(September 2, 2022), at https://eurasianet.org/kazakhstan-tokayev-announces-early-presidential-elections(검색일: 2022.11.23.).
34) "A 'New Kazakhstan', or more of the same?," CIVICUS Lens(December 12, 2022), at https://lens.civicus.org/a-new-kazakhstan-or-more-of-the-same/(검색일: 2022.11.23.).

용과 특징을 살펴봄으로써 카자흐스탄 정치 체제에 대한 이해를 높이는 데 기여한다. 또한, 2022년 개정된 헌법을 분석함으로써 토카예프 정권의 권력 구조와 특징에 대한 기초적인 이해를 제공한다. 그러나 본 논문은 2023년으로 예정된 카자흐스탄 총선 이전에 수행된 연구로 헌법에서 규정한 견제와 균형의 원칙이 실제로 어떻게 작용하고 있는지에 대한 논의를 제공하지 못한다는 한계를 지닌다. 따라서 토카예프 정권의 정치제도와 성격을 보다 심도 있게 분석하기 위해서 후속연구로 토카예프가 취임식에서 입법 예고한 '정의로운 국가'를 위한 법률들에 대한 검토와 함께 2023년 총선 결과에 대한 분석이 필요할 것이다. 이러한 추가 분석이 이루어져야만 비소로 토카예프 정권에 대한 성격을 규정할 수 있을 것이다.

참고문헌

계희열. 『헌법학 (上)』 서울: 박영사, 2005.
김영진. "카자흐스탄의 체제전환과 경제발전: 초기조건, 전략, 경제실적." 『슬라브研究』 제25권 1호(2009).
박상남. "권위주의 국가 엘리트 구조의 변화와 작동원리:독립 이후 카자흐스탄 "후견 네트워크"를 중심으로." 『중소연구』 제34권 4호(2011).
손영훈. "카자흐스탄 민족통합 과정에서 카자흐어의 역할 연구." 『중동연구』 제27권 3호(2009).
손영훈. "카자흐스탄의 '러시아인 문제'와 카자흐화 정책." 『중동연구』 제25권 2호(2007).
이혜정, 박지범. "카자흐스탄 권위주의의 길." 『중소연구』 제33권 2호(2009).
정선미. "카자흐스탄 권위주의 체제 성립과 권력승계 : 권력의 제도화와 정당성을 중심으로." 『국가전략』 제28권 3호(2022).

Kembayev, Z. "The rise of presidentialism in post-soviet central Asia: the example of Kazakhstan." in R. Grote and T. Röder. Constitutionalism in Islamic Countries: Between Upheaval and Continuity. London: Oxford University Press, 2012.
Nurumov, D., & Washchanka, V. "Presidential Terms in Kazakhstan: Less is More?" in Baturo, A., & Elgie, R., The Politics of Presidential Term Limits. London: Oxford University Press, 2019.

Kembayev, Z. "Recent constitutional reforms in Kazakhstan: A move towards democratic transition?" Review of Central and East European Law 42-1(Nov 2017).
https://doi.org/10.1163/15730352-04204002.

Sayabayev, D. "Sociopolitical associations in independent Kazakhstan: Evolution of the phenomenon." Pacific Science Review B: Humanities and Social Sciences 2-3(Nov 2016).
https://doi.org/10.1016/j.psrb.2016.09.018 .

Sorokowski, A. "The 1977 USSR Constitution: A Document of Social, National and International Consolidation." Hastings International and Comparative Law Review 1-3(Winter 1978).

Webb Williams, N., Hanson, M. "Captured Courts and Legitimized Autocrats: Transforming Kazakhstan's Constitutional Court." Law & Social Inquiry(Feb 2022).
https://doi.org/10.2139/ssrn.3967601.

Конституция Республики Казахстан

"A 'New Kazakhstan', or more of the same?" CIVICUS Lens(December 2, 2022) at
https://lens.civicus.org/a-new-kazakhstan-or-more-of-the-same/
(검색일: 2022.11.23.).

"Kazakh president removes ex-leader from post amid worst unrest in a decade." CNBC(January 5, 2022) at
https://www.cnbc.com/2022/01/05/kazakh-president-removes-ex-leader-from-post-amid-worst-unrest-in-a-decade.html(검색일:

2022.11.18.).

"Kazakh President Tokayev wins re-election with 81.3% of vote." Reuters(October 22, 2022).

https://www.reuters.com/world/asia-pacific/tokayev-wins-kazakh-presidential-election-with-813-vote-2022-11-21/(검색일: 2022.11.28.).

"Kazakhstan Votes by Substantial Margin of 77.18 Percent in Favor of Constitutional Amendments." The Astana Times(June 6, 2022) at

https://astanatimes.com/2022/06/kazakhstan-votes-by-substantial-margin-of-77-18-percent-in-favor-of-constitutional-amendments/(검색일: 2022.10.12.).

"Kazakhstan: Tokayev announces early presidential elections." eurasianet(September 2, 2022) at

https://eurasianet.org/kazakhstan-tokayev-announces-early-presidential-elections(검색일: 2022.11.23.).

"Kazakhstan's long term president to run in snap election–again." The Guardian(March 11, 2015) at

https://www.theguardian.com/world/2015/mar/11/kazakhstan-president-early-election-nursultan-nazarbayev(검색일: 2022.11.10.).

"Nur Otan No More? Kazakhstan's Ruling Party Rebrands as 'Amanat'." The Diplomat(March 2, 2022) at

https://thediplomat.com/2022/03/nur-otan-no-more-kazakhstans-ruling-party-rebrands-as-amanat/(검색일: 2022.11.20.).

"President Tokayev Steps Down as Chairman of Kazakhstan's Ruling Party Amanat Following Promise to Limit President's Powers," The Astana Times(2022년 4월 26일), https://astanatimes.com/2022/04/president-tokayev-steps-down-as-chairman-of-kazakhstans-ruling-party-amanat-following-promise-to-limit-presidents-powers/(검색일: 2022.11.23.).

"Tokayev leads Kazakhstan to democracy and equality," eureporter(2022년 9월 11일), https://www.eureporter.co/kazakhstan-2/2022/09/11/tokayev-leads-kazakhstan-to-democracy-and-equality/(검색일: 2022.11.23.).

"Алихан Смаилов стал премьер-министром Казахстана." Капитал(January 11, 2022) at https://kapital.kz/naznacheniya/101805/alikhan-smailov-stal-prem-yer-ministrom-kazakhstana.html(검색일: 2022.11.20.).

"Казахстан уйдет на все четыре стороны." Коммерсантъ(November 21, 2022) at https://www.kommersant.ru/doc/5680212(검색일: 2022.10.12.).

"Конституционный закон о Первом Президенте утратит силу - спикер Мажилиса." Tengri News(April 27, 2022) at https://tengrinews.kz/kazakhstan_news/konstitutsionnyiy-zakon-pervom-prezidente-utratit-silu-467420/(검색일: 2022.11.22.).

"Независимость. Хроника Событий: Референдум 29 апреля 1995 года вывел Казахстан из политического кризиса." KAZINFORM(September 8, 2016) at https://www.inform.kz/ru/nezavisimost-hronika-sobytiy-referendum-29-aprelya-1995-goda-vyvel-kazahstan-iz-politicheskogo-krizisa_a2946592(검색일: 2022.11.11.)

"О назначении внеочередных выборов Президента Республики Казахстан." Akorda(September 21, 2022) at https://www.akorda.kz/ru/o-naznachenii-vneocherednyh-vyborov-prezidenta-respubliki-kazahstan-2184328(검색일: 2022.11.27.).

"Пожизненное председательство Елбасы в Совбезе и АНК отменено." Капитал(February 7, 2022) at https://kapital.kz/gosudarstvo/102684/pozhiznennoye-predsedatel-stvo-yelbasy-v-sovbeze-i-ank-otmeneno.html(검색일: 2022.11.22.).

"Послание Главы государства Касым-Жомарта Токаева народу Казахстана." Akorda(March 16, 2022) at https://www.akorda.kz/ru/poslanie-glavy-gosudarstva-kasym-zhomarta-tokaeva-narodu-kazahstana-1623953(검색일: 2022.11.27.).

"Послание Главы государства Касым-Жомарта Токаева народу Казахстана." Akorda(September 1, 2022) at https://www.akorda.kz/ru/poslanie-glavy-gosudarstva-kasym-zhomarta-tokaeva-narodu-kazahstana-181130(검색일: 2022.11.27.).

"Референдум в Казахстане - 2022: известны результаты экзитполов." Sputnik(June 6, 2022) at https://ru.sputnik.kz/20220606/referendum-v-kazakhstane-2022-iz

vestny-rezultaty-ekzitpolov-25330752.html(검색일: 2022.11.23.).

"Эксперты: Досрочные выборы больше нужны Токаеву, чем Казахстану." Forbes(September 1, 2022) at https://forbes.kz/process/expertise/ekspertyi_dosrochnyie_vyiboryi_bolshe_nujnyi_tokaevu_chem_kazahstanu/(검색일: 2022.11.23.).

Информационно-правовая система нормативных правовых актов Республики Казахстан. "О Совете Безопасности Республики Казахстан." Әділет. at https://adilet.zan.kz/rus/docs/Z1800000178#z0(검색일: 2022.11.18.).